吴填 编 著

残疾人政策法规理论与实践

编委会名单

按姓氏拼音排列

刘金荣　刘　宏　马国华
牟民生　孙　卫　谢　净

南京大学出版社

前　言

　　《残疾人政策法规理论与实践》一书是面向各级各类残疾人工作者,以及高校特殊教育、康复和社会工作等相关专业的教材用书;同时,也可作为广大残疾人朋友,以及对有关残疾人问题或政策法规问题感兴趣人士的参考书。

　　本书从社会学视角出发,通过对目前残疾人政策法规的系统梳理,在介绍相关背景理论知识的基础上,努力反映当前残疾人政策法规中的新理念,并通过案例解析、现实景况分析等方式,全方位多角度的展现目前我国在保障残疾人权益方面的相关政策法规及其落实情况,实现理论研究与实践研究的有机结合,并对残疾人政策法规的发展方向提出了构想,以期为残疾人事业的进一步发展做出贡献。

　　残疾现象是人类发展进程中所付出的社会代价,是人类多样性的体现。一个国家对于残疾人群体权益的保障在很大程度上能够反映出一个国家的社会文明程度和人权保障的状况。在现代社会,个人权益的保障主要是通过法制体系的不断建设与完善才能最终实现的,残疾人权益的保障亦然。

　　伴随着改革开放三十多年来的发展,我国残疾人事业经历了从理念观念到实际工作层面的更新。随着市场化进程的深入,在以人为本科学发展观的指导思想下,整个社会的发展从单向的经济增长转变为经济与社会均衡发展、物质文明与精神文明建设双向并进的局面。在这样的宏观背景下,对残疾人的态度观念也经历了从"残废"到"残疾"再到"残障"的过程;在实践层面上,则在不断推进残疾人福利制度建设的过程中,实现了从人道主义的慈善事业向社会公平理念下对公民权益保障的整体转变。因此,在中共中央国务院颁发的《关于促进残疾人事业发展的意见》这一具有里程碑意义的纲领性文件当中明确指出:残疾人事业是中国特色社会主义事业的重要组成部分。残疾人群体作为人类社会中的一个特殊群体,有着特殊的社会需求和生活方式,但他们在人格、政治权利、生存发展权利上与其他社会成员是平等的,享有共同发展、实现不同个体"中国梦"的权利。

　　我国的残疾人事业也在国家一系列政策的推动下得到了快速的发展,无论是有关残疾人的法制建设方面,还是在残疾人相关权益的落实方面,都有很大的成就,真正惠及了全国八千多万残疾人群体及其家人,为他们的基本生活、医疗康复、教育就业等各方面带来了较大程度的改善。但我们仍要看到，目前残疾人在社会融入方面仍面临很大困难，农村残疾人群体及重度残疾人群体的权益保障及生活质量提升仍存在一定问题，需要加大社会各界关注的力度，这也是本书撰写的目的所在，同时也是本书作者作为一名特殊教育和残疾人工作者的责任和使命的体现。

　　这本书稿最初的雏形是本人刚从事"残疾人政策法规"相关课程教学时所编写的讲义，经过几年的教学实践与理论研究，书稿内容不断充实与完善，现在终于能够出版发行。在此，特别向给予我支持与帮助的各方表示感谢。

　　首先，感谢南京特教学院，给予了一个年轻教师极为广阔的发展平台，我所在的康复科学系为我的教学科研提供了各种便利的条件，让我的书稿能够实现从讲义到教材的进展。其次，感谢各级残联以及残疾人朋友的支持与帮助。特别我还要感谢江苏省残联、南京市残联及各区县残联，作为直接服务于残疾人的重要部门，残联各级领导为书稿的编写提出了大量宝贵意见，使其能够更贴近残疾人的现实需要。此外，感谢我的导师，南京师范大学的白友涛教授多年来所给予我学术上的悉心指导和生活上的关心帮助。在本书撰写过程中，诸多著作及期刊为本书提供了大量的经验资料，如《中国残疾人社会保障制度》《中国残疾人社会福利》《中国残疾人案例选编》《残疾人权益保障——国际立法与实践》《残疾人社会保障法律制度研究》等，在此不再一一列举。最后，感谢南京大学出版社，各位编辑们的热情帮助才使得本书能够得以顺利出版。在此一并对他们表示衷心的感谢！

　　由于作者学识有限，时间仓促，本书定有许多需要改进之处，敬请各位专家和同行、各位残疾人工作者和残疾人朋友们批评指正。

吴　填

2013 年 12 月

残疾人政策法规理论与实践

目　　录

残疾人政策法规理论与实践

目录

残
疾
人
政
策
法
规
理
论
与
实
践

理论篇

第一章 残疾人政策法规概述

残疾人政策法规的基本概念,是在对残疾人、政策和法规这三个概念清晰的理解和认识上建立的。特别是对以下这些问题的厘清:法律界和学术界如何界定残疾人群体? 其相关的法律界定标准有哪些? 政策和法规体系是什么? 制定残疾人政策法规的意义何在? 本章将从这些问题出发,对有关残疾人政策法规的基本概念和功能意义等进行分析与解读。

第一节 残疾人与政策法规的概念解读

一、有关残疾人的界定与标准

（一）国内标准

作为社会的一个弱势群体,残疾人概念的认识随着时代的发展经历了不同阶段。建构主义的观点认为,对残障概念不同的理解——即认为什么是残疾(disability),是什么导致了障碍,是源于个体的伤残还是社会的阻碍——从不同的角度建构了不同的政策问题、政策理念、政策目标以及政策工具。[①]

究竟什么样的人群属于残疾人群体的范畴,各个国家的标准都有些不同,因为标准的确定往往会考虑国家的社会经济发展程度。比如在发达国家,人们对健康的要求更高,相应地残疾人界定范围就更宽泛一些,占人口的比例也更大;而在发展中国家,这一标准就相对狭窄。当然,每个国家的标准都是建立在国家本身特有的国情之上的,因此也具有现实意义和可操作性。

在我国,"残疾"一词在唐代文献中首次出现,其意义为"残"与"疾"两种状态的总和。其中,"残"一般指外伤性损害导致的肢体器官受损或功能丧失,"疾"则指生理或者心理方面的病态。[②] 经过一千多年的发展,这一概念的内涵和外延不断地扩展。目前,在法律上有关"残疾人"的概念则主要是

---

① 廖慧卿,罗观翠:《基于残障概念模式的残疾人就业政策目标评价》,《华中科技大学学报》（社会科学版）,2012年第2期。

② 金双秋:《中国民政史》,长沙:湖南大学出版社,1989年版。

在《中华人民共和国残疾人保障法》上予以定义的。该法于 1990 年 12 月 28 日在第七届全国人大常务委员会第 17 次会议上正式通过,并于 2008 年 4 月 24 日在第十一届全国人大常委会第 2 次会议上修订。其中具体的"残疾人"定义,在该法案的第一章中予以明确说明,即残疾人是指在心理、生理和人体结构上,某种组织、功能丧失或者不正常,全部或者部分丧失以正常方式从事某种活动能力的人。我国的残疾标准由国务院规定,并把残疾分为视力残疾、听力残疾、言语残疾、肢体残疾、智力残疾、精神残疾和多重残疾等类型。

中国残疾人联合会在其颁布的《残疾人使用评定标准(试用)》中界定了视力残疾、听力残疾、言语残疾、肢体残疾、智力残疾和精神残疾等六类残疾的分级和评定标准,作为制发《中华人民共和国残疾人证》的依据。

(二)国际标准

1. 世界卫生组织关于"残疾人"的界定

根据不同的残疾对人的生理功能和社会功能影响的不同,世界卫生组织把残疾分为三类:第一类是损伤(Impairment),指的是因意外伤害和残疾的后遗症使人体结构或功能发生缺陷或异常的状况;第二类是能力缺失(Disability),指的是人体的结构缺陷和功能障碍使人体丧失应具备的能力(与个体的性别、年龄、文化程度和职业等相对应的能力);第三类是残障(Handicap),指的是由于身体的形态和功能的缺陷或异常而影响残疾人参加正常社会活动的情况。

前两个分类比较强调个体性的特征,后一个分类则更注重个人与环境的互动。就与环境互动而言,界定残疾就把残疾问题嵌入到了更广阔的社会背景中,更加强调社会对残疾人的责任,这也是目前广为接受的看待残疾的视角。

世界卫生组织(WHO)根据当代世界各国卫生事业发展的状况,从 1996 开始制定了新的残疾与健康分类体系——《国际功能、残疾和健康分类》(*International Classification of Functioning, Disability and Health*,简称 ICF)。在 2001 年 5 月第 54 届世界卫生大会上正式命名并在国际上使用,还鼓励各成员国考虑其具体情况,在研究、监测和报告中应用 ICF。ICF 已经正式由 WHO 颁布,在世界各地与健康和残疾相关领域得到广泛运用。ICF 是 WHO 提出的国际通用的在个体和群体水平上描述和测量健康的框架,是由身体功能和结构、活动和参与、环境因素及个人因素四种成分组成的理论性结构。

环境和支持是 ICF 的重要构成部分,构成个体生活背景的外部或外在世界的所有方面,并对个体的功能发生影响。环境和支持包括自然界及其特征、人造自然界、与个体有不同关系和作用的其他人员、态度和价值、社会体制和服务以及政策、规则和法律。

正是在这样的理念下,ICF 将环境因素作为非常重要的因素成分,并强调个人与环境因素之间的关系。此外,所有 ICF 的成分都是既独立又关联的。一方面,个体从任何一种成分中的某个范围发生的相关消极经验都会被认为构成残疾;另一方面,残疾的经验是复杂和多维度的,个体的技能或残疾被认为是健康条件和环境以及个人因素交互作用的结果。

由此可见,ICF 建立在一种残疾性的社会模式基础上,它从残疾人融入社会的角度出发,将残疾性作为一种社会性问题。残疾性不仅是个人的特性,也是由社会环境形成的一种复合状态,对残疾问题的管理要求有社会行动,强调社会集体行动,要求改造环境以使残疾人充分参与社会生活的各个方面。因此,这种问题是一种态度或意识形态的问题,要求社会发生变化。

2. 美国法律中对于"残疾"的界定

在美国,对"残疾人"的概念比较明确的阐述是在美国总统布什于 2008 年 9 月 25 日签署通过的《美国残疾人法修正案》。该法案对残疾人的定义是:"残疾人"是指一些人由于精神或身体上的丧失或缺损,致使其本身受到一种或多种身体功能和生命活动限制。而这些身体功能包括:消化系统、呼吸系统、免疫系统、循环系统、生殖系统、内分泌系统、神经系统、膀胱和肠道功能等。生命活动包括:工作、语言、视听、智力思考、吃喝行睡、肢体活动和学习等。

综上,对于"残疾人"的界定,因所处时代、所处国家或地区的不同均有所差异,大体上来说,人们对于"残疾"的认识也逐渐经历了从个人模式向社会模式转变的过程,对于残疾人的界定也随着时代的进步逐渐由个人责任论向环境责任论转变,而对于残疾人的不同理解也必将带来在有关残疾人政策法规制定中的不同态度与认知的转变。

二、政策与法规的概念界定

(一)"政策"的词源

从语义本身来看,"政策"一词在古代汉语中是分开使用的,因此要追溯词源,应分别考察"政"和"策"这两个字。政,通常指"政治"、"政务"和"政权",其本义具有规范、控制的含义。如《说文解字》注:"政者,正也。"《释名》注:"政者,正也,下所取正也。"《左传·桓公二年》曰:"政以正民。"《周礼·

天官》曰:"建邦之六典,四曰政典,以平邦国,以正百宫,以均万民。""政"的这些含意相当于今天所说的控制社会、管理国家事务和治理民众的意思。古代汉语中的"策"字有两个词义与政策有关。一是"策书"的含义。《释名》注:"策书教令于上,所以驱策诸下也。"相当于今天的"政令"、"文件"和"规定"的意思。二是计谋和策划的含义。《礼记·仲尼燕居》中说:"策,谋也。"《吕氏春秋·简选》曰:"策,谋求也。"中国历代典籍中的"方策"、"对策"和"良策"等说法都具有谋略的含义。所以,按照古代汉语的本意,"政"和"策"就是治理国家、规范民众的谋略或规定。①

而在英语中与政策相对应的是 Policy 一词,英语中原无"政策"一词,只有"政治"(Politic),源于古希腊文中的"Poitcke",意为关于城邦的学问。随着近代西方政党政治的发展,从 Politic 一词逐渐演变出 Policy 一词,具有"政治"、"策略"、"谋略"和"权谋"等含义,用来指政党或政府为实现特定的任务所采取的行动。汉唐以来的中日文化交流使大量的汉字进入日语,"政"和"策"二字成为日语中的两个单词。明治维新以后,日本开始更多地受到西方文化的影响,当他们遇到英文的"Policy"一词时便合用"政"和"策"二字,将其意译为"政策"。所以有人认为,汉语的"政策"一词源于日本,是一个外来语。②

因此,无论从汉语,还是从英语来看,"政策"一词都表示一种政治活动。从广义上来看,我们可以把政策的概念界定为:国家、政府或政党为实现目标而制定的总体方针、行动准则和具体行动的总和。

(二)政策与法规的概念界定

在很多时候,政策和法规并不加以严格的区分。政策,从广义上讲,是政策法规的总称;从狭义上讲,是不包括法律条文在内的行政决定。本书所指的政策法规就是广义上的政策,它包括了狭义的法律:规范性文件,国家行政机关制定的包括行政法规、地方法规和行政规章等在内的一切规范性文件,以及相关机构制定的一切涉及残疾人权益保障的规则、条例和办法等。

在当代社会,政府需要多种多样的政策与法规去全方位地实施有效的社会管理和服务。因此,各个国家都根据各自不同的政策体制、法规体系和行政管理体制制定了体系庞杂的政策法规,并形成了不同的种类形式与体

① 刘斌,王春福:《政策科学研究》,第 1 卷,北京:人民出版社,2000 年版,第 85 - 86 页。
② 孙光:《政策科学》,杭州:浙江教育出版社,1988 年版,第 1 页。

残疾人政策法规理论与实践

系规则。我国现阶段的社会政策法规体系主要包括以下种类：一是国家法律，是由全国人民代表大会及其常务委员会制定的各种法律的总称；二是行政法规，简单地说就是指国务院根据宪法和法律制定的有关行政管理等方面的规范性文件；三是国务院部门规章，是指国务院各个部门根据国家法律和行政法规、决定、命令，在本部门的职权范围内制定的规章；四是地方性法规，是指根据相关法律规定，省、自治区、直辖市和较大的市的人民代表大会及其常务委员会，根据本行政区域的具体情况和实际需求，依法制定的规范性文件；五是地方政府规章，是指省、自治区、直辖市和较大的市的人民政府依法制定的相关规章制度。具体法规体系见下图图示：

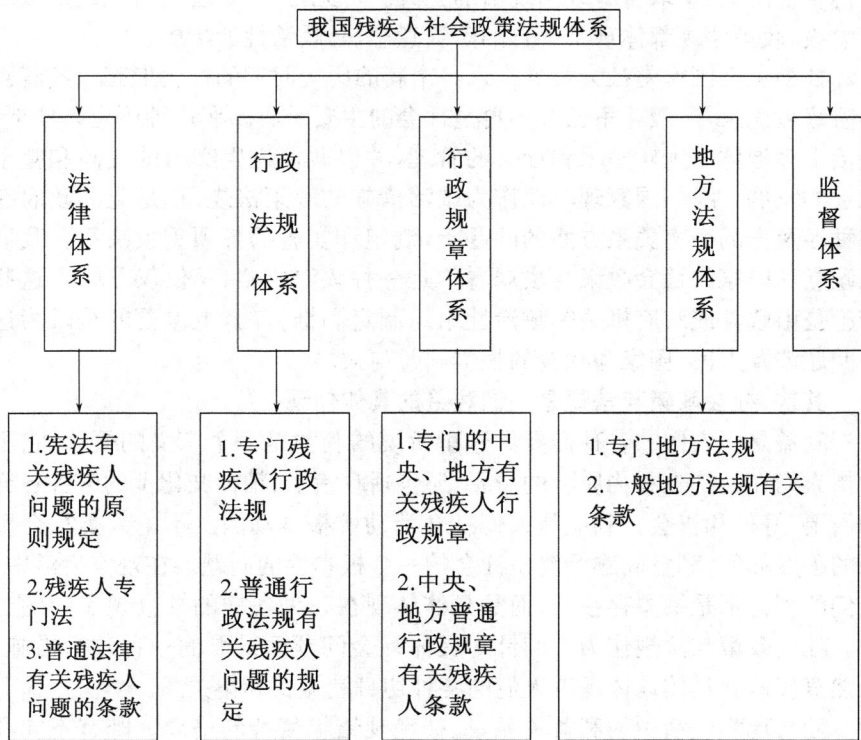

我国残疾人社会政策法规体系

- 法律体系
  1. 宪法有关残疾人问题的原则规定
  2. 残疾人专门法
  3. 普通法律有关残疾人问题的条款

- 行政法规体系
  1. 专门残疾人行政法规
  2. 普通行政法规有关残疾人问题的规定

- 行政规章体系
  1. 专门的中央、地方有关残疾人行政规章
  2. 中央、地方普通行政规章有关残疾人条款

- 地方法规体系
  1. 专门地方法规
  2. 一般地方法规有关条款

- 监督体系

（三）社会政策与法规的本质

在社会生活中，人们总是要面对各种各样的社会问题，而社会政策与法规正是人们用来处理各种社会问题的重要措施和手段，是人们为了实现自己的目的，能动地改造社会的有力武器。

首先，社会政策与法规是一种政治措施。

从历史沿革的角度来看,社会政策与法规是伴随着阶级社会的出现而出现的。在阶级社会的各个历史时期,特别是阶级矛盾和阶级斗争十分尖锐复杂的阶段,面对社会上出现的各种重大问题,不同性质的国家政权、政党或政治组织,总要从自己所代表的阶级或集团的利益出发,制定和实施某些政策法规,以达到有利于自己的目的。这些政策法规所体现的是阶级或集团的意志和利益,反映的是阶级之间的相互关系,因而是一种政治措施。

由于阶级之间的关系具体表现为统治阶级和被统治阶级之间的矛盾斗争关系。因此,对于统治阶级来说,制定政策法规是为了维护自己的政治统治,保护并发展自己的利益。同样,对于被统治阶级来说,政策和法规是其反抗统治阶级、争取自身政治统治的工具。可见,无论是统治阶级还是被统治阶级,政策法规都体现了各自的阶级意志,是政治性的措施。

社会主义国家是社会发展进入一个新的历史时期的社会形态。随着剥削阶级被消灭,阶级斗争已经不再是社会的主要矛盾。在这种历史条件下,政治更多地体现为对国家和社会的管理,并以此促进生产力的提高和整个社会的发展。我们国家现时期作为政治措施的政策法规,正是党和政府在各种涉及全局利害关系方面的问题上,制定和实施的各项重大决策。我们把政党和国家的社会政策与法规看作是一种政治措施,不仅仅是因为这些措施是由政党或政府机关等政治性组织制定和推行的,更重要的是因为这些问题涉及人民、国家和社会的根本利益与大局。

其次,社会政策与法规是人们利益的具体体现。

利益是指人们的各种需要。这里所说的利益是一个广义的概念,它不仅指人们在经济上和物质上的需要,还包括政治上、精神文化上的各种各样的需要、好处和机会。利益是人们社会活动的根本动因。不论人类社会发展的程度如何,利益问题始终是社会的一个根本性的问题。在现实生活中,人们的利益不是抽象存在的,而是具体体现在各种各样的社会现实问题当中。社会政策与法规作为人们针对具体社会问题而采取的一种政治措施,必然直接地和具体地体现着人们的各种切身利益及利益关系。

社会现实生活中的利益关系,往往呈现错综复杂的格局。既有不同利益的矛盾斗争和对立,又有社会共同利益的存在;既有个人利益与群体利益、局部利益与全局利益、眼前利益与长远利益的矛盾,同时也有各方面利益的统一。如果不能根据社会的实际情况对这些利益关系进行控制和调整,一些利益关系之间的摩擦和冲突就可能引发激烈的社会动荡,影响社会的稳定和发展。社会政策法规作为人们利益关系的具体体现,自然而然地被用来作为调节社会利益关系的重要手段和工具。通过对社会利益关系进行调整,包括对利益进行分配和调节,对某些人或集团损害统治阶级整体利益的行为进行限制和约束,引导社会发展的方向,以形成有利于统治阶级的社会利益结构。

在社会主义国家中,党和政府所制定的社会政策和法规也承担着调节社会利益关系的任务,也需要通过各种社会政策与法规不断理顺社会各利益群体之间的关系,不断调动人民群众和社会各个方面的积极性,促进社会生产力的发展。

社会政策与法规对分配和调整利益关系主要有两种形式:一是直接对社会利益进行分配和调整;二是间接对社会利益进行分配和调整。当然,间接性质的政策法规也必然会给该社会政策与法规涉及的对象带来直接的利益。

最后,社会政策与法规是人们能动地改造社会的重要手段。

当个人利益被集中和上升为一定集团、阶级、国家或民族的整体利益时,人们就会在这种统一的意志和利益驱动下,根据自己对客观世界的认识,制订出一定的政策法规,推动各个集团、阶级、国家或民族为解决面临的各种社会问题而奋斗,将社会改造得更加符合自身需要。社会政策与法规就是人们在认识社会的基础上,能动地改造社会,从而实现自己特定目标的一种重要手段。

同时,社会政策和法规作为人们能动地改造社会的重要手段和工具,也必然受到社会发展的基本规律的制约,必然要遵循社会发展规律的客观要求。首先,是社会发展基本规律的制约。只有当政策和法规所体现的社会利益和阶级意志与社会发展的基本规律相一致时,从整体上来看才是具有生命力的。其次,是客观的社会历史条件的制约。所有的社会政策法规都必须从现实的社会历史条件出发,才会具有现实意义。最后,是具体问题中客观规律对政策法规的制约。每个具体的社会政策法规都是针对某一个或几个具体的社会问题的,因此,具体的社会政策与法规不仅要遵循社会发展的基本规律,还要遵循具体问题、具体事物中存在的特殊规律。否则,不但不能达到预期目的,反而会受到客观规律的惩罚,甚至带来恶性影响。

当然,客观规律的制约并不是一种阻碍,而是一种促进。社会政策与法规作为人们改造社会的有力工具,其根本意义不在于简单地适应社会发展规律,而是在于能够通过把握社会发展规律,最充分地发挥人的主观能动作用。只有在人们能动地认识社会、改造社会的不间断过程中,社会政策与法规才能充分表现出自己的生命力和真正的价值所在。当然,人们改造社会的政策与法规活动必须遵循社会发展的客观规律,必须建立在对客观规律深入研究、把握和运用的基础之上。

第二节　建立残疾人政策法规的社会功能与价值意义

一、政策法规的社会功能

（一）社会政策与法规的引导功能

社会政策与法规作为人们能动地改造社会的手段，通过为人们的行动提供目标、思路、策略和方法的形式发挥其作用。同时，政策法规作为人们利益关系的具体体现，其目的就是要使社会变化和社会现实问题的解决，向着有利于满足自己特定利益需求的方向发展。因此，社会政策法规本身必然对人们的行动和社会的发展具有引导的功能。这一功能主要从三个方面予以体现。

一是明确目标。

由于社会政策与法规具有很强的政治性、权威性和规范性，所以，政党和政府都会努力通过制定一定的社会政策与法规，为人们的社会活动明确方向、确定路线，从而指导行动。历史经验教训也表明，在进入一个新的发展阶段的时候，在解决各种重要的社会问题的过程中，在需要作出重大选择的历史关头，方向和目标的确定对行动的成败、事业的发展甚至国家和民族的前途命运都起着关键性作用，有重大的战略意义。因此可以说，社会政策法规通过明确目标所发挥的引导作用是社会政策法规最重要的功能之一。

二是指导行动。

社会政策与法规不仅为人们的行动明确了目标和方向，而且通过确定实现目标所必需的行动策略、具体措施和方法途径，为人们沿着既定目标的方向前进提供了具体的指导。社会政策与法规作为政党和政府为解决某些社会问题而采取的政策法规措施，其根本目的就是提出一套行动的方式方法和准则，为人们从事一定的社会活动提供必要的依据。社会政策与法规一直以来在社会生活的各个领域均发挥着十分重要的指导作用。

三是统一思想。

社会政策与法规的引导既包括对人们行为的引导，也包括对人们思想、认识和观念的引导。社会政策与法规是人们利益需求的具体体现，但要使人们对这个利用需求形成一致的认识和看法，并非一件容易的事情。即使是同一阶级集团的人，各自的利益需求也存在差别，会产生不同的思想认识。因此，社会政策法规就要发挥引导作用，把这些千差万别的要求和认识

残疾人政策法规理论与实践

不断地归纳、综合，并上升为统一的意志，使人们真正把思想认识以及行动统一到社会政策与法规确定的方向上来。

（二）社会政策与法规的调控功能

社会政策与法规的调控功能，就是采取措施让人们的行为和事物的发展保持正常运行，不偏离既定轨道。

人们的需求是不断增长的，它与社会满足人们需求的能力之间存在着一定的矛盾。由于人们所处的地位和主客观条件不同，人们在社会上获得需求满足的程度也不平衡。为了保持社会的稳定、协调和有序发展，就要运用社会政策与法规对这种利益的不平衡状态进行制约和调节。

社会政策与法规发挥控制作用一般通过三种方式：一是明确社会政策与法规界限，对社会政策与法规限制或抑制的对象及范围作出具体规定；二是对重要的社会活动进行监督和检查，发现并纠正一些非规范因素。对社会某一领域的管理性社会政策与法规都有监督检查的内容；三是对违反社会政策与法规规定的行为实施惩罚。

（三）社会政策与法规的促进功能

在当代社会，社会政策与法规对经济和社会各个领域的发展有着巨大的促进和推动作用。这种促进功能既是社会政策与法规作为人们改造社会重要手段的体现，也是国家社会现代管理职能不断扩大的一个重要反映。

社会政策与法规的促进功能主要通过三个方面体现出来。

一是创造条件。社会政策与法规作为人们改造社会的手段，为人们改造社会和整合社会发展中的资源提供依据，客观上创造人们改造社会所需要的条件。社会政策与法规的条件创造主要在重点扶持、支持鼓励和促进合作三个方面。

对于残疾人政策法规来说，在我国发展的初期并不是经济社会发展的重点，但国家也在随着经济的发展逐步完善残疾人的社会保障福利体系。同时，条件的创造更多地体现在相关领域的法律制订及与其他社会法制相互配合上，如对于慈善事业的管理与扶持、残疾人法律援助在整个弱势群体法援中的体现及残疾人的福利待遇与整个社会保障体系的关系处理等。这些问题都需要政策法规予以条件的创造才能够有效得以保障。

二是破旧促新。在社会发展的一般情况下，政策法规破旧促新的作用表现得并不十分明显，政策法规大多是在逐渐改善的渐进状态下运行的。只有在社会新旧矛盾比较尖锐的时期，在社会大变革的时代，各种破旧促新的政策法规才能在促进经济和社会发展的过程中扮演主要的角色。

与整个国家的发展步调基本一致,残疾人政策法规的建立与完善也是在改革开放的推动下进入了一个新的发展时期。经过三十多年的发展,残疾人的政策法规在保障残疾人权益方面正发挥着越来越重要的作用,但也产生了一些与现实的社会经济状况相脱节、未能充分满足残疾人各方面需求的情况。因此,在现阶段,如何将残疾人权益保障纳入国家的整体发展轨道,更好地与目前的经济社会体制状况相匹配,更好地在新残疾人观等理念的引领下为残疾人带来更多切实可行的融入社会的便利条件,都是需要解决的问题。而残疾人政策法规的完善必将使得政策法规在社会改革的进程中,充分发挥其破旧促新的巨大作用,在残疾人群体内、更在整个社会层面推进发展。

三是提供保护。在人类系统的庞杂体系中,经济、科技和文化等各个社会领域都会随着社会整体的发展而不断向前发展,都需要政策法规充分发挥其促进作用。但是,有一些容易受到损害或容易陷入困境的群体,如果没有政策法规的特殊保护,在市场经济的直接作用下,很可能面临生存权和发展权的丧失等一系列问题。残疾人群体就是这样一个需要政策法规提供保护的弱势群体。对于残疾人的保护也已不再是政府对于弱势群体的一种怜悯和同情,而是社会的责任,同时也是残疾人作为社会的公民应当享有的权利。对社会而言,为弱势群体提供保护也不仅仅是为了达成使这个群体生活得更好这个简单的目的,也是现代社会文明的体现,更是整个国家稳定与发展的保证。

二、建立残疾人政策法规的意义

(一)理论观念层面:构建平等和谐的新残疾人观

残疾人群体是人类社会中的一个特殊的利益群体,他们由于先天或后天因素的影响,导致了生理残疾或心理残疾,造成了生存和发展中的严重障碍。在激烈的社会竞争中,残疾人作为弱势群体,所面临的生存与发展困难比正常人严重得多,因此,他们需要人格尊严与合法权益的保护,更需要社会制度的合理安排,也就是残疾人的社会福利保障以及为此而建立的社会政策与法规。

保障残疾人权益的社会政策法规对于残疾现象的干预,首先体现在观念层面。整个社会到底以怎样的观念来看待残疾人和残疾现象、对于残疾现象社会所赋有的责任如何以及不同的社会组织与群体又肩负着怎样的责任,这些问题都是社会政策与法规所要回答的。并且社会政策与法规以其特有的性质与功能,能够在全社会对待残疾人的问题上给予观念上的引导与指示。

从西方残疾人社会福利保障的价值理念回溯中我们可以更加清晰地看到,对待残疾人的价值观念不是简单的界定,而是经历了一个逐步完善、逐步提升的过程,这是一个动态的历程。

首先,体现了社会公平的理念。

公平是人类构建理想社会的一个古老却放诸四海而皆准的基本原则。公平作为社会意识形态的一种表现方式,是人们根据一定的标准对既定社会中人与人之间各种关系的认识和评价,表示人与人之间关系上的无差别性。公平正义是法律追求的最高价值,是民主法治的精神内核,也是社会和谐的内在要求。

近现代西方对社会公平最具有典型解释意义的是罗尔斯的"正义论"。他认为,正义是社会制度的首要价值,正像真理是思想体系的首要价值一样。一种理论,无论它多么精致和简洁,只要它不真实,就必须加以拒绝或修正;同样,某些法律和制度,不管它们如何有效率和有条理,只要它们不正义,就必须加以改造和废除。[1] 而社会公平有两种含义:一是在道德层面的社会公平,即每个社会成员所追求和拥有的社会公平;二是在制度层面的社会公平,即一个制度必须保证社会公平,只有这样这个制度才能维持下去。同时,他也提出了社会公平的两大基本原则:一是平等原则,所有社会成员在广泛的基础上享有平等的权利,且不与其他人的权利相冲突;二是优先原则,当社会和经济出现不平等时,资源和福利将被重新分配,一方面优先给予社会中处境不利的人们所可能的最大利益,另一方面在机会均等的条件下,使所有人获得最大利益。在这一理念下的社会公平,就是在平等的规则下,人人享有同等的机遇和权利以达到最终资源分配上的公平。由第二个原则出发,对于由社会成员自然条件造成的不平等,罗尔斯主张社会应该采取补救措施。现代法律的一个重要发展趋势就是在追求平等的大前提下,对社会弱势群体进行特别扶助,即倾斜性的保护。保护弱势群体是实现法律公平正义价值的基本手段,是法治之"良法"的基本要素。"一个良好的法律必须是正义的法律,正义的法律必须是关爱和保护弱者的法律,保护弱者就必须通过制度建构与完善的努力使弱者的利益得到保护或者使弱者的利

---

① [美]约翰·罗尔斯:《正义论》,何怀宏等译,北京:中国社会科学出版社,1998年版,第56页。

益得到补偿。"①

　　社会公平既包括政治、经济和文化等方面的公平,也包括权利、机会、规则和分配的公平。权利的公平要求承认并保证社会主体具有平等的生存权、发展权,并且劳动权、受教育权和职业选择的权利等都不能受家庭背景、种族、性别以及资本占有状况等因素的限制和影响。机会的公平要求确保社会主体参与社会活动的机会均等,满足人的不同层次需要和不同人的不同需要。规则的公平要求所有参与社会活动的社会主体,其活动规则必须是公平的。分配公平则要求建立合理的社会分配机制,以调节各社会成员间不同利益群体的关系,缩小社会收入的贫富差距。分配是否公平,不仅关系到效率的高低,同时对社会制度的变革和社会秩序的维护与稳定也起着决定性作用。总之,社会公平就是社会的政治利益、经济利益和其他利益在全体社会成员之间合理而平等地分配,这意味着权利的平等、机会的均等、规则的公平和分配的合理。

　　残疾人作为人类社会中的一个特殊的利益群体,与一般社会成员和其他社会群体相比,有着特殊的社会需求、特殊的思维方式和生活方式,但他们在人格上和在政治权利、生存发展权利上,与其他社会群体和社会成员是平等的,毫无尊卑贵贱之分。此外,只有残疾人作为社会中的弱势群体通过法律得到有效保护,社会正义的原则才能维系。残疾人权利能否得到保障是检验其所处的社会制度是否公正的基本尺度。因此,国家给予残疾人帮助和救济,保障其基本权利与人格尊严,保证其共享社会的物质文明成果,这不仅体现了国家对弱势群体的人文主义关怀,更体现了社会公平与正义。

　　其次,是对公民权利理念的反映。

　　公民权利是由法律规定并受到法律保护的公民的利益、资格或自由的一种诉求。它要求承担义务的另一方给予、提供和支持。假若公民权利受到外在力量的不法侵害,法律将依据其强制力对公民权利进行合法保护。

　　20 世纪 60 年代,英国学者马歇尔较早地阐述了公民权利及其与社会福利政策的关系。他把公民权利分为三种类型:公民的、政治的、社会的。他指出,公民权利至少包含三类权利:民权,包括与个人自由相关的一些基本权利,如人身自由、言论自由、信仰自由、拥有财产的自由、签约自由以及要求(司法程序)公正的自由等;政治权,即公民参与国家和社会政治权力运作的权利,具体说,也就是选举权;社会权利,即公民享有国家提供的经济保

---

　　① 冯彦君:《社会弱势群体法律保护问题论纲》,《当代法学》,2005 年第 7 期。

障、教育、基本的生活和文明条件等的权利。[①]

马歇尔的理论不仅勾画出近代西方国家中公民权利发展变化的历史轮廓，还进一步指出，公民的社会权利主要体现在教育制度和社会福利方面，即意味着所有拥有完全公民资格的公民都有享受社会服务和社会福利的权利。

这一理论成为西方社会福利思想的重大变革。它把社会福利从一般的道德要求提升到了政治道德的高度，使福利脱离了慈善救济的人道关怀的局限性，变成了人人拥有的经济与社会权利。

在公民权利的政治理念下，人们把享有社会福利保障当做自己的应有权利，对残疾人的保障和救助不必再借助于人性的同情与怜悯。所有社会成员包括残疾人都拥有了政治上和道德上的平等地位，这就改变了社会福利的慈善救济性质，在消除残疾人的福利救助中的社会歧视方面迈出了重大的一步。可以这样说，作为公民权利的社会福利观的形成，将现代社会福利与传统社会福利从根本上区分开来。它在维护人的基本价值尊严和社会正义、促进人的发展特别是残疾人的发展方面，产生了巨大的推动作用。

最后，是社会模式下的现代残疾观的阐释。

20 世纪 50 年代以来，西方出现了一系列与残疾人教育与服务相关的新思想或概念，如"正常化"原则、"去机构化"运动、回归主流、全纳教育以及社区融合理念等。这些理念推动了残疾观由传统的"医疗"模式走向"社会"模式，形成了回归社会的思潮，极大地改变了残疾人社会福利中的康复与服务模式，使越来越多的残疾人离开封闭的、与主流社会隔离的、寄宿制的社会福利或康复机构，重新返回正常的社区环境接受相关的支持与服务，也促进了西方残疾人的社会福利政策在制度上的重大转变。

传统的残疾观即"医疗"模式认为，残疾是一种缺陷，残疾人是一个病态的、低能的群体，不能对社会有所贡献，所以个人应该对残疾负责，社会属于非残疾人，社会不会改变环境和设施以适应残疾人，残疾人应该通过自己的努力来适应社会。[②] 根据这一模式，残疾问题是医疗问题，社会为残疾人提供福利和服务的主要途径就是医疗康复和收养照顾，通过治疗、救助与施舍使残疾人的生活状况有所改善。这一模式忽视了社会环境以及社会期望与

---

① 王希：《原则与妥协：美国宪法的精神与实践》，北京：北京大学出版社，2000 年版，第 112 页。

② 陈新民：《残疾人权益保障——国际立法与实践》，北京：华夏出版社，2003 年版，第 156 - 161 页。

个人能力之间互动,使残疾人无法摆脱"社会排斥"的阴影。美国学者戈夫曼在研究中发现,在对残疾人的福利照顾中,对残疾人实施的"封闭式"、"庇护式"的供养和照顾将使他们处于不良的伙伴关系之中,阻碍他们建立积极的社会人际关系。而社会模式的残疾观认为,残疾问题是人权问题,任何对残疾人的歧视都是对其基本人权的侵犯。同时,残疾问题也是社会和发展的问题,是不健康的社会态度与政策造成了对残疾人的社会排斥与社会隔离。残疾人是平等的权利主体,是促进其自身发展及国家经济增长的主导者,有权以行动者和参与者的身份充分切实地参与社会发展。因此,依据这一模式,社会对残疾人提供的福利不仅仅是医疗康复,还注重使残疾人融入社区发展,致力于通过消除环境障碍和提高生活能力、工作能力、社会参与能力等方法保证残疾人平等权利的实现。也正是在这种社会模式的影响下,西方的社会福利政策在不断进行更新、补充和完善。

从西方的残疾人理念变革中我们可以得到启示与借鉴,进而结合我国国情制定出相应的政策与法规。这些政策法规有着正确的价值理念,同时也肩负着将正确的残疾人价值观予以传播与内化的责任。

（二）现实落实层面:残疾人事业发展的内在需求

社会政策与法规的性质决定了对于残疾人权益的保障,必须用政策与法规的形式进行干预,这是现代社会保障残疾人权益最为有效和有力的方式。

现代法治精神中的"权利本位"和人道主义中强调人的尊严是相互呼应的,法律的理性要求和人道主义的科学精神也是相吻合的,法律追求的"自由、平等、公平、效率"的价值追求和人道主义对生命意义的追求也是有共同之处的。但二者也存在差异。人道主义作为一种道德规范,归属于精神文明;法律归属于政治文明。道德是非正式的具有较弱约束力的行为规范;法是正式的具有强约束力的行为规范。道德可以是多元社会主体的行为规范,具有多元性;法在一个国家内是一元的、统一的。道德体现相对的变动不居;法则表现出较强的确定性。

因此,发展残疾人事业必须走以法治为主、以道德为辅的道路。即在弘扬人道主义精神发动社会各界关心和帮助残疾人的同时,颁布法律,依法确立残疾人具有平等参与社会生活,共享社会发展的文明成果的基本权利,通过国家强制力保障其实施,使公民应有的权利得以实现。这也是现代民主国家不可推卸的社会责任。从人道到法治,是残疾人从被动等待救济到主动维护自身权益的飞跃。残疾人权益保障的法治化是残疾人作为一种社会力量登上历史舞台的标志,也是残疾人权益保障事业发展的必然要求。

　　个体残疾过程所包括的两个方面的内容表明,公共政策可以通过在个体的损伤及功能限制方面、社会结构的障碍方面的干预减少残疾的发生,促进残疾人的社会参与和社会融合,进而消除残疾的负面影响。在这种干预逻辑下,社会保障政策同样可以通过干预来促进残疾人平等地享有社会公民权、参与社会活动、共享社会发展的物质文化成果。社会政策与法规可以从各个层面对残疾现象以及残疾人群体的权益保障予以干预。

第一章　残疾人政策法规概述

第二章　我国残疾人政策法规的建设历程与体系结构

第一节　残疾人政策法规建设的总体历程

一、我国古代社会有关残疾人政策的历史渊源

从社会发展史的角度和社会发展规律来看,社会福利思想的产生要远远早于社会保障制度的出现。中国古代福利思想的萌芽,产生于文明时代的晚期。其社会根源有三个方面:第一是氏族部落先民的平等互助思想;第二是奴隶社会瓦解时期一定程度上人性的解放;第三是农业、手工业和商品交换的发展使社会财富有所增加和积累。虽然在中国古代汉语中并没有"福利"等词汇,但是社会福利思想的萌芽很早就出现了。古代中国有着丰富的福利、救济制度和惯例,这些制度和惯例构成了中国传统法律文化的一个重要方面。

(一)我国古代残疾人政策的历史进程

我国古代对残疾人的立法,最早可以追溯到先秦时期,当时就已经有关于维护残疾人权益的法律思想的记载。早在2 000多年前,春秋战国时期的诸子百家实际上对社会福利就有各种说法。西周时期出现了以周公旦为代表的有民本思想的政治家。在《周礼》中,明确了主管民政的地官司徒有9项职责,其中包括保民生息和救荒等工作,其中的"荒政"包括散利、薄征、缓刑、弛力等12项赈济救灾措施,以照顾老弱病残、团结民众。《周礼·地官司徒》中的"保息"政策,可能也是中国最早的社会福利政策。"以保息六养万民:一曰慈幼,二曰养老,三曰振穷,四曰恤贫,五曰宽疾,六曰安富。"在这六条政策中,其中前两条是关于国家扶助人民养老长幼的,第三条是关于国家救济鳏寡孤独的(此四者谓之"穷"),第五条是关于国家宽惠残疾人的(免减力役),这些对于老弱病残的救济事务都是国家福利救济行政的主要方面,甚至到了今天也依然有延续的部分。关于孤寡废疾者的济养,周代也有规定。《礼记》谓:"废疾非人不养者,一人不从征。""少而无父者谓之孤,

老而无子者谓之独,老而无妻者谓之矜(鳏),老而无夫者谓之寡。此四者,天民之穷而无告者也,皆有常饩(经济救济)。瘖、聋、跛、躃、断者、侏儒、百工,以其器食之。"①说的就是政府帮助残疾人谋生,考虑的主要是其器官尚有的残存功能或是其他器官的代偿功能。

西周末期,君权神授的思想彻底动摇,各地诸侯看到"天命靡常",主张"唯德是辅",长期被推崇的"怀保小民"、"保享于民"的思想逐渐成为春秋战国时期各个王国制定"保民"、"惠民"政策的思想基础。《文献通考·户口》中也记载着,周朝残疾人为国中免服征役的"舍者"之一,针对残疾人的特长政府还量能授事。可见周朝对残疾人特别照顾,采取的是"宽疾"政策。齐国则实行"养疾"政策。此后,我国历代王朝都有对残疾人权益的特殊规定。孟子从仁政的思想出发,宣传"民为贵,社稷次之,君为轻"。《吕氏春秋》中说道:"能以民为务者,则天下归之矣。"所有这些以民为本的思想,都为后来产生的社会福利政策奠定了基础。《管子·人国》所记也许反映了管仲相齐时所实行的社会福利行政制度。管仲实行过所谓"九惠之教":"一曰老老,二曰慈幼,三曰恤孤,四曰养疾,五曰合独,六曰问疾,七曰通穷,八曰振困,九曰接绝。"②凡国都皆设有"掌老"、"掌幼"、"掌孤"、"掌养疾"、"掌媒"、"掌病"、"通穷"等专官,具体负责救济事宜。对于疾者,包括聋盲喑哑跛跛偏枯等,"上收而养之(于)疾官,而衣食之,殊身而后止"。对于病者,"人有病,掌病以上令(奉君令)问之。九十以上(每)日一问,八十以上二日一问,七十以上三日一问"。这可能仅仅针对士人。一般百姓则待遇稍低,"众庶(病者),五日一问"。若特别严重的疾病,"疾甚者以告(上报君主)"。掌病官的职责是经常"行于国中,以问病为事"。这些做法,如果当时真的成为了制度,实在可以说是世界上最早的、完备的福利救济制度。但即使不是这样,它对后世的影响也是不可低估的。北周时,仿行《周礼》,规定:"其人有年八十者,一子不从役;百年者,家不从役,废疾非人不养者,一人不从役。"③北周时还经常遣使周行全国,贩赐或慰问孤寡老疾。孝闵帝元年(557年),遣大使察风俗;帝亲定其调查察访的内容之一是"鳏寡孤独,不为有司所恤;暨黎庶衣食丰约,赋役繁省,灾厉所兴,水旱之处;并宜具闻"。④ 又令使者随时救济。南朝时期,赈恤高年鳏寡、幼孤、六疾不能自存者,成为常例。每逢即位、改

---

① 《礼记·王制》。
② 《管子·人国》。
③ 《隋书·食货志》。
④ 《周书·孝闵帝纪》。

元、立储、灾害,均有此举。

这些记载表明,早在先秦时期,对于残疾人的扶助就已经成为了国家福利救济制度的重要组成部分,这些也都对此后历代的社会福利制度产生了深远影响。

汉代和晋代时,对残疾人特殊权利规定扩充到刑事领域。《汉书·刑法志》记载,景帝后元三年诏书规定:"师、朱儒,当鞫系者,颂系之"。《太平御览·刑法·收赎》也记载着,晋律中有"笃癃病"可以收赎的规定。《北齐律令》当中也有类似规定:"侏儒、笃疾、癃残非犯死罪,皆颂系之。"

但隋唐以前的残疾人立法缺乏系统性和全面性。唐宋时期改变了这一局面,有关残疾人的法律规定日趋完善。《唐令拾遗·户令》最先明确地将残疾人分为残疾、废疾、笃疾三个等级并给予了法律界定。此外,在福利政策方面还有些新的创意,如对孤寡老疾的经常性济养。《唐令》规定:"诸鳏寡孤独贫穷老疾不能自存者,令近亲收养。若无近亲,付乡里安恤。"①

到了宋代,中国传统的福利行政制度已日趋完备,尤其值得一提的是在福利救济之经常性制度方面相比之前增加了福田院及居养院的设置,即由国家出面兴办福利院,为年老疾病残疾等人士提供统一的居所以及其他相应的安置措施。宋初,京师即置东西两个福田院,以救济"老疾孤穷丐者",初仅接济几十人。到英宗时,增置南北两个福田院,东西两院亦扩大屋舍面积,至此有四个福田院,每日可以同时接济三百人。"凡鳏寡孤独老疾废贫乏不能自存应居养者,以户绝屋居之;无(户绝屋),则居以官室,以户绝财产充其费,不限月,依乞丐法给米豆。不足,则给以常平(仓)息钱。"这是在全国各地普遍实行的一般济贫救弱之办法。所谓"乞丐法"大概是对老孤贫乞者发救济的专门法规。以户绝屋或是以官屋把贫丐者集到一起居住救济,有固定官费供给,又不限一年居住救济几个月(可能常年救济),这是典型的官办福利院。

到了元代,则开设有"惠民药局"。太宗九年(1237 年),即于燕京等十路置惠民药局,以太医等主管,给官银为本钱。"凡局皆以各路正官提调,所设良医,上路二名,下路州府各一名。"其钞本"验(各路)民户多寡以为等差。"药局大概以官本放贷:"月营子钱(利息),以备药物……以疗贫民。"②

明清时期,则更为注重残疾人权利实现的保障措施。如《明律·户律·户役》规定:"凡鳏寡孤独及笃废之人,贫穷,无亲属依倚,不能自存,所在

---

① 《宋刑统》卷十二,《户婚》引唐户令。
② 《元史·食货志》。

官司应收养而不收养者,杖六十。"清王朝有"保息十政"之举措,其中有对包括残疾人在内的弱势群体的特别保护条款。

中国古代的福利救济制度及惯例,一般说来包括两个方面。一方面是在天灾人祸之后的特殊时期对百姓进行救济,即今日所说的救灾减害方面的制度与行政;另一方面是平常时期对民众中的鳏寡孤独、老病残疾等成员进行福利救助,包括开办养济院收养老人、收养和救助孤儿、开办药局助民疗疾、设广惠仓等专项福利粮储、遣使发放救济物品和慰问贫弱孤寡等。

（二）古代残疾人法律制度的特色

1. 古代残疾人法律制度体现了对残疾人的态度是仁慈宽容的

在人类社会早期,世界许多地方都曾发生抛弃甚至残害残疾人的野蛮行为,但在我国古代,人们对残疾人所持态度则是仁慈和宽容,这从我国古代残疾人法律制度中就可以发现这一点。具体来说,从以下几个方面可以加以印证。

第一,法律免去残疾人纳税和服兵役的义务。早在周朝就规定残疾人为国中免服征役之对象。《周礼·乡大夫》记载:"国中贵者、贤者、服公事者、老者、疾者,皆免役不征。"《管子·地地》记载:"常以秋岁末之时阅其民,案家人比地,定什伍口数,别男女大小,其不为者辄免之,有病疾不可作者疾之,可省作者半事之。""可省作者半事之"是指仍能从事某些劳作的残疾人也可以减免一半的徭役。由此可见,在上古时期,尽管战争频繁,人们徭役负担沉重,但还是在减免残疾人的法律义务。到了唐宋时期,更注重豁免残疾人的纳役、兵役义务。《唐律》中明文规定,残疾人可以"不课",即残疾人可以免去身丁税。宋承唐制,太宗雍熙元年,亦实行"身有疾废者免身丁税"的政策。南宋尤以为最,孝宗乾道元年规定,笃废、残疾之人"放纳丁钱"。淳熙年间,又强调残疾者可免丁税,并指出"此祖宗之法也"。另外宋律规定,残疾人还可免"丁役"。

第二,残疾人犯罪依法可得到一定宽减。在古代,残疾人犯罪,可享受到身体健全的罪犯所享受不到的优待。周朝时,残疾人成为"三赦"之对象,汉朝也规定"师侏儒,当鞠系者,颂系之"。《晋律》中也有类似的规定:"侏儒、笃疾、癃残,非犯死罪,皆颂系之。"到了宋朝,残疾人犯罪更是受到了较高的待遇。比如残疾人被疑有罪时,不允许拷讯,只能采取众证听罪原则。《宋律》规定:"笃疾者,杂犯死罪,不科刑,伤人及盗,俱入赎刑,其余之轻罪则勿论;废疾者,流罪以下可收赎,若贫不能自赎者,可放免;若是死罪,也仅散禁而已。"但如果残疾人恃残为恶,则依然要受到严厉惩处。

2. 古代残疾人法律制度体现了对残疾人的救济方式与途径具有多样性

第一，国家设福利院，收养残疾人。早在周朝时，《管子·人国》记载："聋盲，喑哑跛躄，偏枯，握递，不耐自生者，上收而养之。疾，官而衣食之，殊身而后止。"政府对残疾人这些特殊群体加以养治，并且一直抚养他们到老死，不让他们受罪，让他们享受应该得到的温暖与照顾。唐代设悲田养病坊，收养包括残疾人在内的弱势群体。到了宋代，这种福利院越来越多，宋仿唐代悲田院的形式，在京师设置东、西福田院，以收养"老疾孤穷丐者"，后增设南北两个福利院。后又令全国各州设置居养院、安济坊。居养院收养穷、残疾、无家可归者及孤儿。在元代，始设众济院以收养残疾人在内的弱势群体，后又增设养济院。明清亦有收养包括残疾人在内的弱势群体的官方福利院。

第二，给残疾人提供工作机会。早在先秦时期，政府便有给残疾人安排职务，使其各尽其才。《周礼·秋官·掌戮》记载："墨者使守门，劓者使守关，宫者使守内，刖者使守囿，髡者使守积。"之后的朝代，政府也都有安排一定数量的残疾人，根据其自身的特点安排就业。

第三，赏赐和发放生活必需品。我国古代对残疾人施行救济的另一种方式就是赏赐和发放生活用品，使他们能生存于这个社会。《管子·人国》记载："对于疾者，包括聋、盲、喑哑，偏，枯等，上收而养之，而衣食之。"政府向残疾人发放生活用品，使他们享受人间温暖。汉代经常性地向包括残疾人在内的弱势群体提供生活必需品。北周时还经常"遣使周行全国，贩赐或慰问孤寡老疾"。南朝时，"贩恤高年、鳏寡、幼孤、六疾不能自存者，成常例"。到了唐宋，君王们更重视对残疾人的施舍，使他们生活无忧。

最后，值得一提的是，古代国家还免费为残疾人提供特殊服务。比如提供医药药方、侍丁保姆、丧葬帮助，甚至提供婚介服务。

3. 古代残疾人法律制度体现了"为民父母"的行政特色

古代残疾人法律制度充分体现了国家对残疾人的关心过于政治化，排斥社会力量。国家并没有把残疾人当做一个社会问题来看，只是当成一个"为民父母行政格局下"的"安抚子民"、"哺育百姓"的行政问题。古代君王只把残疾人问题当成了一种放大了的"家政"问题来处理。"养疾"政策就是一种典型表现。国家把残疾人养起来，就像父母养自己的子女一样，好像是天生的义务。整个古代残疾人法律制度里，充满家长"父慈母爱"般的养育和保护残疾人的精神。生育、婚姻、衣食、居处、就学、生产、医疗、丧葬等，残疾人生活的每个方面，只要确有困难，均可由国家如父母般地提供救济。在资助方式上从提供衣食住所、提供医药药方、提供侍丁保姆、减免税法到提供丧葬帮助,几乎是所有手段都用上了,却忽略了借靠社会力量来解决残疾人问题。[①]

综上,我国古代的福利制度的发展状况与中国文化传统的大背景是密不可分的,从中也可以看到当时针对残疾人、老年人等弱势群体所构建的福利救济制度与近代以来的社会福利制度有着很大不同。比如:福利和救济事务过分国家化、政治化、排斥社会力量。中国古代的福利和救济事业有着过于强烈的国家行政属性。一方面,国家并没有把弱势群体的福利和救济问题当作社会问题来解决,只是当成一个"为民父母行政"格局下的"安抚子民"、"哺育百姓"的行政问题,在解决扶贫助困问题时,也没有采取整体解决社会问题的构思,没有从社会的共同生存机制、公平机制和自我完善机制、收入再分配机制的建立和健全的角度去考虑救济问题。另一方面,没有社会力量参与,同时也不鼓励社会力量参与到福利制度当中来。

但不可否认,鉴于这些制度的历史发展阶段和经济发展水平,当时所形成的福利救济制度从福利救济的内容来看,是全方位的,几乎是无所不包的。从福利救济的方式来看,我国古代实行的福利或救济的方式途径也是多样化的。这些制度化的福利救济方式在很大程度上解决了老弱病残的生存问题,同时也为后来国家构建更为先进的福利救济制度打下了全面的基础。

二、近代以来我国残疾人政策的历史进程

新中国成立以来,在政府的积极推动下,经过各地区、各部门、社会各界以及广大残疾人、残疾人工作者的共同努力,过去单一的以社会救济和扶助为主的残疾人工作,已发展为领域广阔、独具特色的综合性社会福利事业和全面康复事业。

新中国成立之前,由于战争导致产生了大量残疾军人,对于这些为革命与国家建设做出贡献的残疾军人需要特别地进行优待和抚恤,所以我国政府制定残疾人的福利保障政策,是从伤残军人的优待抚恤工作开始的。早在 1931 年 11 月,中华苏维埃临时中央政府就颁布了《红军抚恤条例》。在抗日战争和解放战争时期,各解放区又结合当地的实际情况,分别制定了优待抚恤伤残军人的相应政策法规。

---

① 罗财喜:《从古代残疾人法律制度审视当今残疾人保障法的完善》,《吉首大学学报(社会科学版)》,2005 年第 10 期。

新中国成立之初,在《中国人民政策协商会议共同纲领》和《中华人民共和国宪法》中,也都对优待抚恤革命伤残军人做了相关原则性的规定。在中国解放区救济总会的基础上,1950年4月29日在北京成立了中国人民救济总会,团结并领导全国从事救济福利事业的团体和个人,共同推进救济福利事业。1950年12月11日,经政务院批准,由内务部颁布并实施了《革命残废军人优待抚恤暂行条例》,成为新中国第一部为残疾人制定的国家法律,其中包含生活保障、劳动就业、医疗待遇等许多福利政策。此外,在百废待兴的1951年,周恩来总理签发的《关于改革学制的决定》便有"各级人民政府应设立聋哑、盲目等特种学校,对生理上有缺陷的儿童、青年和成人施以教育"的内容。此后的20多年里,各地大中城市不断建立聋哑学校和盲人学校,同时加强了对福利工厂中的盲人、聋哑人的业余教育和技术培训,发展假肢、矫形器的研制和生产,推动了残疾人事业的稳步发展。

1953年,中国盲人福利会成立。1954年6月20日,内务部批准中国红十字会的工作人员伤残者,可以按照《革命残废军人优待抚恤暂行条例》给予抚恤待遇。1956年,成立了中国聋哑人福利会。1960年5月,中国盲人福利会与中国聋哑人福利会合并成立了中国盲人、聋哑人协会,其后通过的协会章程为盲人、聋哑人谋取福利起到重要作用。

20世纪60年代,党和政府依然把残疾人社会福利放在重要的议程上。1962年11月至1963年9月,劳动部和全国总工会多次发出通知和复函,解决伤病职工的待遇问题。内务部和财务部也多次批复解决"革命残废人员因伤口复发到外地治疗和到外地安装假肢"的医疗费、旅费问题。劳动部"关于残废军人转入企业工作"的保障金以及"关于因工残废补助费"等问题的处理政策,都体现了国家对残疾人的关怀及政策支持。

"文革"之后,一度停顿的残疾人社会保障事业再度启动,改革开放之初,邓小平同志曾对外国友人明确表示"中国需要改进对残疾人的服务"。他对自己的残疾孩子倍加关怀,支持他投入到残疾人事业中去,为全国残疾人服务。国家和社会也逐步明确了如何对待残疾人是人类文明发展和社会进步的重要标志,全社会都应树立现代残疾人观。改革开放以后,残疾人社会保障事业得到一定程度的恢复,20世纪80年代以来,残疾人福利事业的发展迎来了前所未有的大好局面。1980年10月,民政部、国家劳动总局联合发布了《关于城市社会福利事业单位岗位津贴的试行办法》。1981年5月,国务院批转民政部《关于保护和扶持社会福利生产的请示报告》并发出通知号召贯彻执行。1984年3月15日,中国残疾人福利基金会在北京成立,其任务之一就是争取国家制定保护残疾人权益的法律法规并进一步兴办残疾人福利事业。1982年《宪法》重新确立了获得物质帮助权,并对残疾人特别是残疾军人及其家属提供一定的抚恤和帮助。1984年,财政部、国家税务总局出台文件对残疾人从事服务活动提供税收税优惠。同年,中国残疾人福利基金会成立,扩大了帮助残疾人的范围、途径和项目。1985年11月20日,国务院工资制度改革领导小组发出了《关于提高优抚和社会福利事业单位职工工资福利待遇问题》的复函。在这大好形势下,全国许多地区纷纷制定出保护残疾人的区域性政策法规。1985年11月,北京市政府率先颁布了《关于安排残疾人就业、生活和学习的规定》。1988年7月1日,江苏省无锡市《残疾人保护条例》正式实施。1987年,经国务院批准,进行了我国历史上第一次全国残疾人抽样调查,为实施残疾人保障和发展残疾人事业提供了翔实的数据支持和科学依据。1988年中国残疾人联合会宣布成立,开始建立党委领导、政府主导,有关部门密切配合,残联积极发挥作用,残疾人充分参与,协调运转的工作机制。1990年,民政部等相关部委下发《社会福利企业管理暂行办法》,对残疾人安置工作提供了一定的税收优惠。1990年12月,《中华人民共和国残疾人保障法》正式颁布,各地、各级政府保护残疾人权益的地方法规相继出台,这在中国残疾人事业发展史上具有里程碑意义。作为我国第一部专门保护残疾人合法权益的基本法律,它框定了我国残疾人工作的法律架构并予以了细化。这一阶段对于包括社会保障在内的残疾人事业具有特别意义。同时制定了《中国残疾人事业五年工作纲要(1988—1992年)》,开展了残疾人三项康复工作等,国家制定和实施的残疾事业五年计划与国家的经济、社会同步协调发展。设立了从中央到地方各级政府的残疾人工作协调机构,广泛开展各类丰富残疾人文化生活的活动,激励、表彰残疾人的参与意识和奋斗精神,同时倡导助残的文明社会风尚,发展残疾人领域的国际交往。残疾人事业法律制度框架开始构建,残疾人社会保障事业逐渐兴起。

政府除支持兴办大量福利企业安排残疾人就业外,还广泛开展分散按比例就业。党中央和国务院为发展福利生产制定了一系列保护和扶持政策,各地政府也为此制定了相关的政策和措施。国家机关和企事业单位按比例吸纳残疾人就业,鼓励残疾人个体开业。国家还通过普遍进行的扶贫措施和残疾人专项扶贫,扶持1 500万名农村贫困残疾人。为方便残疾人参与社会生活,各大中城市逐步建立起无障碍设施。北京、上海、天津、沈阳、广州、深圳、青岛等地的一些街道、商店、剧场、车站、机场等公共场所均改建和设立方便残疾人通行的坡道、盲道、扶手等无障碍设施。电视台增设手语节目、在影视中增加字幕、出版盲人有声读物等,这些都减少了残疾人信息交流中的障碍。全社会的残疾人文化活动蓬勃开展,全国建立市级以上残疾人文化场所近 3 000 处。各地公共文化场所为方便各类残疾人,提供了特别扶助和优惠照顾。公共文化事业积极面向残疾人,出版发行了《中国残疾人》、《盲人月刊》、《华夏时报》和《挚友》等大批残疾人报刊,逐步满足残疾人日益增长的文化需求。此外,我国积极参与国际社会保障残疾人权益的活动,响应联合国《关于残疾人的世界行动纲领》和《联合国残疾人十年(1983—1992)》,倡导发起《亚太残疾人十年(1993—2002)》。中国残疾人事业的成就,赢得了国际社会的广泛赞誉。联合国及有关国际组织先后授予我国残疾人组织及领导人十几项嘉奖,中国残疾人联合会获联合国经社理事会特别咨商地位。特别是 2003 年,联合国授予邓朴方"联合国人权奖",这是中国人首次获得这一荣誉。

十四大以后,我国加快了社会保障立法的进程,为发展残疾人事业、改善残疾人生活状况采取了一系列重大措施,涵盖残疾人社会保障的中国残疾人事业得到快速发展,先后制定了《残疾人教育条例》(1994 年)、《残疾人就业保障金管理暂行规定》(1995 年)和《关于进一步做好残疾人劳动就业工作的若干意见》(1999 年)。

从 21 世纪开始,我国残疾人的社会福利事业全面推进社会化。新的福利制度和福利服务体系逐渐形成并迅速发展壮大。2001 年国务院批转中国残疾人事业"十五"计划纲要以及配套的实施方案,2004 年国务院办公厅转发《关于进一步加强扶助贫困残疾人工作的意见》;2006 年 6 月,国务院批转《中国残疾人事业"十一五"发展纲要(2006—2010 年)》及配套实施方案,都极大地推动了我国残疾人事业的发展。2005—2007 年开展了第二次全国残疾人抽样调查,此次调查为国家制定实施有关残疾人的法律法规、发展计划、政策措施提供了翔实可靠、全面科学的决策依据。2007 年 2 月 14日,国务院第 169 次常务会议通过了《残疾人就业条例》,这是一个专门针对残疾人就业的纲领性文件。国家为发展残疾人事业、改善残疾人生活福利状况采取了一系列重大措施。在进行全国残疾人抽样调查摸清基本状况的基础上,制定实施了残疾人事业的"十二五"计划发展纲要;在"三项康复"的基础上又扩充了低视力康复、精神病防治康复、智力康复等几项,同时开展社区康复和残疾人用品、用具供应服务。经过各地区、各个部门、社会各界以及广大残疾人和残疾人工作者的共同努力,全国的残疾人康复工作取得了历史性的进展。2008 年,《中华人民共和国残疾人保障法》进行了修订,对残疾人社会保障等问题作出了明确的规定,提出了更高的目标。进入这个阶段以来,国家不仅制定了一系列法律、法规,而且制定了推进实施的国家计划和具体优惠政策,着眼于改革与拓展,残疾人社会保障逐步纳入法制化轨道,正向着更广范围、更深层次迈进。

三、新时期残疾人政策新思路

随着经济发展,中国政府更加关注残疾人群体,不断加大社会保障投入力度,取得了显著成效,其表现在两个方面,一是普惠型的社会保险、社会救助与公共卫生体系初步建立。二是残疾人福利制度体系基本形成。继《中华人民共和国残疾人保障法》的颁布实施之后,国务院先后颁布实施了《残疾人教育条例》和《残疾人就业条例》,从而初步形成以宪法为依据,以刑事、民事、诉讼等法律为基础,以残疾人保障法为核心,以行政法规、地方法规为支撑的保障残疾人权益的法律体系。

在此基础上,2008 年颁布的《中共中央国务院关于促进残疾人事业发展的意见》(中发[2008]7 号)就残疾人社会福利的发展方向、工作重点、实现途径及保障措施等做了细致阐述。2010 年《国务院办公厅转发中国残联等部门和单位关于加快推进残疾人社会保障体系和服务体系建设指导意见的通知》(国办发[2010]19 号)则进一步明确提出了"两个体系"建设的重要意义,指导原则、目标任务、工作重点与保障机制等。在这一系列政策法规的引领下,残疾人事业的建设又推向一个新的高度。

1. 残疾人"两个体系"建设的提出与推进过程

2008 年 3 月 28 日,中共中央国务院出台的《关于促进残疾人事业发展的意见》提出"健全残疾人社会保障制度,加强残疾人服务体系建设",首次提出残疾人社会保障体系和服务体系建设。残疾人两个体系建设是国家和社会针对残疾人的特殊困难和特殊需求建立的保障残疾人基本生活的各项法律、法规、规章和政策的有机整体,是一项全新的社会事业,是一个复杂的系统工程。2010 年国务院办公厅转发了《关于加快推进残疾人社会保障体系和服务体系建设的指导意见》,明确了残疾人两个体系建设的指导原则、任务目标和政策措施,并提出"加快推进残疾人两个体系建设是维护残疾人生存权和发展权,让广大残人生活得更幸福、更有尊严的根本举措,是全面建设小康社会,特别是建立覆盖城乡居民社会保障体系和推进公共服务均等化的必然要求"。[1]

残疾人两个体系建设是残疾人事业向着更高层次发展的重要标志,也

---

① 中国残联两个体系建设办公室:《残疾人社会保障体系和服务体系建设学习读本》,北京:华夏出版社,2010 年版,第 66 页。

是我国社会建设事业向纵深领域全面推进的重要内容。2009年,国务院残疾人工作委员会根据不同地域经济社会发展水平和残疾人工作基础,选定江苏、湖北、陕西、广州、武汉、成都作为残疾人两个体系建设省级试验区和专项试点城市,与当地政府签订目标责任书,明确两个体系建设的目标、职责和任务。省级试验区、专项试点城市先行先试、不断探索、统筹规划、突出重点,加快推进当地残疾人两个体系建设进程。为科学量化评价两个体系建设成效,国务院残工委秘书处于2010年制定出台《全国残疾人两个体系建设试验区、专项试点城市阶段性(2009年—2010年)评估方案(试行)》(残工委秘[2010]3号)。2011年对国务院残工委组织有关部门和专家对试点地区进行了评估,总结成效和经验,明确问题和不足,提出改进目标和对策。残疾人两个体系建设在试点地区取得阶段性成效,残疾人两个体系建设被纳入当地经济社会发展大局和残疾人事业“十二五”发展纲要,制定推进规划,出台相关政策;各地注重制度性安排,坚持普惠与特惠相结合,推进城乡和区域协调,提高社会保障水平;加强服务平台建设,拓宽服务领域,丰富服务内容,规范服务行为,增强专业化服务能力;调动各方资源,引导社会力量参与残疾人服务业发展,提升两个体系社会化水平。试点地区残疾人整体状况明显改善,为两个体系在全国范围加快推进提供了经验和基础。

2. 残疾人“两个体系”建设的意义

一系列政策的出台,标志着政府将残疾人“两个体系建设”作为当前残疾人事业发展中的重要内容,将残疾人的生存与发展纳入整个国家的发展规划,从而使得残疾人事业得到了制度上的保障。之所以把残疾人社会保障体系与服务体系作为当前残疾人事业发展的重要内容,这是从残疾人的生存与发展需求角度出发的。残障人群体最为关心、最为迫切的需求就是能得到基本的生存保障与平等发展的权利及机会,他们不仅是特殊的弱势群体,也是社会的一分子,是物质文明与精神文明的创造者和拥有者,国家和社会需要着眼于解决他们最为现实的生存和发展问题。要“坚持政府主导、社会参与,国家扶持、市场推进,统筹兼顾、分类指导,立足基层、面向群众,完善促进残疾人事业发展的法律规范和政策措施,健全残疾人社会保障制度,加强残疾人服务体系建设,营造残疾人平等参与的社会环境”。①

社会保障是保障包括残疾人在内的所有公民基本生活的制度化安排,是保证公民基本生存权利的政策选项。健全残疾人社会保障,要在一般性社会保障制度的基础上,制定有利于残疾人特点的普惠型与特惠型相结合

---

① 《中共中央、国务院关于促进残疾人事业发展的意见》,新华社,2008年4月23日。

的社会保障制度，以更好地维护残疾人生存权，满足其基本生活需求，从制度层面保障其有尊严地生活。

社会服务是在政府的指导及社会组织的实施下，通过多种服务形式，对服务对象提供以满足包括物质和精神需求为目的的各种服务，社会服务与社会保障都是"大福利"体系中的重要内容，是生存与发展的有效制度化手段。残疾人社会服务体系建设就是针对残疾人的特殊服务需求，应用多种专业化方式，为残疾人提供物质、精神及康复等方面的服务，以维护其发展权，促进其平等、参与及全面发展。

残疾人社会保障体系和服务体系二者之间存在着不可分割的内在联系，是一个有机的整体。保障程度决定服务水平，服务水平体现保障的效果。保障通过服务来实现，服务是保障的有效载体。在建设这"两个体系"的实践中，要注意正确掌握它们之间的关系，既不能将他们截然分开，也不能互相取代，而应将其看成是相辅相成、共同发展的关系。"两个体系"建设必须统筹规划，同步实施，做到协调发展，从而进一步促进和保障残疾人平等参与社会生活，共享改革发展成果，共同步入全面小康社会。

残疾人社会保障体系与服务体系建设是完善我国社会保障制度建设与推进公共服务体系建设中的有机组成部分，是加快以民生为重点的社会建设与公共产品供给的重要内容。残疾人两个体系建设不仅在制度上确保残疾人的基本生存，提高其生活质量，而且还通过保障与服务措施，具体促进残疾人在政治、经济、社会、文化等各方面权利的实现，促进残疾人的社会融合与社会参与，保证其真正实现"平等、参与、共享"。

3. 残疾人"两个体系"建设的原则

残疾人两个体系建设是在社会建设大环境下进行的，必须坚持几个原则：以人为本原则、与经济社会发展协同发展原则、以政府为主导原则、一般与特殊相结合原则、救助和发展并存原则。

以人为本原则。残疾人两个体系建设中以人为本即是从残疾人的需求出发，尊重、保障和实现残疾人的各项权利。在残疾人事业中大力弘扬和实行人道主义，关注残疾人的生活质量和发展潜能，提升其幸福满意度，这对于促进全社会理解残疾人，尊重残疾人的独立人格，帮助残疾人实现自己的人生权利和价值，最终实现残疾人的全面发展无疑具有十分重要的作用。在残疾人两个体系建设中，要坚持以人为本，充分考虑残疾人的特殊需求，竭力缩小残疾人与健全人之间的差距。

与经济社会发展协同发展原则。残疾人两个体系建设有其特殊性，但是在强调其特殊性之同时，还要注意与当地经济社会发展条件相适应，既不能落后也不能过分超前于当地经济社会发展水平。一方面要使残疾人社会福利的水平与当地经济发展水平相适应,另一方面还要推动城乡残疾人社会保障的整合与衔接,实现城乡协调发展。尤其在区域发展差距比较明显的地方,两个体系建设不能一刀切,应体现出不同地区发展水平的差别。

以政府为主导原则。《中华人民共和国残疾人保障法》第四十六条规定:"国家保障残疾人享有各项社会保障的权利。政府和社会采取措施,完善对残疾人的社会保障,保障和改善残疾人的生活。"这就在法律层面上规定了政府的主体责任。建立和完善残疾人两个体系是市场经济条件下政府的重要职能,离不开政府的主导作用,更离不开政府强大的财政支持。残疾人是弱势群体的重要组成部分,保障残疾人的基本生活,促进残疾人的社会参与和发展是政府的基本职责。

一般与特殊相结合原则。构建残疾人社会保障体系,必须坚持一般性制度安排与专项制度安排相结合的原则①。残疾人因其身体情况特殊,仅有面向大众的一般性保障制度安排是不可能满足其需求的,残疾人有其特殊性,残疾人除了有基本需求之外还有特殊需求,而普遍惠及全体公民的社会福利满足不了残疾人的特殊需求,这就要求在一般性保障的同时,要考虑残疾人的特殊性保障及服务需求。

救助和发展并存原则。我国残疾人两个体系运行还处于低层面的救助阶段,从目前政策实施状况看,残疾人社会保障和服务重点着眼于对残疾人的生活救助,一些特惠措施也集中于农村残疾人、重度残疾人等少数残疾人群体上,其他为数众多的残疾人还不能享受到相应的福利和服务,对残疾人的扶助还停留于物质层面,忽视了残疾人的发展需求。残疾人两个体系建设应从传统的"救助"理念逐步转向"发展"理念,既要注重对残疾人的救助,更要注重残疾人能力的开发建设,给予残疾人长久有效的制度保障。

自 2010 年全面启动以来,全国残疾人"两个体系"建设取得了很大的成就,各地都把残疾人社会保障和服务体系建设纳入到当地经济社会发展大局,纳入到政府经济社会发展规划和年度任务目标,纳入到各级党委、政府的目标考核范围②,残疾人社会保障和社会服务已经初步纳入到制度性安排和体系化措施的框架结构中。

但我国残疾人两个体系建设尚处在起步阶段,相对于全国保障与服务现状及水平,相对于残疾人需求经济社会发展水平,还存在着很大的差距。

---

① 郑功成:《中国残疾人社会保障的宏观思考》,《河南师范大学学报》,2007 年第 6 期。
② 《残疾人工作通讯》,2010 年第 15 期。

在基本理念、政府投入、资源整合等方面还存在着亟待解决的问题。如：作为两个体系建设基础的理念层面，在对待残疾人群体的整体社会理念观念上，仍旧存在一定程度的偏差，从而导致在两个体系建设过程中存在一定难点，特别是残疾人的社会参与和社会融入，很多时候需要全社会的共同接纳，但目前整体的社会环境而言，残疾人在社会融入的过程中还存在诸多困难，以人为本的理念难以实施。

总之，加快残疾人社会保障和服务体系建设，是目前和今后一个时期我国残疾人工作的中心任务。健全两个体系，目的是在维护残疾人生存权，满足其基本需求的同时，维护残疾人的发展权，促进其平等参与和全面发展。①

四、我国残疾人社会政策演进及其特征

我国的社会政策体系是在特定的历史条件下形成和发展的，经历了从传统到现代、从适应计划经济体制到适应市场经济体制、从平均主义到发展主义的转变。

（一）平均化的二元民政福利时期（1951—1983）

新中国成立至改革开放初期前（1983年）的近35年间，中国政府在人口、教育、就业、收入分配、社会保障等方面制定和实施了一系列的社会政策。当时的社会福利制度依附于经济公有制和计划经济制度而发展，确立了社会主义意识形态为初级社会福利制度的指导思想，建立了城乡分割和封闭的社会福利制度。1955年，中国政府在内务部（民政部前身）设立了社会福利管理机构，主要负责指导和管理社会福利事业和社会福利企业，人们通常称之为"民政福利"。"文革"期间，民政福利受到严重影响。1968年内务部被撤销，众多卓有成效的社会福利制度和机构被废止，整个社会福利事业的服务质量普遍恶化。

1978年2月，民政部成立后内设城市社会福利局，专司政府直接承担的城市社会福利事务。随后，国务院相继颁布了《关于安置老弱病残干部的暂行办法》、《关于工人退休、退职的暂行办法》和《关于军队干部离职休养的暂行规定》等法规，有关部门制定了《农村合作医疗章程（试行草案）》等。1979年11月，全国城市社会救济福利工作会议召开，会议明确了城市社会福利事业单位的福利性质，制定了恢复和发展社会福利事业的方针和政策。

---

① 周沛、曲绍旭：《残疾人两个体系建设创新研究》，《西北大学学报（哲学社会科学版）》，2011年第11期。

这一时期的残疾人社会政策具有非规范性、非持续性和城乡二元分割的鲜明特征。在城市,政府建立了对无依无靠、无劳动能力及无正常生活来源的孤寡老人、孤残儿童、精神病人和残疾人的"三无人员"社会救助。在农村,政府建立了对缺乏或完全丧失劳动能力、生活无依靠的老、弱、孤、寡、残社员保吃、保穿、保烧和对年幼的保教、年老的死后保葬的农村"五保"供养制度。但在有关残疾人社会政策的目标偏好方面,表现出强烈的重城市轻农村、重国营轻集体、重中央轻地方、重大单位轻小单位的倾向和做法。

(二)残疾人福利社会化转向时期(1984—2002)

1984 年 11 月,民政部"全国城市社会福利事业单位改革整顿经验交流会"提出了社会福利事业的"三个转变"发展战略和改革方向,即向国家、集体、个人一起办的体制转变,由救济型向福利型转变,由供养型向供养康复型转变,由封闭型向开放型转变。从 20 世纪 80 年代中期开始,中国残疾人事业的制度化、规范化和社会化发展有了显著的推进,残疾人事业开始逐步系统地纳入国家经济社会发展规划,一系列有关残疾人的法律、法规和措施相继发布。1991 年以后,国务院制定并实施了《失业保险条例》、《农村五保户供养工作条例》和《城镇最低生活保障条例》,通过了《残疾人保障法》、《残疾人教育条例》、《妇女权益保障法》、《老年人权益保障法》、《公益事业捐赠法》和《城市最低生活保障条例》等法律法规。1992 年 10 月,党的十四大第一次明确提出了建立社会主义市场经济体制的目标模式,标志着中国社会主义建设事业进入新时期,中国残疾人社会政策开始进入了适应社会市场经济发展的制度转型。这一时期的残疾人社会政策已从改革开放初期的应急性、补救性和恢复性向系统化、法制化和社会化转变。中国残疾人社会福利事业逐渐摆脱了由政府全面包揽和行政权力直接干预的局面,开始改变单纯追求生活保障的目标和做法,民众观念发生了重大的变化,残疾人权益得到尊重,社会开始肯定残疾人能力,残疾人参与社会生活的环境大为改善。

(三)向残疾人倾斜的适度普惠福利时期(2003—   )

从 2003 年开始,民生财政开始全面系统地在公共政策和公共财政领域付诸实施和实现,党的十六大和十七大深入贯彻落实科学发展观,国家更为关注社会政策领域的公平、公正等,更加重视民生民利,以人为本的价值理念向社会政策复归,残疾人社会政策发生历史性转变。党的十八大开启了全面建成小康社会新的伟大征程,残疾人事业保持良好发展势头,各方面工作取得新成效。2005 年 11 月,民政部发布《关于支持社会力量兴办社会福利机构的意见》,提出推进社会福利社会化,动员社会力量多渠道、多层次参与福利事业、兴办福利机构,开展形式多样的系列化服务。2007年最低生活保障制度从城市全面推广到农村,打破了长期以来社会保障制度"重城轻乡"、社会保险只在城镇内部覆盖的不平等格局。2008年4月,党中央、国务院印发《关于促进残疾人事业发展的意见》,提出加快推进残疾人社会保障体系和服务体系建设。2010年3月10日国务院办公厅转发中国残联等部门和单位《关于加快推进残疾人社会保障体系和服务体系建设指导意见的通知》,对残疾人社会保障与服务体系做了部署,我国残疾人社会保障和公共服务事业的发展进入一个全新的阶段。随着经济的发展,残疾人社会保障与服务得到了有效拓展,政府和社会为残疾人提供服务的能力和水平不断提高,初步形成了符合中国国情的残疾人社会保障与服务的政策体系和工作格局。

这一时期残疾人社会政策的主要特征如下:普惠型的社会保险、社会救助与公共卫生体系初步建立,残疾人福利制度体系基本形成;初步形成以《宪法》为依据、以刑事和民事等法律为基础、以《残疾人保障法》为核心、以行政法规及地方法规为支撑的保障残疾人权益的法律体系;在普惠型的社会保障与社会服务体系的基础上,形成了向残疾人社会权益倾斜的一些特惠制度和做法。[①]

第二节　残疾人政策法规的结构体系

一、我国法律体系的构成:当代中国立法的现状

(一)法律体系的概念

法律体系,是法理学等相关学科研究领域的一个重要概念。体系一词泛指由若干事物构成的一个和谐的整体,而法律体系的概念,在国内外法学著作中的表述各有不同。

在《中国大百科全书:法学》中的定义是:"法律体系通常指由一个国家的全部现行法律规范分类组合为不同的法律部门而形成的有机联系的统一整体。"[②]在英语中,法律体系(Legal system or System of law)一词的含义在英国《牛津法律指南》中是这样进行解释的:"从理论上说这个解释是适用

---

① 吴军民:《中国残疾人社会政策演进:经验、问题及下一步行动》,《理论与改革》,2012年第3期。

② 《中国大百科全书:法学》,中国大百科全书出版社,1984年版,第84页。

于主权者或者是根据基本规范直接和间接授权,为该社会制定的所有的法律也就是一个国家或者一个共同体的全部法律。"[1]日本学者将法律体系定义为:"法律规则和其原则基础组成的独特的体系","严格定义的概念和被某些原则合理化了的规则组成的规范性构造,目的是实现预期的社会控制"。[2] 苏联法学家将法律体系定义为:"归根到底由社会经济基础决定的法的统一和法的划分(即分成各个互相联系的组成部分)法的部门和法律制度。"[3]并确认法律调整对象为划分部门法的主要标准,法律调整方法为补充标准。当代俄罗斯的法学发展了传统法律体系的结构观点,将公法、私法之分引入了法律体系的理论当中。

目前中国法学关于法律体系研究的主流理论源于苏联,将法律体系通常解释为"由一国现行的全部法律规范按照不同的法律部门分类组合而形成的一个呈体系化的有机联系的统一整体。"[4]此外,关于法律体系的概念还有其他多种理解,如:"即可用来指整体上的法律规范的总和,又可以涵盖法律实践活动状况甚至还囊括了一个国家的法律意识、法律传统和法律角色等,因此这种广义上的法律体系可被用来统称法律生活的全部要素。"

由此可见,西方学者和苏联/俄罗斯及中国学者对法律体系问题的理解上存在着明显差异——西方学者侧重于对法律逻辑结构的分析,苏/俄、中学者侧重于对法律部门的描述,即法律界将法律体系看做是部门法体系的一种通论。但他们在核心立场和观点上又是一致的,即法律体系的整体结构性。在社会生活中,法律有自身具体的、现实的存在逻辑。从法律的内容上说,法律是相应的社会各方面的反映,从法律的形式上说,法律必须结构合理、协调一致,避免被自身的内部矛盾和冲突所瓦解和推翻,无论是法律的目的和任务,或是法律自身的特性,都要求法律必须具有统一的体系和结构。法律的整体结构应是社会关系整体性和法律调整目的与任务的统一性在法律上的体现,对于法律体系结构的理论和观点则为二者在人们思想观念上的反映。

关于法律体系结构的各种理论,都体现出认识与分析法律体系的不同视角和方法各有其真理性和局限性。不同的社会背景,决定了不同的法律体系结构,并深刻影响着人们的相关认识和理解。在我国,有关残疾人的法

---

[1] 沈宗灵:《法理学》,北京大学出版社,2001 年版,第 288 页。

[2] [日]千叶正士:《法律多元》,中国政法大学出版社,1997 年版,第 173 页。

[3] [苏联]玛·巴卡列娃等:《国家和法的理论》,李嘉恩等译,中国人民大学出版社,1956 年版,第 462 页。

[4] 张文显:《法理学》,北京高等教育出版社,2003 年版,第 127 页。

律体系是指涵盖了涉及残疾人权益保障、责任义务等各项相关法律条文的法规规范总和，以及相应的法律实施活动状况、法律意识等要素。

（二）规范性文件归属的分析

从规范性文件的归属角度，截至 2010 年，中国已经制定宪法和现行有效法律 237 部，按照全国人大常委会法工委的分类，包括七个法律部门，即宪法及其相关法、行政法、刑法、民商法、经济法、社会法和程序法。此外，现行有效行政法规 690 多部，地方性法规 8 600 多部。

中国宪法部门共有法律 39 部，占全部有效法律的 16％，包括宪法和宪法相关法。中国制定过 1954 年、1975 年、1978 年和 1982 年四部宪法，现行宪法也已经有 1988 年、1993 年、1999 年和 2004 年四个修正案。宪法相关法是与宪法相配套、直接保障宪法实施和国家政权运作等方面的法律规范的总和，主要包括四个方面：有关国家机构的产生、组织、职权和基本工作制度的法律；有关民族区域自治制度、特别行政区制度、基层群众自治制度的法律；有关维护国家主权、领土完整和国家安全的法律；有关保障公民基本政治权利的法律。

中国行政法部门共有法律 77 部，占全部有效法律的 33％，是法律最多的部门。行政法部门的内在结构包括特别行政法和一般行政法。特别行政法又称部门行政法，指规范各专门行政职能部门如治安、民政、国家安全、统计、邮政、海关、人事、军事、教育、科技、文化、卫生、体育等方面的管理活动的法律。一般行政法规定国家行政管理的基本原则、程序以及国家行政机关的地位、产生、职权和职责等，是横跨各个行政法领域、规范行政行为的法律，包括行政组织法、行政运作法（包括行政许可、处罚、制裁、监察等）和行政救济法（行政赔偿法、行政复议法、行政诉讼法）等。

中国刑法部门有法律 1 部，即《刑法》。1997 年之后，刑法的修订采用刑法修正案和刑法解释的形式，这对于保证刑法典的统一性、稳定性和权威性无疑具有积极意义，也使得刑法成为中国各个法律部门中法典化、系统化程度最高的部门。

中国民商法部门有法律 33 部，占全部有效法律的 14％，包括民法和商法两个子部门。其中民法已经完成了《民法通则》《婚姻法》《继承法》《收养法》《物权法》《商标法》《专利法》《著作权法》《合同法》《侵权责任法》和《涉外民事关系法律适用法》等主要法律的制定。商法包括《公司法》《合伙企业法》《票据法》《保险法》《证券法》和《担保法》等。

中国经济法部门也是一个庞大的法律部门，共有法律 59 部，占全部有效法律的 25%。就其核心公共经济管理法而言,可以分为综合职能管理法和行业管理法两个部分。

此外,和残疾人关系最为密切的法律部门是社会法部门,共有法律 18 部,占全部有效法律的 8%,主要由劳动保障法、社会保障法、社会公益与慈善法三部分组成。劳动保障法主要包括《劳动法》、《劳动合同法》、《工会法》、《就业促进法》、《矿山安全法》、《职业病防治法》和《安全生产法》,国务院制定的《关于工人退休退职的暂行办法》和《关于职工探亲待遇的规定》等;社会保障法包括《社会保险法》和《特殊群体权益保障法》,即《残疾人保障法》、《未成年人保护法》、《老年人权益保障法》和《妇女权益保障法》等;社会公益与慈善法包括《公益事业捐赠法》和《红十字会法》,《社会救助法》正在审议。

从规范性文件归属的角度进行法律部门的划分,只不过是对现行规范性法律文件的一种归类方法。法律部门的划分不是绝对的,上述划分只具有相对性。随着社会关系的发展变化和社会分工的细化,还会有新的部门产生。①

二、我国当代残疾人政策法规的体系构成

(一)法规体系

在当代社会,政府需要多种多样的法规和政策以对全社会实施有效的管理和服务。各国的政治体制、法制体系和行政管理体制不同,法规体系也不尽相同。随着中国残疾人事业从无到有、从小到大,残疾人法律独立性也逐渐增强,系统性也逐步建立。目前我国已初步形成了以宪法为指导、以残疾人保障法为核心、以相关法律法规为基础、以地方规范性文件为补充的残疾人社会保障法律体系。具体来说,我国现阶段有关残疾人的社会政策法规体系主要包括以下一些种类:

1. 国家法律

国家法律是由全国人民代表大会及其常务委员会制定的各种法律的总称。我国现阶段有关残疾人的国家法律体系是以《中华人民共和国宪法》为基础、以《中华人民共和国残疾人保障法》为核心的体系构成。此外,我国有 50 多部法律直接涉及残疾人的某些特别事务,或作出特殊规定。我国的民事、刑事以及劳动和社会保障等众多法律中都有关于残疾人不同方面的规定,分别在不同领域为残疾人提供了法律保障。如《教育法》、《婚姻法》、《劳

---

① 参见朱景文:《中国特色社会主义法律体系:结构、特色和趋势》,《中国社会科学》,2011 年第 3 期。

动法》和《刑法》等30余部法律涉及残疾人的教育、就业、医疗卫生、文化生活等各个方面,都对与残疾人社会保障密切相关的权利做出了规定。

2. 行政法规

简单地说行政法规就是指国务院根据宪法和法律制定的有关行政管理等方面的规范性文件。制定与发布行政法规,是宪法赋予国务院的一项重要职权。行政法规一方面是为了执行国家法律而需要对有关事项作出更具体的规定;另一方面是为国务院行政管理职权范围内的事项制定规范。国务院通过各项行政法规,一方面规范经济和社会生活,也规定政府的各项政策行动。按照国务院《行政法规制定程序条例》的规定,行政法规的名称一般称为"条例",也可称为"规定"、"办法"等。国务院根据全国人民代表大会及其常务委员会的授权制定的行政法规,称"暂行条例"或"暂行规定"。行政法规由国务院组织起草,由国务院的部门具体负责起草工作。行政法规草案在经国务院法制部门征求各个方面意见,并进行审查和修改后,由国务院常务会议审议,或者由国务院审批。审批通过的行政法规由国务院总理签署国务院令公布施行,并及时在国务院公报和在全国范围内发行的报纸上刊登。目前,我国关于残疾人权益保障的行政法规主要有以《残疾人教育条例》和《残疾人就业条例》等为主的一系列保障残疾人权益的相关行政管理方面的规范性文件。

1994年8月23日《残疾人教育条例》的颁布是残疾人教育史上具有重要意义的事件,该条例是我国第一部保护残疾人教育权利的专门行政法规,明确指出:残疾人教育是国家教育事业的组成部分。2007年2月14日,国务院通过《残疾人就业条例》,确立了政府在促进残疾人就业工作中居于主导地位,并对机关、团体、企业、事业单位和民办非企业单位吸纳残疾人就业的责任和义务作出了严格规定,并较为系统地明确了详细的保障措施。其他涉及残疾人社会保障的行政法规,比较重要的有《工伤保险条例》、《城市居民最低生活保障条例》和《农村"五保"供养工作条例》等。同时自"八五"计划开始,国务院已连续制定了五个中国残疾人事业五年规划纲要。

3. 国务院部门规章

国务院部门规章是指国务院各个部门根据国家法律和行政法规、决定、命令,在本部门的职权范围内依照《规章制定程序条例》制定的规章。这里所指的国务院部门包括国务院各部、各委员会、中国人民银行、审计署和具有行政管理职能的直属机构。规章的名称一般称为"规定"、"办法"等,但不得称为"条例"。

在部门规章层面,国务院各部门制定的涉及残疾人社会保障相关内容的"办法"和"规定"等种类繁杂、数量较多。民政、教育、劳动、财政、税务、建设、司法和残联等部门均依据各自的职责,单独或联合制定发布了部门规章或规范性文件。如 1995 年,民政部颁布《残疾人就业保障金管理暂行规定》;1997 年,国务院批准《残疾人专用品免征进口税收暂行规定》;1989 年,建设部、民政部和中国残疾人福利基金会发布了《方便残疾人使用的城市道路和建筑物设计规范(试行)》,并于 2001 年正式颁布了《城市道路和建筑物无障碍设计规范》……其他代表性的文件包括:《关于做好下岗残疾职工基本生活保障和再就业工作的通知》(1999 年)、《关于积极扶持残疾人个人或自愿组织起来从事个体经营的通知》(1999 年)、《残疾人就业信息网建设发展规划》(2000 年)、《关于进一步加强扶助贫困残疾人工作的意见》(2004 年)、《关于为残疾人提供无障碍法律服务和法律援助的通知》(2004 年)、《关于城镇贫困残疾人个体户参加基本养老保险给予适当补贴有关问题的通知》(2005 年)、《关于促进残疾人就业税收优惠政策的通知》(2007 年)、《福利企业资格认定办法》(2007 年)和《残疾人中等职业学校设置标准(试行)》(2007)年等。

4. 地方性法规及地方政府规章

地方性法规是指根据相关法律规定,省、自治区、直辖市和较大的市的人民代表大会及其常务委员会,根据本行政区域的具体情况和实际需求,依法制定的规范性文件。地方政府规章是指省、自治区、直辖市和较大的市的人民政府依法制定的相关规章制度。

在地方立法层面,各地结合本行政区域实际,对残疾人社会保障相关内容的规定和安排不胜枚举,并呈现立法加快加强、规定更细更实的态势。各省、自治区、直辖市人大均制定了实施《残疾人保障法》办法;各省、自治区、直辖市人民政府制定了按比例安排残疾人就业的相关规定;县级以上地方人民政府根据中央政府制定的残疾人事业五年规划纲要,普遍制定了本行政区域的规划纲要及其配套实施方案。有许多省市专门制定了残疾人优待扶助办法,如《天津市关于对城镇残疾人个体工商户缴纳基本养老保险费给予适当补贴的办法》、《深圳市残疾人参加社会保险试行办法》、《山西省保障残疾人合法权益规定》和《安徽省优待扶助残疾人规定》等。全国绝大多数市、县、乡镇都制定了扶助残疾人的优惠规定。特别是近些年来,随着社会保障扩面提标,各级政府也陆续出台了进一步完善包括"五保"供养、城乡低保、新农合和新农保在内的各项政策措施,对残疾人实行普惠加优惠、低保加优保。

此外,我国还积极开展残疾人领域的国际交流与合作,签署、批准和加入了一些有关残疾人权利保护的国际公约,积极参与国际残疾人事务,大力推动和支持两个"亚太残疾人十年"行动,特别是我国作为联合国《残疾人权利公约》的倡导国和起草工作组的成员国,提出了中国案文,在北京承办了21个亚太国家和地区参加的有关公约的政府间会议,通过了《北京宣言》。2008年6月26日我国就正式批准了《残疾人权利公约》,2008年8月1日向联合国提交了批准书,2008年8月31日《残疾人权利公约》在我国(包括香港特别行政特区和澳门特别行政区)正式生效。

（二）政府政策文件

除了以上法规以外,执政党和政府还有其他一些规范性和指导性的政策文件。所谓政策文件,是指各级党政部门向其下属单位和社会发布有关政策的文件。政府政策文件的内容非常广泛,但一般都包含在某类政策方面,或特定的公共管理事务方面在一定时期内的目标、方向、原则、任务、工作方式以及具体的步骤和措施等内容。有些政策文件着眼于大的目标、方向和原则,其内容主要是对政府政策的宏观阐释和对公共事务的宏观指导;而另一些则着眼于具体的政策规范和行动。

有关残疾人权益保障的政策文件分两类:一是党和政府及其职能部门以政策文件的形式向其下级组织下达政策指令,要求下级组织按照上级政府或其职能部门的要求办理公共事务,或为下级政府及其职能部门的工作提供指导原则;另外一类是侧重向社会宣布政府的政策方向、原则及内容。

第三节　残疾人政策法规的主要内容

一、我国残疾人政策法规的主要内容体系

目前,我国的残疾人社会福利政策法规已经形成了以《中华人民共和国宪法》为基础,以《中华人民共和国残疾人保障法》为核心,以《残疾人就业条例》、《残疾人教育条例》和《关于促进残疾人事业发展的意见》等作为具体领域政策的结构体系。我国已有《残疾人保障法》等涉及残疾人权益保障的法律50多部、《残疾人教育条例》等保障残疾人权益的专门性法规100余部以及大量的各部委与各省、自治区、直辖市的残疾人保障法实施办法和其他保障残疾人权益的地方法规和政策,可以说,中国残疾人福利政策法律体系已初步形成。但是从现有政策法规来看,特别是从法律层面来看,我国围绕残疾人方面的专门法只有一部《残疾人保障法》,相比美国、日本等西方发达国

家还有很大的欠缺。

从内容上看,我国残疾人社会福利政策主要有六个方面。(1)残疾人康复医疗政策。如《残疾人保障法》强调积极发展以"社区为基础、康复机构为主干、家庭为依托"的康复模式。(2)残疾人劳动就业政策。我国采取按"比例就业、集中就业与分散就业"三种模式相结合的就业保障模式解决残疾人的就业需要,并对残疾人就业和创业采取政府补贴、税收减免、小额贷款等扶助性政策。(3)残疾人特殊教育政策。从教育规划、义务教育、教育资助、教育机构、教育环境五个方面进行残疾人教育的统筹安排,同时教育类法案中也对残疾人享受与健全人平等教育机会的权利进行了制度保障。(4)残疾人社会保险和社会救助政策。对残疾人的社会福利政策还涉及对生活困难和住房困难的残疾人提供社会救助,对所有残疾人提供医疗保险、养老保险的补贴,并规定了政府在维持残疾人基本生活方面的具体责任。(5)残疾人社会福利服务政策。除了对国家在残疾人保护上的责任进行具体规定,我国残疾人社会福利政策还鼓励和支持社会力量进行残疾人福利的建设,并在制度上予以肯定和扶植,对社区建设也进行了统一的规定。(6)残疾人无障碍设施政策。我国残疾人社会福利政策中也对残疾人享受无障碍设施和无障碍环境进行了规定,主张加快进行无障碍设施和环境的建设。

二、我国残疾人相关政策的优点与不足

(一)我国残疾人相关政策所体现出的优点

1.政策覆盖的全面性。中央及地方政府出台的有关残疾人事业的政策法规涉及残疾人康复、教育培训、劳动就业、扶贫解困、社会保障、组织建设、文化体育、法律维权、无障碍设施、盲人按摩等领域。基本覆盖了残疾人群体的全部社会生活领域。

2.政策在制定和实施过程中重点突出。我国的残疾人政策属于社会福利型政策。残疾人的康复、教育和就业无疑是残疾人相关政策的最重要组成部分,其中残疾人就业又是重中之重。通过一系列的政策法规的安排与规定,使得个人、单位与社会形成合力,有效地推动了残疾人就业的发展。此外,在残疾人的0—6岁抢救性康复、职业教育等方面,也是政策实施的重点所在。

(二)我国残疾人相关政策存在的不足

1.在残疾人相关政策中,指导性的规定多,而强制性、可操作性的规定少。例如在《残疾人保障法》总则第六条中规定："各级人民政府应当将残疾人事业纳入国民经济和社会发展计划，经费列入财政预算，统筹规划，加强领导，综合协调，采取措施，使残疾人事业与经济、社会协调发展。"但并没有对残疾人事业经费占财政收入的比例进行确切的规定，同时对残疾人事业的经费使用及管理监督部门没有细化，容易造成发展残疾人事业的经费得不到切实稳定的保证。

2. 残疾人相关政策法规中，没有充分体现残疾人群体的异质性。比如对"生活不能自理残疾人"、"老年残疾人"等特殊残疾人群体缺乏明确、有力的政策支持。"老年残疾人"群体的特殊性在于老年和残疾两种弱势特征的双重叠加而使其生活更加艰难，需求更为复杂。"生活不能自理残疾人"对于照料的需求更为迫切，对这些群体而言，都缺乏有针对性的有力保障政策。

3. 残疾人相关政策法规执行主体的多重性，增加了残疾人政策落实的难度。一些工作往往需要进行多方面的协调才能开展。如残疾人的康复工作由若干部门共同负责：卫生部门承担残疾人康复工作的技术指导和有关业务工作，民政部门负责残疾人服务设施、康复训练场所的规划建设，教育部门要将各类残疾儿童的康复纳入幼儿教育、学前教育和特殊教育的工作计划，财政部门提供必要的经费保障，残联组织负责相关组织、协调和管理工作。这表明了残疾人工作的复杂性，涉及各个政府部门，需要各部门协作才能得以实现，而现阶段部门之间有着严格的职责划分，受工作职责和管辖范围的限制，在有些需要通力合作、协同工作的问题上容易产生管理缺失。这种现象不仅会造成管理的"真空地带"，也容易在处理残疾人事业发展中的具体问题时产生应对缓慢或者长久难以解决的现象。这也说明有必要建立并完善残疾人工作协调机制，或者由某一特定的部门统一协调，建立联合发文或联合办公的模式，使残疾人事业能得到更好的发展。

第三章 残疾人政策法规的价值理念

第一节 残疾人政策法规的价值理念的转变

从社会学的角度而言,社会存在决定社会意识,社会意识是社会存在的反映,社会存在的性质和变化决定社会意识的性质和变化。社会意识对社会存在具有能动的反作用。因此,残疾人福利事业的发展实际上也是社会意识的体现,并表现为人们对残疾人和残疾人现象所表达出的思想观念。实现残疾人福利事业的健康有序发展需要更新人们的观念,有什么样的理念就会有什么样的发展思路、发展模式和发展结果。发展理念不转换,残疾人福利事业就难以实现有效发展。为了促进和保障残疾人的平等权利,多年来,国际社会通过不懈的努力,促使人们对残疾的认识发生了根本的转变,从以往的视残疾为病患、需要医疗和救济的纯"医疗救助"模式,转变为一个要求体制性变革的平等共享"社会"模式。

人类对于残疾人和残疾现象的认识,经历了从静态到动态、从单一维度到多维度的认识过程,有关残疾人的社会政策也在不同的理论观念指导下,经历了从个人和家庭责任论向社会和政策责任论转移的过程。结合西方发达国家的发展经验规律,残疾人的社会保障制度的理念价值观经历的主要转变是从医疗模式向社会模式的变迁,而社会政策的价值观也以此为基础实现了从个人责任向社会责任的转变。在现代社会保障制度建立之前,社会保障作为一种慈善事业,是对残疾人的一种施舍和恩赐,其思想基础是人道主义精神。随着社会的发展进步,社会保障逐渐演变成一种固定的、经常性的国家责任和社会责任。到了 20 世纪中期,西方国家开始逐步建立福利国家,公民权的观念深入人心,社会保障成为政府和社会的一项义不容辞的责任,享受社会保障是每个公民的基本权利。对于残疾人而言,不仅应充分享有普遍性的福利制度权利,而且还应该遵循优先和特别扶助的原则,充分享有特殊性的社会保障。从慈善到权利的转变,标志着残疾人的社会保障从"个人"和"家庭"进入了"社会"保障体系。

一、医疗救助模式与残疾人政策特点

（一）医疗救助模式

在不同的历史时期，由于人们对残疾理念的理解不同，残疾人社会保障拥有不同的目标。传统的残疾观认为，残疾是一种缺陷，残疾人是一个病态的、低能的群体，不能对社会有所贡献，社会不会改变环境和设施以适应残疾人，残疾人应该通过自己的努力来适应社会。社会保障的目标是通过治疗、救助与施舍使残疾人的生活状况有所改善。

医疗模式往往将残疾人看做病人，从医疗的角度出发制定福利政策。医疗模式强调残疾在医学意义上的特殊状态，其关注的焦点在残疾人身体或心理功能的缺失上，强调功能的恢复，但忽略了对环境改变的关注。残疾人社会保障的医疗模式存在已久，残疾被看做是永久性的，社会保障主要旨在帮助残疾人恢复生理功能以及维持残疾人的基础生存。医疗模式仅仅考虑残疾人生理和心理的健康状况并给予残疾人相应的待遇，难以保证残疾人除了身体康复之外的其他基本需求的实现，如就业的权利；也难以保障其生活质量获得全面的提高、个体能力得到全面的发展。如果不对残疾人参与社会的需求给予相应支持，就无法真正实现国家立法的目的——实现残疾人的"平等、参与、共享"。

医疗模式将残疾仅仅视作个人或者家庭的不幸，而非社会进步的必然代价。将残疾人等同于病人，因而多从医学或病理学的模式去探讨怎样给予残疾人治疗，重视残疾人器官功能的恢复，却忽视了残疾人社会功能的恢复，忽视了残疾人的主观能动性及对残疾人人力资本的挖掘和发展，因此在提供帮助时常常没有考虑到残疾人自身的意愿，康复过程中缺乏残疾人的积极参与，使残疾人处于被动接受救济和照顾的状态。医疗模式将残疾人看做是被救助甚至是被施舍的对象，不重视发挥残疾人的主动性和潜能，并导致社会对残疾人的能力的怀疑和不信任，甚至导致社会成员对残疾人的歧视，并导致残疾人自我形象低落以及权力感丧失等一系列不良后果。

在我国，医疗模式的残疾观也在很长一段时间占据主流位置，这体现在社会上曾一度将残疾人等同于"废人"，"残废"一词为很多人所使用。对残疾人能力的不信任可以一直追溯到古代，古时残疾人的社会地位很低，不被人尊重，受到严重的歧视，社会对残疾人的救济带有十分明显的施舍的特点。虽然新中国成立后，残疾人的社会地位得到明显提高，并且根据《残疾人保障法》，许多针对残疾人实施的政策法规已经不仅仅限于救助的范围，但由于残疾人社会福利政策的不完善和政策在实施中的不尽如人意，导致

还有许多社会成员对残疾人抱有不正确的看法和态度,造成残疾人群体的需求满足状态低,残疾人在经济、教育、就业、医疗保障与康复等方面的状况远落后于社会发展的平均水平,同时也造成他们的失能和被边缘化。

(二)医疗模式指导下的政策特点

以医疗模式作为核心理念所制定的社会福利政策,带有浓厚的救助色彩,且主要偏重于残疾人生存等基本需求、功能的康复和对残疾人的生理功能的补偿,却忽略了残疾人社会功能的康复,因此,导致残疾人社会福利政策内容层次较低,覆盖面不全,部分的福利政策缺失,未能全面地、平衡地满足残疾人的需求,有的政策本身甚至成为阻碍残疾人融入社会的障碍。医疗模式的福利政策主要有以下特点:

一是涉及的福利政策不够宽广。在制度安排上主要体现为制度化程度低,在残疾人需求满足的各个方面存在严重的不平衡问题,体现在侧重于残疾人基本需求的满足以及对部分残疾类型的救助,并没有将全体残疾人群体的需求、特别是残疾人群体的发展需求涵盖在内。

二是福利提供层次不高。医疗模式主要还是一种低层次的救助措施,旨在维持残疾人的基本生存,政策的制定对发展残疾人自身及倡导对残疾人的尊重都有所欠缺。就医疗模式下残疾人政策本身的效果而言,在政策实施过程中也未能很好地改善残疾人的边缘地位,相关福利的提供还是多处于救助的层次,未能真正地帮助残疾人消除生活中的障碍,也没有调动起残疾人及其家庭的潜能。

三是保证手段的慈善性。由于我国的经济发展水平以及独特的文化等方面的众多限制,政策提供残疾人社会保障的目的多强调"慈善"性质,而非残疾人的"公民权",手段也多以临时性救济为主,缺乏制度性保障。尤其是在广大农村地区,残疾人社会保障制度建设仍然有待发展。

四是保障效果的隔离性。残疾人社会保障的一个重要目的就是促进残疾人与社会融合,但是低层次的残疾人社会保障项目往往是以生存为目的、以"机构化"照顾为主,以"居养"为手段,结果造成残疾人与社会隔离,未能真正地帮助残疾人消除障碍、实现融合。特别是在残疾人教育和就业权利的实现上,政策实施的不到位导致大量残疾人及其家庭无法实现社会融合,同时也无法实现残疾人及其家庭整体状况的改善。

残疾人政策法规理论与实践

二、社会模式与残疾人政策特点

(一) 社会模式理念

20 世纪 60 年代,世界卫生组织提出了精神残疾人康复工作的"去机构化"概念,这一康复理念的变化也悄然发生在其他类别残疾人康复的领域内,残疾人权益保障的社会模式开始显现,至 20 世纪 80 年代,社会模式的残疾人社会保障模式已经初具雏形。

社会模式的残疾人观也在联合国《关于残疾人的世界行动纲领》等文件中得到体现。随后社会模式逐渐获得了世界各国保障机构的认同,该模式的出现使得各国残疾人社会保障的方式和水平均出现了不同程度的变化。例如,仅从康复方面看,到 20 世纪 70 年代,世界各国工伤康复从纯生物医学模式向"生理—心理—社会"模式转变,人们对健康的理解不再停留于没有疾病,而是要求在生理、心理和社会适应及道德健康等各方面都处于良好状态。至 70 年代末,世界卫生组织(WHO)指出"预防—保健—治疗—康复"四位一体是现代医学的基本构成,并于 1981 年通过了《残疾的预防与康复》,现代康复理念逐步形成。

社会模式的残疾人观是针对医疗模式的残疾人观提出的,是一种以社会融合为基础、主张将残疾看做是残疾人与社会环境互动中出现矛盾和冲突的一种价值观。它认为社会环境是残疾人融入社会的最大障碍,主张将"残疾"定义为健康的减损,是个人和社会环境之间动态互动的结果,反对将残疾定义为隔离的少数人群的特征。

(二) 社会模式指导下的政策特点

社会模式以发展的眼光看待残疾人,发展性的社会福利政策既肯定了残疾人的价值,也肯定了可以通过改变社会环境来帮助残疾人并使其得到适合的发展方式。因此,社会模式在政策研究上多从如何协调个人与环境的关系入手,如探讨怎样给予残疾人帮助,重视残疾人器官功能和社会功能的恢复,发挥残疾人的主观能动性、挖掘其人力资本,使残疾人主动参与到社会中来、获得权力感,能够使残疾人更好地进行社会融合,进而获得全面的发展以及与环境的更好互动。

社会模式的政策具有以下特征:

一是全面性。社会模式将残疾视作社会问题,认为残疾是社会造成的,是整个社会进步的代价,须由社会来承担责任,因此改变外部环境非常重要,需要制定全面的政策而不仅是单一地解决生存困难。其支持残疾人获得良好的社会参与,认为政策应被全方位地制定以改善残疾人生存的环境。社会模式一改过去医疗模式只偏重残疾人生存的基本需求和器官功能康复的问题,在政策内容上体现出层次较高和覆盖广泛的特点,福利政策比较完善,在满足残疾人的需求上也比较平衡,而不是一手高一手低,只关注生存不关注其他方面,也不是过多关注某一类残疾人。

二是发展性。社会模式认为"残疾是一种状态",并且这种状态的核心问题是和环境之间的互动出现了不协调的状态,因此,这种状态是可以通过改变环境而改变的。这种认识也使得政策制定者意识到了残疾人的价值,即残疾人并不是传统意义上毫无生存价值的"残废",应注重为残疾人发挥潜能和自身价值做好准备,强调残疾人生存和发展中存在的障碍。因此,要以发展的眼光看待残疾人的社会模式,要求建立全面、完整的福利制度以支持残疾人参与社会,要求政策的制定不应只将目光锁定在提供救助和满足残疾人群体基本需要的层次上,还应覆盖经济、教育、就业、医疗保障、康复和婚姻权益等各个方面,尽可能地满足残疾人参与社会的需求。在对残疾人的社会福利提供上应全面地对残疾人的生理功能和社会功能给予补偿和提升,并在心理上提供援助。社会模式以发展的眼光看待残疾人,发展性的社会福利政策既肯定了残疾人的价值,也肯定了可以通过改变社会环境来帮助残疾人得到发展的方式。社会模式在政策研究上多从如何协调个体与环境的关系入手去探讨怎样给予残疾人帮助,以改变社会环境来减少个体与环境的摩擦,重视残疾人器官功能和社会功能的恢复,发挥残疾人的主观能动性、挖掘其人力资本,使残疾人主动参与到康复中来、获得权力感,变过去的"社会养残疾人"为现在的"残疾人为社会创造价值"的理念。

值得注意的是,社会模式期望在基础设施建设、康复和就业等各个方面为残疾人的生存和实现自我创造良好的环境,全面的环境建设要求涉及残疾人生活的各方面都均衡地发展,而且这些单个"面"的问题是环环相扣的,比如受教育程度直接影响残疾人就业。任何一个环节没有设计好,如残疾人基础设施跟不上,就有可能阻碍残疾人的社会参与,影响残疾人权利的实现。①

残疾人政策法规理论与实践

---

① 杨立雄、兰花:《中国残疾人社会保障制度》,北京:人民出版社,2011 年版。

第二节　当前残疾人政策法规的价值理念

一、新残疾人观

1998 年 10 月,中国残疾人第三次全国代表大会提出了"新残疾人观"思想,其中平等观是新残疾人观的核心。"新残疾人观的提出为中国的残疾人事业发展提供了新的发展目标,也为残疾人社区服务、社区救助、社会工作的发展指明了方向。""新残疾人观把残疾人看成是能够为社会创造财富的重要一员,是有尊严、有公民权的公民,政府和社会应当创造条件使他们在事实上同健全人一样成为主流社会的一员,共创社会物质、精神文明成果。新残疾人观是一种新的价值观,新的社会观,是残疾人解放和社会解放的重大步骤,重大内容,是人的现代化、社会的现代化的重大内容。"新残疾人观是一种现代文明,它是一个社会在物质文明、精神文明和政治文明等方面积累到一定程度的产物。"一个社会如何对待残疾人,如何规定残疾人的权利,体现了这个社会的文明进步的程度;一个人如何看待和对待残疾人,抱有什么样的残疾人观,则体现了这个人的文明程度。"其基本内容包括:

第一,残疾人与健全人一样,具有与生俱来的公民权利,包括生存的权利、发展的权利、康复的权利、受教育的权利、劳动的权利、娱乐的权利、爱与被爱的权利和得到各种社会补偿的权利,并应尽自己的义务。

第二,通过现代社会提供的各种补偿手段,各类别的残疾人能够以适合自己的方式接受教育、掌握知识与技能并认知世界。

第三,残疾人在现代社会提供的各种条件下,不再是社会的负担,而是参与社会物质与精神财富的创造、推动社会前进的一个力量。

第四,残疾不是造成残疾人问题的根本原因,主要是为残疾人提供的条件不够,因而使"残疾"成为一个问题。为残疾人提供各种补偿条件,使残疾人能够无障碍地接受教育、参加生产劳动、参与社会生活,在事实上享有公民权利,是政府与社会的责任,是社会文明进步的标志,是我国人权普遍化原则的体现。

第五,残疾是人体的一种遗憾,所以要加强残疾预防,但残疾并不构成人性的差异和奋斗精神的差异。相反,由于残疾的磨炼,残疾人往往具有更加坚强的意志和更加宽容的胸怀,更加渴望社会祥和、稳定、繁荣。

第六,残疾人的残疾是为人类文明、社会进步付出的代价。要善待残疾人,建立残、健融洽的关系,做到人人平等、人人参与、人人共享,这是我国社会发展的方向。

　　第七,实现平等、参与、共享的局面,是政府、社会与残疾人双向的责任,缺一不可。残疾人要发扬自尊、自信、自强、自立精神,在社会实践中创造、发展自己,实现人生价值。新残疾人观作为先进文化的一个组成部分,对残疾人事业的持续健康发展具有积极的促进作用。它将人们对残疾和残疾人的认识提高到一个新的水平,有助于残疾人与健全人建立新型人际关系,从而帮助残疾人平等、充分地参与社会生活的各个方面。同时也增强了残疾人工作者为残疾人服务的意识,更好地为残疾人服务。

二、ICF:《国际功能、残疾和健康分类》

　　ICF 是世界卫生组织(WHO)提出的国际通用的在个体和群体水平上描述和测量健康的框架,是由身体功能和结构、活动和参与、环境因素和个人因素四种成分组成的理论性结构。

　　世界卫生组织(WHO)根据当代世界各国卫生事业发展的状况,从 1996 开始制定了新的残疾与健康分类体系——《国际功能、残疾和健康分类》(*International Classification of Functioning,Disability and Health*,简称)。在 2001 年 5 月第 54 届世界卫生大会上正式命名并在国际上使用,还鼓励各成员国考虑其具体情况,在研究、监测和报告中应用 ICF。ICF 的建立经过了 10 年的国际性努力,涉及包括中国在内的 65 个成员国,通过广泛的测试以及跨文化的比较研究,在术语和分类上达成广泛的一致。在 2001 世界卫生大会上,中国与其他 190 个成员国一同签署了协议,同意广泛应用 ICF。

　　在 ICF 分类系统中,将功能界定为对身体功能、身体结构、活动和参与的一个概括性术语,表现在个体与其所处的情景性因素(环境和个人因素)之间发生交互作用的积极方面。结构则主要是身体结构,是身体的解剖部位,如器官、肢体及其组成成分。而活动是由个体执行一项任务或行动,代表功能的个体方面。个体在进行活动时可能遇到的困难即是活动受限制,根据完成活动的质和量可以有从轻微到严重偏差的变化范围。参与是投入到一种生活情景中,代表功能的社会方面。个体投入到生活情景中可能会遇到障碍,表现出参与受限制。是否出现参与受限要通过比较个体的参与和在社会中无残疾个体所期望的参与来决定。

　　由此可见,ICF 是基于一种综合性的观点,将残疾现象放置于整个环境(包括物理与社会等)中进行结构与功能定位分类,强调人与环境之间的关系,认为人与他所处的生态环境系统是分不开的,环境是一个复杂的"环境—行为—人"三者的统一体,由连续的、交错的关系程序所构成。在人、行为、环境三者之间存在着相互依赖性。

ICF 建立在一种残疾性的社会模式基础上,它从残疾人融入社会的角度出发,将残疾性作为一种社会性问题。残疾性不仅是个人的特性,也是由社会环境形成的一种复合状态,对残疾问题的管理要求有社会行动,强调社会集体行动,要求改造环境以使残疾人充分参与社会生活的各个方面。因此,这种问题是一种态度或意识形态的问题,要求社会发生变化。

三、建立残疾人权利保障制度的法理价值

残疾人是社会中的一个特殊人群,一个弱势群体。他们由于先天或后天的原因,导致身体残疾或智力障碍,造成了个人生存和发展中的严重困难。他们的生存与发展状况已经成为我国社会发展中的一个不容忽视的社会问题,他们的权利保障与利益维护构成了我国乃至世界人权事业进程中一个至关重要的问题。在我国已经进入到一个新的发展阶段的背景下,完善残疾人权利保障机制、加强对残疾人权利的保障、消除社会对残疾人的各种歧视、促进残疾人平等参与社会以及共享社会经济发展成果,关系着社会制度的公平与社会和谐,反映着社会的文明程度,表征着国家伦理与人性维度。

残疾人保障问题是社会学、政治学和法学等学科关注的重要课题。从法理学角度分析,残疾人问题的实质是人权问题,残疾人保障的所有方面几乎都可以转化为残疾人的权利保障问题。残疾人权利保障直接反映了法治的价值目标。加强残疾人权利保障不仅体现了现代民主法治国家对弱势群体的关怀,更是实现法的价值和法治理想的要求。

（一）残疾人权利保障反映了法的人权价值

我们的时代是权利时代。人权是我们时代的观念,是已经得到普遍接受的政治与道德观念。人权是法的重要价值,也是法治的最终价值归依。人权就是作为一个社会的人,为满足其生存发展需要应当享有的最基本的、不可剥夺或克减的权利,包括公民的政治、经济、社会和文化等基本的权利。在社会主义法治国家与和谐社会的构建过程中,人权保障即尊重人、关心人,平等地保护每一个公民的合法权益是一个重要的目标。根据现代人权标准,主体的平等性和法律保护的普遍性是人权保护水平的基本指标。人权具有普遍性,残疾人和非残疾人一样,作为人类共同体的成员,是生而平等的,应当和其他社会群体一样享有基本人权;作为国家的公民,他们有权

享有公民权利,有权共享社会经济发展的成果;而且,基于他们的特殊境遇,政府还有义务对他们进行"倾斜性保护",以保障残疾人的权利不因残疾而减损或受到侵害。

(二)残疾人权利保障体现了法的公平正义价值

正义是社会制度的首要价值,正像真理是思想体系的首要价值一样。一种理论,无论它多么精致和简洁,只要它不真实,就必须加以拒绝或修正;同样,某些法律和制度,不管它们如何有效率和有条理,只要它们不正义,就必须加以改造或废除。公平正义是法律追求的最高价值,是民主法治的精神内核,也是社会和谐的内在要求。在西方法律思想史上,亚里士多德首先提出了与社会制度相联系的正义原则,他认为,法律就是正义,正义的实质在于平等的公正。美国法学家约翰·罗尔斯则提出了社会正义即社会基本结构正义,是用来分配公民的基本权利和义务、划分由社会合作产生的利益和负担的主要制度。他的正义理论由两个基本原则构成:一是平等原则;二是优先原则。基于第二个原则,罗尔斯主张社会应该对由社会成员自然条件造成的不平等采取补救措施。现代法律的一个重要发展趋势就是在追求平等的大前提下对社会弱势群体进行倾斜性保护。保护弱势群体是实现法律公平正义价值的基本手段,是法治之"良法"的基本要素。残疾人作为弱势群体只有通过法律的有效保护,社会正义的原则才能维系。残疾人权利能否得到保障是检验其所处的社会制度是否公正的基本尺度。因此,国家给予残疾人的帮助和救济,保障了其生存与人格尊严,不仅体现了国家对弱势群体的人文主义关怀,更是社会公平与正义的生动体现。

(三)残疾人权利保障是实现法的秩序价值的需要

秩序是法的基础性价值,法的首要作用是固化一种秩序,让社会稳定、安全,让社会成员的矛盾和冲突被控制在合理的限度内。残疾人由于其自身的弱势性,仅靠自身的力量无法实现其应有权利和法定权利。当残疾人权利得不到法律保障,尤其是陷入生存危机时,就可能成为社会稳定和安全的潜在甚至是现实的威胁。残疾人群体的存在和不断扩大不可避免地会导致双重痛苦:当残疾人问题不突出、不普遍、不明显时,个体痛苦是主要形态;反之,社会痛苦是主要形态。个体痛苦是弱势群体(包括当事人及其家庭),因为处于弱势地位而承受的痛苦,包括物质上的匮乏和精神上的压力。社会痛苦是指因为弱势群体的存在给社会的经济、政治、道德伦理和秩序所带来的压力。残疾人作为弱势群体中的最弱势部分,他们的生活状况,不仅影响他个人和家庭,还影响着整个社会。残疾人分散在社会的各个角落,如果不解决好他们的问题,他们的个体痛苦就会转化为社会的痛苦并且会不断放大,影响社会的安全与稳定,使得社会不得不为解决残疾人问题付出沉重代价。因此,从法律上将保护残疾人权利设定为国家和社会的职责,使政府和社会承担起保障残疾人基本生活和发展机会的义务,保证残疾人能够实现和其他公民的法律平等,保障他们共享人类文明和社会经济发展的成果,才能形成稳定有序、和谐相处的秩序,国家才能长治久安,法治的理想才有可能实现。

（四）残疾人权利保障是实现民主法治原则的要求

法治与民主紧密相连,不可分割。民主是法治的内容和基础,法治是民主的体现和保障。现代民主法治的出发点是个人的价值和自由,而其目的是保护包括少数人在内的所有人的公民权利。遵循多数统治原则的同时保护少数人的权利,既合理地界定了国家权力与公民权利的关系领域,又为确认国家权力行为和公民个人权利行为的合法性提供了基础。现代民主政治的基本法则是在实行"少数服从多数的多数人统治"的同时尊重和保护少数人的权利。民主法治国家之所以强调尊重和保护少数人的权利,一个重要的原因在于防止"多数人的暴政"。多数人除了在认识真理方面有可能犯错误外,还有可能滥用权力,而权力的滥用则是对个人尊严和自由最大的威胁,甚至可能动摇民主法治的根基。托克维尔认为,民主的最终目的应当是保护少数和个人的权利。他敏锐地洞察到了自由与民主两种理念存在的紧张关系,强调只有少数人的权利得到很好的保护,以少数制约多数,才不至于产生绝对的权力,民主与自由才能和谐统一,多数和少数的关系才能平衡。我国残疾人虽然数量庞大,但相对于健全人,在数量上依然属于"少数人",残疾人权利保障同样适用法治国家下少数人权利保护的法理。保护残疾人权利有助于所有社会成员享有一切人权,确保残疾人在平等的基础上获得资源,促进残疾人融合为和平、民主和多元社会的基本组成部分。[1]

可见,新残疾人观的出现是社会经济、政治文化发展到一定阶段以及人们对残疾人的认识提升到一定程度所产生的,因此需要将新残疾人观的相关理念渗透到广大民众的日常生活中,由被动接受残疾人转向自觉自愿理解残疾人、关心残疾人、支持残疾人,包括支持残疾人福利政策。通过营

第三章 残疾人政策法规的价值理念

---

① 杨思斌:《残疾人权利保障的法理分析与机制构建》,《社会保障研究》。

造一个有利于残疾人成长和发展的大环境，我们的政策和措施才能更有针对性，政策的执行力才会提升，通过确立残疾人社会福利事业的发展战略，形成扶残助残的良好社会风尚，进而促进残疾人福利事业科学有序地发展。

第四章　残疾人政策法规的
运行与落实现状

　　我国残疾人权利保护的法制建设,是一个循序渐进的过程。在新中国成立后的前 30 年中,我国政府主要通过发布政策的形式来实现对残疾人权利的保护。但是由于受当时国家的经济社会发展情况的制约,相关政策呈现出内容少、欠具体、不稳定以及权威性缺乏等特点,在实际施行中也收效甚微,与现实需要相差甚远。

　　到了作为整个国家发展转折点的 80 年代,特别是改革开放以来,对于残疾人的关注以及残疾人福利保障的法制建设也开始起航。在这个阶段,中国残疾人事业开始由收养救济型转向劳动福利型,残疾人开始由被收养救济走向全面参与社会生活。80 年代对包括残疾人社会保障在内的残疾人事业具有特别意义,因为许多对这个事业的发展进程有重大影响的、奠基性的事情都在这个年代完成。如中国残疾人联合会的建立、全国残疾人抽样调查的展开和《中国残疾人事业五年工作纲要(1988—1992)》的制定等。在这样的形势下,80 年代以来,残疾人劳动就业人数显著增加,残疾人教育的新格局逐渐形成,残疾人文化事业及文娱体育活动蓬勃开展,残疾人社会福利和社会服务日渐兴起。整个残疾人事业得到了长足的发展。

　　80 年代以来,我国政府把社会救济和残疾人福利保障事业摆在突出的位置,并在有关法律上对社会脆弱群体的救济与保障给予确认,开始重视以法律手段来保护残疾人的权利。其中,1982 年《宪法》第 45 条规定:"国家和社会帮助安排盲、聋、哑和其他有残疾公民的劳动、生活和教育。"《宪法》的这一规定为建立我国残疾人权利的法律保护体系提供了立法基础。此外,《中华人民共和国劳动保险条例》、《救济失业工人暂行办法》、《国务院关于安置老弱病残干部的暂行办法》、《军人抚恤优待条例》、《刑法》、《刑事诉讼法》、《民事诉讼法》、《义务教育法》及《婚姻法》等大约 40 部法律法规都含有保障残疾人福利权益的内容。

　　尤其是 1991 年施行的《中华人民共和国残疾人保障法》,这是新中国历史上第一部《残疾人保障法》。其以"平等"、"参与"、"共享"为宗旨,对残疾人的认定,残疾人的地位、义务、权利和保障,残疾人的康复、教育、劳动就业、文化生活、法律责任及组织机构等,均作了明确规定。一方面规定残疾人享有与其他公民平等的权利,并保护其不受侵害;另一方面规定采取辅助方法和扶持措施,发展残疾人事业,促进残疾人在事实上平等参与社会生活,共享社会物质文化成果。《残疾人保障法》成为我国残疾人权利法律保护体系的核心,它的发布,为维护残疾人的合法权益和发展残疾人事业提供了重要的法律保障,标志着我国残疾人事业进入了一个新的发展阶段。

各级地方人民政府在制定本地区发展规划和地方立法时,也结合本地区的实际情况,对残疾人福利享受作出了更具体的规定。例如上海市有《上海市按比例安排残疾人分散就业的办法》,根据企业的需求合理安排残疾人就业;在制定和实施《残疾人事业九五计划》时,要求大力发展残疾人的中等教育等。

伴随着中国经济的快速发展和社会的全面进步,中国残疾人的生存和发展状况得到了明显改善,残疾人平等参与社会生活的环境和条件也越来越好。全社会依法维护残疾人权益的意识不断增强,发展残疾人事业的法治环境得到了进一步改善。目前理论与实务界将残疾人的社会保障主要分为五个方面,即:就业保障、基本生活保障、医疗与康复保障、教育保障和服务保障。

第一节　残疾人就业保障政策与实施现状

1983 年国际劳工组织第 69 届大会通过的 15 号《残疾人职业康复和就业公约》规定:会员国应制定、实施并定期检查有关残疾人职业康复和就业的国家政策。制定实施这一政策时,应与有代表性的残疾人组织协商,应以残疾工人与一般工人机会均等原则为基础,以增加残疾人在公开的劳动力市场中的就业机会为目的。主管当局应当提供职业指导、职业培训和安置就业等有关服务项目,以便使残疾人获得职业并得以提升。中国也批准了该项公约并认真履行该公约的相关义务。

新中国成立后,国家发展福利企业,集中安置残疾人就业,创造了残疾人就业新模式。改革开放后,经济和社会环境逐步放宽,自主谋生和个体就业人数增长迅速,分散吸收与个体就业成为残疾人就业的最重要渠道。自20 世纪 80 年代以来,地方政府还探讨了按比例安排残疾人就业的安置方式,经过多年的发展,按比例分散安置政策逐步完善,就业人数快速增长。通过在《残疾人保障法》和《劳动法》中规定对残疾人的劳动就业实行特殊保护,使得残疾人的劳动权利获得基本保障,同时,在《社会福利企业招用残疾人职工暂行规定》、《做好"九五"期间残疾人就业工作的通知》和《国务院办公厅转发劳动部等部门关于进一步做好残疾人劳动就业工作若干问题的意见》中都对残疾人的劳动就业权利进行了特殊规定。特别是在 2007 年颁布的《残疾人就业条例》以及 2008 年《残疾人保障法》的修订中将按比例安排残疾人就业写进了法律条款,从而进一步在法律制度的层面给予了残疾人就业全方位的保护,并要求各级政府对残疾人劳动就业进行统筹规划,为残疾人的劳动就业创造条件。国家对残疾人就业采取集中和分散相结合的方针,采取优惠政策和扶持保护措施,通过多种渠道、多层次、多种形式,使残疾人劳动就业逐步做到普及、稳定、合理。

至今,我国残疾人就业模式从以"集中就业为主,分散就业为辅"的计划就业模式转向了"多元安置"的计划与市场相结合的就业模式。在农村,残疾人根据自身特点,参加种植业、养殖业或家庭手工业等多种形式的生存劳动以实现就业,同时,在乡镇企业和村办企业中实行残疾人按比例就业。

一、计划经济背景下的福利企业与集中就业安置

（一）集中就业形式的政策保障

《残疾人保障法》第二十九条规定:"国家和社会举办残疾人福利企业、工疗机构、按摩医疗机构和其他福利性企业事业组织,集中安排残疾人就业。"集中就业是指残疾人在各类福利企业、医疗机构和盲人按摩医疗等单位实现就业。福利企业是集中安排残疾人就业的具有福利性质的特殊生产单位。对于国家分配的高等学校、中等专业学校、技工学校的残疾毕业生,有关单位不得因其残疾而拒绝接收;拒绝接收的,当事人可以要求有关部门处理,有关部门应当责令该单位接收。残疾职工所在单位应当为残疾职工提供适应其特点的劳动条件和劳动保护。

改革开放前,福利企业的发展处于一个相对平衡的发展时期,改革开放后,福利企业得到快速发展,除国家兴办的福利企业外,社会兴办福利企业开始大量涌现,安置残疾职工的数量也大幅增加。到 1994 年,我国福利企业数量发展到顶峰,随后因经济政策的调整而进入缩减期。为发展福利企业,政府对福利企业实施了大量保护性政策,这些保护性政策主要体现在对福利企业的税收优惠上。如 1980 年 2 月,民政部、财政部发布《关于民政部门举办的福利生产单位缴纳所得税问题的通知》规定:当聋哑盲人(指一线生产线上)占福利生产单位职工的 35％以上时免交所得税;占 10％—35％时,所得税减半;新举办的福利单位,从投产时起,免交所得税的一半,免税后按照规定缴纳所得税。之后国民经济调整时,再次重申这一规定,并做了相应补充。直至 2006 年 7 月,全国七个省市进行调整完善福利企业税收优

惠政策后的试点工作,并下发了《财政部、国家税务总局关于调整完善现行福利企业税收优惠政策试点工作的通知》(财税〔2006〕111号)、《国家税务总局、财政部、民政部、中国残疾人联合会关于调整完善现行福利企业税收优惠政策试点实施办法的通知》(国税发〔2006〕112号)和《财政部、国家税务总局关于进一步做好调整现行福利企业税收优惠政策试点工作的通知》(财税〔2006〕135号)等配套文件。为进一步规范福利企业的发展,遏制假冒福利企业的蔓延,2007年6月,民政部又印发了《福利企业资格认定办法》,再次明确规定福利企业的资格条件和认定办法。实施新的税收优惠政策后,税务部门按企业实际安置残疾职工人数实行定额减免,消除过度减免的问题,有利于遏制假冒福利企业的出现,同时,将缴纳社会保险和通过银行支付不低于最低工资标准的工资作为享受税收优惠政策的条件,有利于维护残疾职工的合法权利,残疾职工的工资和福利待遇普遍有所提高。

(二)集中就业的发展与现状:提供安置但增长缓慢

集中安置就业的发展兴衰与我国经济体制的发展变革有着密切联系。自20世纪80年代以来,在政府优惠政策的激励下,福利企业赢得了前所未有的快速发展契机,同时也为安置残疾职工做出了很大贡献。到1984年底,我国福利企业的数量达到6 700个左右,残疾职工人数达到11.6万人。1985年民政部在大连召开的全国福利生产改革工作经验交流会议上,提出大力扶持和发展福利企业,由此我国福利企业进入急剧扩张时期。"七五"(1986—1990)时期,福利企业年平均增速达到23%;"八五"(1991—1995)时期,年平均增速为7.6%。1995年,中国福利企业达到其历史顶峰:福利企业个数达到60 237个,安置残疾职工就业达到93.9万人,与1978年相比,企业数增长65.5倍,残疾职工人数增长26.8倍。但从1995年开始,我国经济增长幅度开始缓慢回落,1997年亚洲金融危机爆发,受其影响,中国外贸、外资增长困难,经济增长速度放慢,国内有效需求严重不足。受宏观经济调控和亚洲金融危机的影响,福利企业经营遇到严重困难。"九五"和"十五"期间,福利企业数量降幅分别达到7.6%和5.2%,到2005年,福利企业数仅为3万多家,仅相当于1995年的51.8%。"十一五"期间,福利企业降幅更是高达10.5%。

福利企业的建立与发展有赖于国家经济体制的特有保护与支持,在计划经济体制时期,政府为福利企业的建立与发展提供了保护伞,因此这些企业很多不符合市场本身的运行规律,存在很多的先天不足,如规章制度不健全、缺乏长远的经营战略目标与规划以及在新产品开发和新技术应用方面措施不得力等,这些问题都使得很多福利企业在进入市场经济时期之后产生大量问题。市场经济体制的建立,意味着竞争的压力急剧增加,原有的国家保护伞逐渐失去效用,大量福利企业面临转制或破产的危机。

根据1987年全国残疾人抽样调查的数据显示,残疾人在业总数为1 260万人,但1987年通过福利企业安置就业的残疾人数仅为43.3万人,占残疾人就业总数的3.4%。经过20多年的发展,到2008年年底,中国残疾人就业总人数为2 130万人,通过福利企业安置的残疾职工为61.9万人。尽管残疾人就业渠道拓宽了,但残疾人通过集中安置的形式实现就业仍旧增长比较缓慢,在未来也很难成为残疾人实现就业的主要渠道。

二、政策推动下的分散吸收残疾人就业

(一)分散吸收就业形式的政策保障

残疾人按比例就业是指依据《残疾人保障法》的有关规定,机关、团体、企业事业组织、城乡集体经济组织,应当按照一定比例安排残疾人就业,并为其选择适当的工种和岗位。省、自治区、直辖市人民政府可以根据实际情况规定具体比例。机关、团体、企业事业组织、城乡经济组织,要按照本省(自治区、直辖市)制定的有关法规所规定的具体比例,安排残疾人就业;暂时未达到比例的,应按财政部发布的《残疾人就业保障金管理暂行规定》交纳残疾人就业保障金。

1988年《中国残疾人事业五年工作纲要》实施以后,一些地区进行按比例安排残疾人就业的试点工作。江苏无锡市规定,企事业单位中的残疾人需占职工总数的5%,达不到的应缴纳残疾人就业金;辽宁海城市规定,企事业单位安排残疾人比例应占职工总数的1%,每少安排一人,全年缴纳残疾人就业金300元,其他一些城市也实施了按比例分散的就业政策。

地方政府安排残疾人就业的做法得到了中央的肯定,并且中央于1990年颁布的《残疾人保障法》中明确规定"国家推动各单位吸收残疾人就业,各级人民政府和有关部门应当做好组织、指导工作。机关、团体、企业事业组织、城乡集体经济组织,应当按一定比例安排残疾人就业,并为其选择适当的工种和岗位。省、自治区、直辖市人民政府可以根据实际情况规定具体比例"之后,相关部门还多次发文部署安排分散安置残疾人就业的工作。同时,残疾人劳动就业的试点城市逐步增加,分散按比例安排残疾人就业和劳动服务网络建设在全国逐步推开。

直至2007年,中华人民共和国国务院颁布《残疾人就业条例》,进一步将用人单位安排残疾人就业的比例作了明确具体的规定,即不得低于在职职工总数的 1.5%。2008 年,新修订的《中华人民共和国残疾人保障法》将按比例安排残疾人就业写进了国家法律,并规定对安排残疾人就业达不到规定比例的机关、团体、企业事业单位和城乡集体经济组织,根据地方有关法规的规定,按照年度差额人数和上年度本地区职工年平均工资计划,缴纳用于残疾人就业的专项资金,即残疾人就业保障金。

(二)分散安置的实施现状

近年来,由于政府制定了相应政策并得到有效执行,残疾人按比例分散就业实现了快速发展,许多省市也根据自身情况制定了按比例分散就业条例,要求企事业单位和机关实施按比例分散安置残疾人就业,按比例分散就业的残疾人数快速上升。到 2008 年年底,社会各单位已按比例安排残疾人就业 9.9 万人,一些发达城市,如北京、上海、广州、沈阳地区,企业按比例安排残疾人就业已达到 1.8% 以上。从增长趋势看,经济发达地区按比例分散就业所占份额明显扩大。如北京市,到 2008 年年底,在城镇就业残疾人中,集中就业、按比例就业和个体就业的比例分别为 11%、67.1% 和 21.9%。可以看出,按比例就业依然是残疾人就业的主要途径,是今后需要大力发展的一种就业渠道。

但是,残疾人按比例分散就业在实践中仍然存在很大阻力,虽然政府制定了残疾人就业保护的法律和法规,但是由于缺乏严格的监督手段,部分单位逃避社会责任,拒绝接受残疾人。同时,也有不少单位分散安置了残疾人就业,但并非是适合的工种和岗位,使得残疾人就业并不稳定,也缺乏个人获得进一步发展的有力保障。

三、当前的主要就业形式:个体灵活就业与个体创业

(一)残疾人实现个体就业的政策保障

改革开放以来,个体就业的社会环境逐步宽松,个体从业人员数量迅速增加。我国残疾人数量多,就业压力大,仅靠举办福利企业集中安置就业,难以解决大多数劳动年龄段残疾人的就业问题,拓宽残疾人就业渠道是政府面临的一个难题。改革开放后,经济和社会环境的逐步宽松,使越来越多的残疾人选择个体就业和灵活就业。为鼓励残疾人个体就业和自谋职业,政府制定了一系列的优惠政策,由工商部门依照政策发给营业执照,公安和城市管理部门依据政策批准经营场地,并适当减免管理费。

1984 年 12 月 21 日,财政部、国家税务总局发布《关于对残疾人员个体开业给予免征营业税照顾的通知》[(84)财税一字第 286 号]规定:对残疾人

个人从事劳务、修理、服务性业务取得的收入，免征营业税；对残疾人个人从事商业经营的，如营业额较小，纳税后生活有困难的，可由省、自治区、直辖市税务局给予定期减免税收的照顾。1990 年通过《中华人民共和国残疾人保障法》明确规定国家对城乡残疾人个体劳动者，实行税收减免政策，并在生产、经营、技术、资金、物资、场地等方面给予扶持。对于申请从事个体工商业的残疾人，有关部门应当优先核发营业执照，并在场地、信贷等方面给予照顾。1999 年 9 月 10 日，中国残疾人联合会、财政部、劳动和社会保障部、国家工商行政管理局下发《关于积极扶持残疾人个人或自愿组织起来从事个体经营的通知》，再次详细规定了残疾人个体就业的优惠政策，这些优惠政策包括：优先办理登记注册手续，减免个体工商户注册登记费、市场管理费和个体工商户管理费，将城镇个体就业纳入社会保险的范围，所需资金可以在残疾人就业保障金中列支。

　　2007 年 2 月 25 日，中华人民共和国国务院颁布《残疾人就业条例》，更加具体地规定了残疾人个体就业时所能享受的权利。其第十九条规定，国家鼓励扶持残疾人自主择业、自主创业。对残疾人从事个体经营的，应当依法给予税收优惠，有关部门应当在经营场地方面给予照顾，并按照规定免收管理类、登记类和证照类的行政事业性收费。国家对自主择业、自主创业的残疾人在一定期限内给予小额信贷等扶持。其中第二十条规定，地方各级人民政府应当多方面筹集资金，组织和扶持农村残疾人从事种植业、养殖业、手工业和其他形式的生产劳动。有关部门对从事农业生产劳动的农村残疾人应当在生产服务、技术指导、农用物资供应、农副产品收购和信贷等方面给予帮助。

　　（二）目前残疾人个体就业的现实状况

　　相关政策的出台，为残疾人实现个体创业和个体就业提供了多方面的便利条件与优惠扶持，因此，近年来，在相关部门进行政策落实及社会各方面的支持帮助下，残疾人个体就业人数大幅度增加。以中国残疾人联合会发布的《2008 年中国残疾人事业发展统计公报》为例，1997 年至 2008 年间，全部人口中个体就业增长 88%，残疾人个体就业增长 1.2 倍。如果将其他灵活就业人数计算在内，则通过个体就业和灵活就业的人数超过 200 万人。[①] 同年，国家出台了《中共中央国务院关于促进残疾人事业发展的意见》，使得 2008 年之后残疾人个体就业进一步快速增长，仅 2012 年城镇就

[①]　参见中国残疾人联合会：《2008 年中国残疾人事业发展统计公报》。

新增 32.9 万残疾人就业,其中,集中就业残疾人 10.2 万,按比例安排残疾人就业 8 万,公益性岗位就业 1.8 万,个体就业及其他形式灵活就业 12.3 万,辅助性就业 0.7 万。截止 2012 年,全国城镇实际在业人数 444.8 万;1 770.3 万农村残疾人实现稳定就业,其中 1 389.9 万人从事农业生产劳动。①

此外,个体就业逐渐成为残疾人就业的重要组成,并呈现上升趋势,以北京市残疾人联合会在对北京市残疾人事业发展综合情况进行调研的基础上,发布的《2008 年北京市残疾人事业统计年报分析报告》为例,从三种就业渠道的发展趋势来看,个体就业增长最快,在三种就业形式中所占比例也一直保持增长态势,尤其是市场化逐渐深入及金融危机频发的最近十年间,残疾人按比例分散就业和集中就业的形式均遇到了前所未有的困难,个体就业在残疾人就业中发挥越来越重要的作用。如 2008 年,北京全年通过多种形式新安排 4054 名城镇残疾人就业,比上年增长 4.7%。其中,集中就业比上年下降 9.9%,按比例就业比上年下降 44.2%,个体及其他形式就业比上年增长 1 倍多。②

除了以上三种传统的残疾人就业形式之外,自 2003 年开始提出了一种新的就业形式,即社区就地就近安排残疾人就业。这是以社区为依托,开发社区就业岗位,鼓励、动员残疾人在社区实现就业的新形式,这一就业方式体现了残疾人事业发展的新趋势。

综上,根据宪法和法律的规定,劳动是每一个公民的权利和义务,残疾人也不例外,国家同样保障残疾人劳动的权利。国家和社会为有一定劳动能力的残疾人提供力所能及的劳动就业,为残疾人提供就业保障,是保障残疾人生活的根本途径。残疾人就业保障不仅为残疾人创造了收入来源,缓解了家庭生活困难,而且也为残疾人提供了为社会做贡献的机会。这是残疾人社会保障的首要任务和基石。通过调查,总结我国残疾人就业情况有以下特点:

第一,各省普遍制定了保障残疾人劳动权利的法规和规章。其中沪、鲁、豫、晋、浙、黑等省市制定的《残疾人保障法实施办法》,对按比例安排残疾人就业作了具体规定。如上海市的《实施办法》规定:"机关、团体、企业事业单位和城镇集体经济组织,均须按本单位在职职工 1.5% 的比例安排残疾人就业。""企业、城镇集体经济组织、经费自收自支的事业单位应当按差

---

① 参见中国残疾人联合会:《2012 年中国残疾人事业发展统计公报》。
② 参见北京市残疾人联合会:《2008 年北京市残疾人事业统计年报分析报告》。

额人数缴纳残疾人就业保险金。"这些地方性法规的制定,为保障残疾人的权利及贯彻实施宪法和法律的有关规定奠定了基础。

第二,残疾人就业人数大大增加。自从《残疾人保障法》颁布以来,残疾人的就业人数和比例每年上升的幅度都较大,有的省份在这方面取得的成效非常明显。以湖北省残疾人就业情况为例,湖北省的残疾人占总人口的6.45%,位居全国第二位,高出全国平均数4.9%1.55个百分点,全省城镇中符合劳动年龄、有劳动能力或有部分劳动能力的残疾人31.5万,占本省残疾人总数的9.8%,其中,通过集中、分散安排和个体就业等多种途径,使55%的残疾人就业,高出全国平均数50.18%4.81个百分点。

第三,残疾人劳动就业的优惠措施得到落实。税收作为国家调节社会分配的手段,其对残疾人的优惠措施落实得最好。被调查的残疾人福利性企业事业单位和城乡个体劳动者普遍反映,法律规定的税收减免政策得到了普遍落实。在生产经营扶持方面,39%的被调查者反映有不同程度的扶持,79%对有关部门在生产服务、技术指导、农用物资供应、农副产品和信贷方面给予的帮助也予以肯定。

第四,残疾人劳动就业的劳动保护得到加强。被调查的国有非残疾人福利性大中型企业中的残疾人职工中92%的反映劳动保护条件较完备。当然,在对残疾人劳动权利的法律保护方面,不可否认仍存在一些问题,如残疾人就业数量尚需进一步提高、私营企业中残疾人职工的劳动保护有待于进一步加强和企业变相辞退残疾人职工的现象不同程度的存在等。

第二节　残疾人基本生活保障与落实状况

在我国,贫困人口中有半数左右是残疾人,残疾人和残疾人家庭的生活境遇十分困难。据统计,我国目前70%的残疾人的经济来源是家庭、亲属供养和国家、集体救济。对残疾人实行社会救助以保障他们的基本生活,是现阶段我国残疾人社会保障工作不容忽视的重要内容。残疾人社会救助要同残疾人就业、教育、医疗等结合起来,从根本上消除残疾人群体中的贫困现象。目前我国残疾人的基本生活保障主要有最低生活水平的保障、社会救助、扶贫和养老等方面。

一、最低生活保障

一般性社会保障制度的受益对象是指全体社会公民,通常不受保障对象的性别、职业、民族和地位等方面的身份限制,目标是消除公民面临的基本风险,实现社会公平,维护社会稳定。而残疾人作为社会的弱势群体自然是被纳入保障对象的范畴,这些一般性的社会保障项目和相关制度也是实现残疾人社会保障、实现对残疾人救助与福利目的的保障基础。同时,国家对于残疾人还采取特别扶持的原则,即在一般性社会保障制度的基础之上进一步给予倾斜或其他优惠政策,以进一步实现对残疾人及其家庭的基本生存权利的保障。

为了规范城市低保制度,保障城市居民基本生活,国务院于1999年颁布实施了《城市居民最低生活保障条例》(中华人民共和国国务院令,第271号)。2007年,国务院下发《关于在全国建立农村最低生活保障制度的通知》,自此最低生活保障覆盖到全体公民。作为我国保障困难群众基本生活的核心组成部分,最低生活保障制度的"安全网"作用日益显现。目前,城镇居民最低生活保障制度已基本定型,农村最低生活保障正在稳步推进,城乡贫困人口基本生活初步得到保障。2009年12月,城市居民最低生活保障总人数2 347.8万人,其中残疾人占172.6万人;农村居民最低生活保障总人数4 759.3万人,其中残疾人占445.8万人。[①]

目前,我国的最低生活保障制度已经将大批残疾人纳入其中,最低生活保障制度可以有效保障残疾人的基本生活,避免其陷入贫困境地。有些地方在实施最低生活保障制度的过程中,还针对残疾人的特殊情况实行分类救助,对重度残疾、一户多残等特困残疾人给予了特别扶助,提高他们的保障标准和水平;有些地方还对城镇贫困残疾人个体户参加基本养老保险给予补贴等。各地的具体做法有以下几种:

一是标准上浮法。标准上浮法是指针对特殊群体(如儿童、老年人、残疾人)直接将其最低生活保障标准提高一定的比例(10%—15%)。如吉林省规定,对最低生活保障家庭中的重病成员、最低生活保障家庭中的严重残疾成员、最低生活保障家庭中的优抚对象、最低生活保障家庭中70周岁以上的老年人和最低生活保障家庭中领养的孤儿等应适当提高家庭或个人的保障标准,原则上,月补助标准可在该家庭或家庭成员原享受保障标准的基础上提高30%—50%。[②]

二是系数法。系数法是指针对不同人群设置不同系数,最低生活标准

---

① 参见中华人民共和国民政部:《2009年第四季度全国县以上农村最低生活保障情况》、《2009年第四季度全国县以上最低生活保障情况》。

② 参见《吉林省民政厅关于全省城市最低生活保障对象分类实施的指导意见》(吉民发[2004]20号)。

按系数进行折算。如北京分类救助金的计算公式如下:分类救助金＝最低生活保障金×救助系数。其中,民政部门管理的因公(病)致残返城知青的救助系数为1.15,生活不能自理的重度残疾人的救助系数为1.1。[①]

三是突破以家庭为单位的收入计算方法,给残疾人以单独保障。最低生活保障制度以家庭为单位进行救助,根据《中华人民共和国婚姻法》中有关家庭关系的条款规定,家庭成员指具有法定的赡养、抚养关系的共同生活的人员。由于身体或心理原因,部分残疾人即使成年后也难以自立,往往与家人生活在一起。在计算收入时,以家庭总收入为计算基础,就会忽略家庭中残疾人的特殊情况。尤其是在重残家庭中,残疾人需要家人照顾,减少了家庭外出工作的劳动力,从而也使家庭更加贫困,针对这种情况,一些地方政府在实施最低生活保障制度的过程中,将家庭中残疾人的收入单独核算,从而提高了残疾人的受助水平。

二、其他救助形式

(一)社会救助

随着我国公益事业的发展,"志愿者助残"、"文化助残"、"科技助残"和"法律助残"等多种形式的救助活动逐渐开展起来,起到了很好的社会效果。如残联组织每年都在传统节日、国际残疾人日、全国助残日等节日走访慰问残疾人,以送生活用品和慰问金的形式开展助残活动。对于生活确有困难的残疾人通过多种渠道给予救助和补助,对无劳动能力、无法定抚养人、无生活来源的残疾人给予供养、救济。各级政府机构开设残疾人福利院或其他安置机构,收养残疾人并改善其生活。

(二)扶贫

这里的扶贫主要是指科技扶贫,如加强对残疾人职业技能的培训,促进其劳动就业权的实现;安排专项贷款,开展残疾人扶贫;选择适合残疾人特点的扶贫开发项目和方式。[②] 在农村地区继续加强对残疾人开展的专项扶贫,《中国农村扶贫开发纲要(2001—2010 年)》要求继续把对残疾人的扶贫开发作为 21 世纪初扶贫开发的重要内容。此外,国家编制出台了《扶贫开发整村推进"十二五"规划》,也将残疾人作为扶贫开发的重要组成部分。按

---

① 参见北京市民政局、北京市财政局《关于完善本市城市居民最低生活保障分类救助政策的通知》(京民救发[2006]200 号)。

② 柏自成:《中国残疾人保护法律问题史论》,北京:中国法制出版社,2003 年版,第 401 页。

照新的国家扶贫标准,2012 年末农村贫困人口为 9 899 万人,比上年末减少 2 339 万人。其中,根据 2012 年国务院印发《农村残疾人扶贫开发纲要(2011—2020 年)》统计,2012 年,共扶持 229.9 万农村贫困残疾人,为 86.1 万农村残疾人提供实用技术培训,为 13.2 万户农村贫困残疾人家庭实施危房改造。①

(三) 养老

残疾人的养老问题不仅仅是残疾人家庭的问题,更是全社会的问题。由于残疾人本身生活水平较低,家庭负担较重,仅仅依靠家庭养老显得力不从心,因此需要社会的专门保障。2005 年,我国开展了残疾人个体户养老保险补贴工作,有能力参加养老保险的残疾人可以按规定享受补贴。目前农村残疾人的养老,一是通过家庭、社会共同承担的方式进行承担;二是通过社会福利院的方式进行集中供养,或者将残疾人纳入"五保"供养的体系。截至 2012 年底,城乡 1 070.5 万残疾人纳入最低生活保障范围,残疾人低保家庭救助水平得到提高;280.9 万城镇残疾职工参加了各类社会保险。全国已建立残疾人寄宿制托养服务机构和日间照料机构 7 275 个,以机构和居家托养等多种形式为 74.7 万名残疾人提供托养服务。②

三、残疾人的医疗与康复保障现状

残疾人医疗保障主要包括医疗保健和医疗康复两个方面。残疾人因身体存在缺陷,疾病对他们的威胁也就更大,他们对医疗保健的需要比身体健全者更为迫切。因此,社会要为残疾人提供完善的医疗服务,方便残疾人就医,定期对残疾人进行健康检查,积极开展疾病预防工作。残疾人医疗康复是指通过医疗装配假肢和心理疏导等手段,使残疾人身体某方面的功能获得恢复。《残疾人保障法》第 13 条规定,国家和社会采取康复措施,帮助残疾人恢复或补偿功能,增强其参与社会活动的能力。此外,《中国残疾人事业"十一五"发展纲要》中也提出逐步实现"人人享有康复服务"的目标任务。因此,国家制定了不同残疾类型的康复实施方案,康复救助制度是其中的重要组成部分。救助对象为城乡有康复需求的贫困残疾人,对人均收入低于当地城乡居民最低生活保障线的家庭或农村领取社会救济金的家庭的残疾人优先资助。资助范围包括:为贫困残疾人配发用品用具和助视器;为贫困

---

① 国务院新闻办公室:《2012 年中国人权事业的进展(白皮书)》。
② 国务院新闻办公室:《2012 年中国人权事业的进展(白皮书)》。

聋儿购置配发助听器、电池、制作耳膜，并补贴康复训练经费；对贫困精神病患者进行医疗救助；为致残儿童和麻风畸残者实施矫治手术，并配置扶助器具，进行康复训练。

　　调查资料显示，近年来康复工作取得了很大成效。第一，康复的三项工作取得了明显成效。大多数省份基本上完成了国务院有关部门下达的白内障复明手术、小儿麻痹后遗症矫治手术和聋儿听力语言训练三项康复任务；同时也基本做到了由各级政府牵头，实行目标管理；落实了岗位责任制，认真组织实施和定期总结考核。第二，社会化、开放式的残疾人康复体系已经形成。许多省份均已经在本省内的部分二级综合医院设立康复科室，能保证每个县区至少建立一个社区康复站；一些省份已经着手编写残疾人康复指导用书，指导残疾人广泛开展家庭训练；个别有条件的省份在所属医学院校和其他有关院校有计划地开设康复课程、设置康复专业，培养各类康复专业人才。

　　近年来，在各项政策的大力倡导与支持下，救助力度不断加大，对贫困残疾人康复起到了很大帮助作用。2012 年，设立视力残疾康复机构总数达到 724 个，完成白内障复明手术 79.6 万例，为 33.4 万名贫困白内障患者免费施行复明手术；为 11.7 万名低视力患者配用助视器；培训低视力儿童家长 3.7 万名，有效开展家庭康复训练；对 12 万名盲人进行定向行走训练。推进听力语言康复机构规范化管理，完善基层服务网络。已建立省级听力语言康复机构 32 个，基层听力语言康复机构 1 011 个；年度新收训聋儿 2 万名，在训聋儿 3.2 万名；规范聋儿家长学校，开展家庭训练，共培训聋儿家长 3.9 万名；开展各级各类听力语言康复专业技术人员培训，共培训专业人员 7 731 人；实施贫困聋儿人工耳蜗、助听器抢救性康复项目，资助 4 000 名聋儿免费植入人工耳蜗，资助 4 500 名聋儿免费配备助听器；开展彩票公益金成年听力残疾人（助听器）康复项目，为 2 万名（含 2011 年度）贫困成年听力残疾人免费验配助听器，各级康复机构共为 3.5 万名成年听力残疾人提供技术服务。开展肢体残疾康复训练服务机构达 1 592 个，其中，省级康复机构 31 个，地市级、县级康复机构 1 561 个；培训各级各类肢体残疾康复人员 3.9 万人次；全国共对 35.7 万肢体残疾者实施康复训练；实施救助项目资助 3 万名脑瘫儿童进行机构康复训练，资助 6 221 名贫困肢体残疾儿童实施矫治手术。开展智力残疾康复训练服务的机构 1 206 个，其中，省级康复机构 29 个，地市级、县级康复机构 1 177 个；培训各级各类智力残疾康复人员 1.7 万人次；全国共对 14 万名智力残疾人进行康复训练；实施救助项目资助 2 万名智力残疾儿童进行机构康复训练，同时培训儿童家长。加强残疾人辅助器具服务体系建设,深入开展辅助器具供应服务,为残疾人减免费用供应辅助器具 114.5 万件,其中装配假肢 3.9 万例、矫形器 4 万例,验配助视器 10.5 万件。[①]

然而,医疗康复工作也并非十全十美,仍有需要完善之处,如康复经费还远远不足,康复器材的研制、生产、供应和维修等服务方面也比较滞后。此外,在广大农村,许多残疾人,尤其是残疾儿童还未能及时得到抢救性康复治疗。为肢残者安装假肢的工作也需要向农村深入推广。但也要看到,残疾人的医疗保障起步较晚,又受目前医疗保险制度的限制,残疾人的医疗保险在城镇仅限于已就业的残疾人,还不包括未就业的残疾人。农村地区残疾人的医疗保障水平较低,目前在农村推行的新型合作医疗,应将残疾人作为一个特殊的保护对象,将其纳入新型合作医疗体系之中,在费用上可以予以特殊照顾。

第三节　残疾人的教育保障现状

发展残疾人教育事业是提高整个残疾人群体生活质量的基础和前提。残疾人受教育程度的高低影响着他们的就业机会、收入水平、社会地位和精神状态,因而残疾人社会保障的一个重要方面就是要保障残疾人受教育的权利,为他们提供受教育的机会。建立和健全残疾人教育保障制度,保障残疾人尤其是残疾儿童的受教育权,不仅可以为残疾人掌握科学技术和生存技能奠定基础,而且可以提高残疾人自身的素质,使他们从知识中得到充实和提高,使他们从知识中了解社会和人生,从而增强生活的勇气和信心。

一、当前残疾人的教育保障政策法规

残疾人教育主要包括三个部分:一是基础教育。对那些有学习能力的残疾学龄儿童和青少年,社会应保障他们享受九年义务教育的权利,不应因身体缺陷而使他们失学。二是特殊教育。身体的残障使残疾人在受教育方面存在客观上的不利因素和特殊困难。为了弥补残疾人在这方面的不利,社会应根据各类残疾人的特点,运用特殊的方法、设备和措施,通过盲聋哑学校、培智学校或在普通学校开设特教班等方法对残疾人开展特殊教育。三是根据残疾人的特点开展职业教育和成人教育,使他们拥有一技之长,以拓宽他们的就业机会,增加其社会生存能力。

---

① 参见中国残疾人联合会:《2012 年中国残疾人事业发展统计公报》[残联发(2013)3 号]。

长期以来,我国在残疾人教育方面取得了一定的成绩,同时也有一系列政府出台的相应政策法规保障残疾人的受教育权利。我国《宪法》第 46 条规定:"中华人民共和国公民有受教育的权利和义务。"残疾人作为国家公民,当然地享有受教育权。我国《宪法》第 45 条规定:"国家和社会帮助安排盲、聋、哑和其他有残疾的公民的劳动、生活和教育。"根据法律法规,残疾儿童、少年享有的受教育权包含两层含义:一是有平等接受教育的权利,二是有接受适当教育的权利。所谓残疾儿童少年有平等接受教育的权利,是指残疾儿童少年作为国家公民,同样享有进入幼儿园、中小学、职业学校及高等学校学习的权利,在受教育的权利和机会上不应该有先后、多寡、厚薄之别。具体而言,是指适龄残疾儿童少年的父母或者监护人应依法使其子女或被监护人接受义务教育;普通学校应按国家规定招收能适应普通班学习的适龄残疾儿童少年就读;普通职业教育学校必须招收符合国家规定的录取标准的残疾人入学;普通职业培训机构应当积极招收残疾人入学;普通高级中等学校、高等院校、成人教育机构必须招收符合国家规定的录取标准的残疾人入学,不得因其残疾而拒之门外。而对于拒绝招收按国家有关规定应当招收残疾人入学的,由教育行政部门责令该校招收。① 《义务教育法》和《义务教育法实施细则》为残疾儿童少年在义务教育阶段的受教育权利提供了法律保障。1991 年 5 月实施的《残疾人保障法》以残疾人平等参与社会生活为宗旨,重申了残疾人的权利,该法第 18 条"国家保障残疾人受教育的权利",同时规定了政府、社会和残疾人组织的责任。

　　1994 年 8 月国务院发布了《残疾人教育条例》,这是我国第一部有关残疾人教育的专项法规,它进一步从法律上保证了残疾人平等接受教育的权利。《教育法》第 9 条 2 款规定:"公民不分民族、种族、性别、职业、财产状况、宗教信仰等,依法享有平等的受教育机会。"《职业教育法》第 7 条规定:"国家采取措施……扶持残疾人职业教育的发展。"第 15 条规定:"残疾人职业教育除由残疾人教育机构实施外,各级各类职业学校和职业培训机构及其他教育机构应当按照国家有关政策接纳残疾学生。"《高等教育法》第 9 条规定:"高等学校必须招收符合规定和录取标准的残疾学生入学,不得因其残疾而拒绝招收。"这些是"法律面前人人平等"的宪法原则在教育立法上的体现,可称为"平等接受教育机会的权利",也是公民"依据宪法规定所享有的受教育的基本权利"在教育立法上的体现,从法律上体现了残疾人作为公民享有同其他公民平等的权利,并且作为特殊而困难的群体,国家必须特别

　　① 劳凯声:《教育法学》,辽宁大学出版社,2000 年版。

第四章　残疾人政策法规的运行与落实现状

扶助。

所谓残疾儿童少年有接受适当教育的权利,是指对残疾儿童少年施行教育要根据他们的身心特点和需要,符合他们的实际情况。具体地说,是要求在实施普通教育的思想教育、文化教育的同时,加强身心补偿和劳动技能的教育;依据残疾少年儿童的状况,采取普通教育方式或特殊教育方式;有条件的学校,实施小班教学或个别教学;特殊教育的课程设置教材、教学方法、入学年龄和在校年龄等要适合残疾儿童少年的特点。[①]《残疾人保障法》第 19 条规定:"残疾人教育,根据残疾人的身心特性和需要,按照下列要求实施:(一) 在进行思想教育、文化教育的同时,加强身心补偿和职业技术教育;(二) 依据残疾类别和接受能力,采取普通教育方式或者特殊教育方式;(三) 特殊教育的课程设置、教材、教学方法、入学和在校年龄,可以有适度弹性。"《残疾人教育条例》规定:"残疾人教育应当根据残疾人的残疾类别和接受能力,采取普通教育方式或者特殊教育方式。"《教育法》第 38 条规定:"国家、社会、学校及其他教育机构应当根据残疾人身心特性和需要实施教育,并为其提供帮助和便利。"《义务教育法》第 9 条规定:"地方各级人民政府为盲、聋、哑、弱智儿童、少年举办特教学校(班)。"

二、残疾人教育保障政策法规的实施状况

在政策的大力推动及相关部门的具体实施之下,近二十年来,我国残疾人的教育,特别是义务教育阶段的特殊教育取得了快速发展,在满足残疾人,尤其是学龄期儿童青少年的教育需求方面做出了很大贡献。

"八五"期间,我国的特教学校增加 559 所(达 1 397 所),特教班增加 3 859 个(达 6 148 个),大量残疾儿童少年在普通学校随班就读,视力、听力、语言、智力、肢体残疾儿童入学率均由 20%提高到近 60%,残疾人职业培训机构达到 445 个,多渠道开办的中短期培训班使 105 万残疾人得到职业培训,报考大中专院校达到国家规定录取标准的残疾人考生录取率由不足 50%提高到 92%。[②] 到了 2012 年,已开办特殊教育普通高中班(部)186 个,在校生 7 043 人;其中聋高中 121 个,在校生 5 555 人;盲高中 22 个,在校生 1 488 人。残疾人中等职业学校(班)152 个,在校生 10 442 人,毕业生 7 354 人,其中 5 816 人获得职业资格证书。全国有 7 229 名残疾人被普通

残疾人政策法规理论与实践

---

① 钱志亮:《中国特殊儿童教育的现状报告》,中国教育和科研计算机网。
② 盛永彬:《残疾人权利及宪政保障》,《湖北经济学院学报(人文社会科学版)》,2006 年第 1 期。

高等院校录取,1 134名残疾人进入特殊教育学院学习。

截至2012年年底,全国有未入学适龄残疾儿童少年9.1万人,其中视力残疾儿童0.6万人,听力残疾儿童0.6万人,言语残疾儿童0.6万人,智力残疾儿童2.8万人,肢体残疾儿童2.8万人,精神残疾儿童0.3万人,多重残疾儿童1.3万人。①

1996—2008年,我国学龄残疾儿童少年的人数呈现下降趋势,但是在校特教学生占学龄残疾儿童少年比例上升了10个百分点。义务教育特殊学校和学生数均呈现增加趋势,从1996年的1 491所、146 041人上升到2008年的1 672所、167 723人。从两次抽样调查结果看,残疾人受教育程度得到明显提高。1987年抽样调查结果,每10万残疾人拥有各种文化程度的人数分别是:小学,24 268人;初中,6 156人;高中(中专),1 665人;大学,287人。2006年抽样调查结果,每10万残疾人拥有各种文化程度的人数大幅增加,其中,小学增加7 583人,初中增加8 883人,高中(含中专)增加3 228人,大学增加852人。②

当然,这是在整体国民教育均得到快速发展的背景下实现的,如果进行横向的比较,即与整个国家的教育平均水平相比,残疾人的教育状况还不能满足残疾人的需求,也还存在很大的发展空间。我国残疾人教育目前仍未摆脱基础薄弱的局面。同时,残疾人的教育保障也面临诸多问题,如教师教育队伍水平的提升、基础教育与职业教育的衔接、特殊教育中个别化的具体实施等,这些问题的解决也都需要相关政策及配套措施的支持才能够实现。为此,一方面需要国家增加投入,加强残疾人教育的师资建设;另一方面要贯彻《残疾人保障法》、《义务教育法》以及《残疾人教育条例》等法律法规,切实保障残疾人受教育的权利。

---

① 参见《2012年中国残疾人事业发展统计公报》,资料来源:残疾人联合会。
② 根据两次人口普查数据。

第五章 美国、德国及香港地区残疾人政策法规的启示

第一节 美国残疾人法规的体系与特点

美国残疾人政策的发展,是先有法律,后有行动,立法先行,保证了美国残疾人事业的发展有法可依、有章可循,避免了残疾人政策的盲目性和随意性,为联邦制定各个残疾人保障项目提供了法律依据。

联邦针对各个人生阶段的特点设计的残疾人保障项目,满足了残疾人在人生各阶段中不同于正常人的特殊需求。这些特殊需求包括残疾人的特殊教育、就业扶持、养老和老年护理、医疗康复、工伤赔偿和低保。政府部门"健康与人类服务部"下属的残障局负责协调相关政策的落实。

美国维护残疾人权益的联邦法律主要有:《美国残疾人法案》(*The Americans With Disabilities Amendments Act*)(ADA)、《联邦无障碍法规》(*Code Of Federal Regulation On Reasonable Accommodation*)、《建筑障碍法案》(*Architectural Barriers Act*)、《工作许可证和工作激励法案》(*Ticket to Work and Work Incentive Improvement Act*(TWWIIA))、《职业康复法案》(*Vocational Rehabilitation Act*)、《学校到工作机会法案》(*School-to-Work Opportunities Act*)、《美国教育法案》(*Educate American Act*)、《劳动力投资法案》(*Workforce Investment Act*)、《工作机会税收减免和福利到工作税收减免》(*The Work Opportunity Tax Credit*(WOTC)*and the Welfare-to-Work*(WtW)*Tax Credit*)、《税收减免和医疗保健法案》(*Tax-Relief and Health Care Act*)、《小企业和工作机会税收抵免法案》(*The Small Business and Work Opportunity Tax Act*)、《所有残疾儿童教育法》(*Education of All Handicapped Children Act*)及《不让一个孩子掉队法案》(*The No Child Left Behind Act*)等,这些法律保障了残疾人康复、教育、就业、无障碍环境、住房等方面的权利,确保了残疾人在参与社会生活的过程中,享有与健全人同等的权利,不受歧视。美国完善的残疾人法律法规体系确保了残疾人工作的高效率,当残疾人权利受到损害时,残疾人可以

依法提起诉讼,残疾人一旦被法院判决胜诉,就可以得到巨额的惩罚性赔偿。①

一、残疾人权益保障的综合性法律:《美国残疾人法案》

在美国所有维护残疾人权益的这些法律中,《美国残疾人法案》(*The Americans With Disabilities Amendments Act*)(ADA)是第一部残疾人保障的综合性法律,对其他维护残疾人权益的法律的制定具有指导作用。

《美国残疾人法案》于 1990 年 7 月 26 日通过,1992 年 1 月 26 日生效。ADA 中的条款规定具体细致,操作性强,任何违背 ADA 条款的不当行为均可以在 ADA 中找到处罚依据,一目了然,便于操作。ADA 由五章构成,分别为反就业歧视、公共交通无障碍、环境无障碍、通信无障碍及争议解决方法,这五章集中体现了残疾人最关心、最直接和最现实的利益。

第一章禁止雇主(包括城市和乡镇的雇主)歧视符合职位条件的残疾人求职者,禁止雇主在任何有关的用人环节方面对残疾人士进行歧视,这些环节包括简历筛选、人员招聘、员工培训、薪酬待遇和职位提升等一系列的用人环节。如果残疾人士在就业方面遭受了与条款相关的歧视,可以投诉。

第二章要求所有的州政府和地方政府在一切政府公共服务中向残疾人士提供平等受益机会,这些政府公共服务包括公共教育、就业、交通、娱乐、医疗保健、社会服务和投票等等。要求所有的州政府和地方政府在市政建设中遵守建筑无障碍标准。

第三章禁止一切提供公共服务的私人企业(如宾馆、餐馆和交通服务行业)提供残疾人由于自身障碍而无法正常享受到的服务和商品,同时规定了这些私人企业在建筑结构方面应该遵守的无障碍标准。无障碍的公共场所包括酒店、宾馆、影院、会议中心、零售店、大型购物商场、干洗店、洗衣店、药房、诊所、医院、博物馆、图书馆、公园、动物园、游乐园、私人学校、日间护理中心、温泉浴场和保龄球馆等。商业设施如写字楼、工厂和仓库。不被包括在内的公共场所有宗教设施和私人俱乐部。公共场所无障碍要求公共场所必须提供能与残疾人进行有效沟通的无障碍辅助设备和服务,这些无障碍辅助设备和服务包括:为言语残疾人士服务的手语翻译等,为听力残疾人士服务的可视图文显示器(Videotext Displays)、助听器等,为视力残疾人士服务的发音文本软件(Taped Text)以及大印刷字体、盲文资料、盲文菜单等。第三章由美国司法部(United States Department of Justice)强制执行。

---

① 曾真:《美国残疾人社会保障研究》,武汉科技大学硕士论文,2010 年版。

第四章的内容是电信机构为听力和言语残疾人士提供的电话和电视无障碍通信服务。无障碍通信服务要求美国电信机构在各个州之间以及每个州的内部建立每天 24 小时不间断的残疾人电话中转服务。残疾人电话中转服务包括短信到语音/语音到短信(TTY to Voice/Voice to TTY)、语音延续(Voice Carry Over)、加密语音延续(VCO with Privacy)、双线路语音延续(2 - Line VCO)、听力转接(Hearing Carry Over(HCO))、加密听力转接(HCO with Privacy)和双线路听力转接(2 - Line HCO)等。

第五章包括 ADA 所涉及其他内容,包括对一些条款的解释及该法案在执行时引起的相关争议的解决方法。这一章阐明各个州和国会都必须遵守 ADA 的条款,为与 ADA 条款相关的法律诉讼案件提供相关的援助经费,并且严禁任何人和机构威胁提起法律诉讼的残疾人士及其维权律师。

《美国残疾人法案》是美国残疾人历史上一部具有里程碑式意义的法律,是迄今为止美国颁布的最完善的残疾人法。这部法律从目标到内容都体现了美国的价值观念。《美国残疾人法案》以文化压力促使残疾人融入社会。正如该法案第二部分国会在"调查结果"中发现的那样,从历史上看,社会一直试图孤立和隔离残疾人,近年来虽然有一些进步,但对伤残人各种形式的歧视仍然是一个严重而普遍的社会问题。美国对残疾人问题上的正确目标,是确保"机会平等、全面参与、生活独立和经济自立"。[①] 这部法律从政策、项目、实践和程序上保证每个无论是先天还是后天造成残疾的人士都能享有均等的就业机会、在餐馆进餐的机会、享受公共交通服务的机会、使用电话的机会和观看球赛的机会等。ADA 一直在残疾人的需要和社会的能力两者之间寻求平衡,其适用范围不仅仅包括政府机构,也包括私营机构,打破了阻碍残疾人士融入社会主流生活的各种有形和无形的障碍,为残疾人士融入社会主流生活提供了公平的机会,逐步改变了整个社会对残疾人士的看法和态度。该法律自 1992 年 1 月进入施行阶段,该法案的设计理念和构想都综合全面。《美国残疾人法案》与其他民权法律不同,跟种族、性别或宗教要求的权利不同,针对残疾人的权益的实现需要提供大量的基础设施和方便的社会条件。实施残疾人法不仅意味着人与人之间关系的调整,还需要投入大量的费用。这在经济上必然牵涉到各阶层的利益,必然引起不同社会阶层的不同反应和争议。[②] 又如在该法律所提出的诸如"满 25人的商业机构要保证残疾人可以与正常人一样平等享受服务和商品"就对

---

① 季丽新:《美国残疾人救助政策剖析》,《东岳论丛》,2011 年第 3 期。
② 牟瀛:《美国残疾人法案的实施问题》,《民政论坛》,1995 年第 3 期。

中小企业和商业机构的基础设施带来了挑战。因此残疾人法的实施不是一件轻而易举的事,而是需要经历一个很长的艰苦过程,对此美国各级政府也为该法案的全面实行从政策、宣传以及经济扶持上给予了相应的倾斜,最终使得该法律所涉及的各项内容在20多年的建设中逐步落实。时至今日,美国的残疾人在社会生活的各个方面,已经越发便利,而美国人对残疾人的态度,也变得认同和平常。

二、针对残疾人教育保障的相关法律

美国残疾人教育相比于欧洲等其他国家和地区起步较晚,但呈现出发展迅速、推进力度大等特点,并在很短的时间之内就从教育对象、资源配置、教学管理、经费配置以及社会管理协作等方面建立起系统的体系,为实现残疾人的平等教育权和教育发展权做出了积极贡献。美国残疾人教育法律主要有1958年的《残障儿童教育补助法》、1968年的《协助残障儿童早期教育法案》、1975年的《所有残障儿童教育法》、1990年的《残疾人教育法》、1997年的《残疾人教育法修正案》及2004年的《残疾人教育促进法》。相对于其他国家的残疾人教育法案,这里重点介绍《残疾人教育法案》和《不让一个孩子掉队法案》,因为这两部法案所提出的平等和发展理念不仅具有国家和地区特点,同时也值得借鉴。

在残疾人教育方面,《残疾人教育法案》保证了残疾学生受教育的权利,《不让一个孩子掉队法案》则保证了残疾学生受教育的质量。联邦政府提供一号基金向残疾学生提供免费的课后辅导服务,《学校到工作机会法案》为残疾学生提供职业顾问和职业技能培训计划,以提高残疾学生就业能力,帮助残疾学生从学校到工作的过渡,避免因残疾学生的劳动效率低于正常人而导致其毕业后失业。

有学者认为,在美国的教育法中,有两部联邦法对几乎每一所学校的教学计划和活动都产生了深刻影响。其中一部是1990年通过的《残疾人教育法案》(the Individuals with Disabilities Education Act,简称为IDEA),另一部就是2001年通过的《不让一个孩子掉队法案》(the No Child Left Behind Act,简称为NCLB)。可以毫不夸张地说,这两部法律改变了美国每一个州的大多数公立学校的日常运行。[①]

———————

① [美]迈克尔·英伯著,李小燕、韦翠萍译:《美国〈残疾人教育法〉和〈不让一个孩子掉队法案〉评析》,《美中教育评论》,2007年第8期。

（一）教育零拒绝——《残疾人教育法案》

为了达到保护残疾儿童受教育的权利、追求教育公平的目的，1975年，美国国会通过了《所有残疾儿童教育法》(*Education of All Handicapped Children Act*)。1990年，《所有残疾儿童教育法》更名为《残疾人教育法》(*Individuals with Disabilities Education Act*, 简称 IDEA)，该法案通过修订扩大了接受特殊教育服务的对象的范围。1997年，《残疾人教育法修正案》(*Individuals with Disabilities Education Act Amendments*)颁布，强调了对特殊儿童的教育受益和成效问题。2004年末，《残疾人教育促进法》(*Individuals with Disabilities Education Improvement Act of 2004*)对IDEA再次进行了修订，进一步完善了对美国特殊教育中的语言和文化差异学生的无歧视性评估原则。

这项法案的颁布为美国的残疾儿童打开了公立学校的大门，不论他们的伤残程度如何，学校对他们必须是"零拒绝"，并且保证每一个残疾儿童都能接受适合他的恰当的有益的教育。《残疾人教育法案》在确保残疾儿童及其家长的权益方面订立了六条基本原则：

第一条要求就是零拒绝。即每个州和州内的每一所学校必须无条件接受残疾儿童入学，而不论他的残疾程度如何。并且学校必须找到这些在他们辖区范围内的残疾儿童，为他们每一个人提供免费的恰当的公共教育。

第二条要求是评估。学校必须对每一个有可能符合《残疾人教育法》中所规定的残疾类型的儿童进行全面的个人评估。这项评估的设计必须能显示儿童身心发展的各方面潜能和缺陷。

第三条要求是通过个别化教育保证儿童获得收益。学校必须为每一个符合《残疾人教育法》中所规定的残疾儿童设计出与评估结果相吻合的个别教育计划(An Individualized Education Plan,简称IEP)。这项计划必须包含残疾儿童能够从中获得的特殊教育与相关服务，比如为聋儿提供手语翻译等，以保证儿童能够获得卓有成效的教育。

第四条要求是最少限制的环境。是指应保证残疾儿童的教育环境尽可能地相似于正常儿童的环境。如果有可能，那么这些儿童就必须与同龄孩子在一起接受常规教室教育，但是如果不能为这些孩子提供在常规教室接受有益教育的话，他们就可能会在一个更多局限的教育环境，如一个特殊的教室或学校。在具有个性化特别改善和服务的常规教学环境中接受教育的残疾儿童被称为"进入主流"或"兼容"。正是这一法案的规定，使得大多数学生进入了主流社会。

第五条要求是家长参与权益。据此，要求学校允许残疾儿童的父母参与到孩子接受教育的每一步进程中,帮助孩子个人教育计划的发展。

最后一条要求是合法的程序。如果父母不相信孩子所在的学校正在履行《残疾人教育法》的义务,这一要求赋予家长启动一系列措施的权利。如在一个公正的官员作出该儿童所接受的教育计划是否恰当的判断之前,家长可以要求听证。①

《残疾人教育法案》通过这些原则来保障残疾儿童在最少限制的环境中获得免费的适当的公共教育的权利,给予家长参与和残疾儿童有关的教育计划的权利,规范学校中的特殊教育,要求学校最大限度地将残疾学生安置在普通班级接受教育,使残疾学生不再被排除在主流教育之外,"全纳性"教育理念开始形成,并得到学校、老师、家长及教育管理者们的支持和赞同。

(二)教育高质量——《不让一个孩子掉队》法案

2002年1月8日,美国总统布什签署《不让一个孩子掉队》法案(*The No Child Left Behind Act* 简称 NCLB)(P. L. 107 - 110),NCLB 先后进行了四次修改和完善以适应各个方面的要求,最近的一次是 2011 年奥巴马政府对该法案的修订,使得各州之间能够在原法案体现基本原则和宗旨上因地制宜、达到目标。该法案重视残疾儿童的学业成果,建立了一套残疾儿童教育结果评价标准,要求到 2014 年让全国所有的残疾儿童达到与其年级相应的阅读和算术水平。

《不让一个孩子掉队》法案要求所有州的公立学校(中小学)建立一套适合自己的年度标准化考试制度,测试每个年级的包括残疾学生在内的所有学生,将 3 至 8 年级学生在州年度阅读和数学评估中的表现与评判学校效率好坏紧密结合起来,督促学校的教学工作,确保每个残疾学生在接受教育后都能达到预期的学习效果,缩小残疾学生和正常学生之间的差距。为所有学生设立充分发展目标,并必须为所在区域的"亚群体"学生分别设立不同的小目标,这些学生群包括来自社会经济地位低下家庭的学生群、来自少数种族和少数民族的学生群、残疾学生群以及英语水平有限的学生群。这个要求是指,在每一所学校,每一个来自"亚群体"的学生,到必须达到相应的学业水平,这也是这部法律被命名为《不让一个孩子掉队》的原因。

《不让一个孩子掉队》法案是一部综合多方面问题的法律,并不是仅仅针对残疾学生,而是更多体现在综合了一个学校的整体计划,采用最新制定

---

① [美]迈克尔·英伯著,李小燕、韦翠萍译:《美国〈残疾人教育法〉和〈不让一个孩子掉队法案〉评析》,《美中教育评论》,2007 年第 8 期。

的教育评价标准进行评估,也包含一定数量的影响到学校运作其他方面的规定。不可否认,经过了多年的实践验证,这部法律在具体实施的过程中还存在一定的问题,但它所提出的"不让一个孩子掉队"的理念却是非常值得借鉴的。同时,此法案也对残疾学生提出了关注,如该法案第七条款中的方案就提出了为了有效确保该法案的进行,"根据《残疾人教育法》,为残疾学生增加拨款,以减少地方政府和学校在满足残疾学生特殊需要方面的负担"。它是美国在对待残疾人教育问题上采取全纳性教育态度的再一次证实。

三、美国残疾人就业政策的变迁

美国政府为了反对残疾人就业歧视以及保障残疾人就业权利的实现,先后制定和通过了五个重要的法律法规。这五个联邦法律法规分别是《美国残疾人法案》(*The Americans with Disabilities Act*)、《康复法案》(*The Rehabilitation Act*)、《劳动力投资法案》(*The Workforce Investment Act*)、《越战退伍军人辅助法案》(*The Vietnam Era Veterans' Readjustment Assistance Act*)和《公务员体制改革法案》(*The Civil Service Reform Act*),这些法律法规为美国的残疾人提供了无障碍的就业环境、公平的就业机会和就业权利,其中最早同时也是使用最广泛的是《美国残疾人法案》中的残疾人就业条款。美国对残疾人就业权利的保障经历了从生存保障到潜能发展四个阶段的变迁:

1. 生存保障阶段(20 世纪初至 70 年代)

这一阶段的主要特征如下:第一,政策服务范围比较狭窄,对象多限于伤残军人,其他残疾人受益程度很低;第二,资金规模较小,服务项目有限,康复项目参加者的残疾状况大多比较轻微;第三,没有形成持续运行体制,对就业持续积极的影响较小;第四,对残疾人进入或重返就业市场的激励作用并不明显。

主要的法案有:美国国会 1917 年通过的《职业教育法案》(*Smith-Hughes Act of 1917*),法案规定,为帮助残疾劳工和退伍军人设立康复与培训计划的资金由私人部门承担,联邦政府承担管理和监督费用;1918 年颁布的《士兵康复法案》(*Soldiers Rehabilitation Act*),规定由联邦职业教育委员会主管伤残退伍军人的职业康复计划;1920 年 6 月 20 日颁布的《职业康复法案》(*Civilian Vocational Rehabilitation Act of 1920*,也称 *Smith-Fess Act*)规定,为伤残军人提供职业指导、培训和技能开发服务,由联邦政府出资 50%。

2. 社会融合阶段（20世纪七八十年代）

这一阶段主要的代表性法案是1973年颁布的《职业康复法案》，法案规定"要运用最先进的解决康复问题的医疗技术、科技成果、心理学及社会学知识，研究设计出具有创造性的向残疾人提供康复服务的项目"。为此，法案分层次进行了全面考虑。法案规定，重度障碍者享有优先权益，个别化康复计划则更进一步强调身心障碍者的参与，鼓励残疾人自己设计需要的康复计划，并将独立生活训练纳入了康复方案之中。

此外，1986年通过的《职业康复法》修正案设立了一系列由政府提供资金支持残疾人就业的服务项目，残疾人获得了一些与就业相关的服务，范围也较以前得到扩大。1988年《听觉辅助法》为听力障碍者提供电话服务。同年的《远程通讯无障碍增强法》也为耳聋失聪者提供了电话服务。

3. 权利扩展阶段（20世纪90年代）

经过社会各界努力，美国国会于1990年6月正式通过了《1990年美国残疾人法》（*American with Disabilities Act of 1990*，简称ADA），为残疾人提供了一系列保护措施，保证了残疾人在就业、公共交通和电讯服务等领域享有同健全人平等的权利。

《美国残疾人法》比以往的法律覆盖范围更广。该法对"残疾人"的定义是：生理或心理上存在异常而影响其一项或多项主要的活动能力，有过这些障碍的记录或被认为有这方面障碍的人。与1973年《康复法》不同的是，《美国残疾法》认为残疾人获得工作和接受教育的能力不仅受其伤害和疾病的直接影响，在很大程度上还受到他人的歧视和社会构建的限制。

《美国残疾人法》为保障残疾人在就业领域享有同健全人一样平等的权利而提供了一系列保护措施，法案第一章节就是就业，并要求有15个以上雇员的雇主需提供给有资格的残障个体平等的机会，禁止在招募、雇用、提升、培训、工资、社会活动和其他的与就业相关的待遇上歧视残障人。雇主发生以下行为将被视为歧视残疾雇工：对工作申请者的条件进行限制和分类，制定不合理的就业标准或手段排斥残疾人就业，不向残疾雇工提供无障碍工作环境，在录用之前雇主询问申请者的残障情况。如果残疾求职者或雇员认为自己在求职或工作中因为残疾的原因受到了歧视，并且有足够的证据证明受到歧视的原因是因为残疾而不是别的原因，那么他们可以请求劳动仲裁或是向法庭提出诉讼。美国公平就业委员会（U. S Equal Employment opportunity commission）和美国国务院司法部（U. S Department of Justice）会为残疾人维权提供帮助。《美国残疾人法》中还对残疾人无障碍的就业场所和工作环境制定了严格的标准，以此来防止用人单位以没有无障碍设施和辅助器材为理由拒绝招聘残疾雇员。

4. 潜能发展阶段（21 世纪至今）

新世纪的残疾人就业政策也进入了一个崭新的阶段——潜能发展阶段。潜能发展进一步强化了残疾人在劳动力市场中的价值。2001 年,美国劳工部成立的残疾人就业政策办公室(Office of Disability Employment Policy)成为体现这一重要政策的标志。残疾人就业政策办公室的主要目的是增加残疾人的就业机会,它举办了各种促进残疾人就业、提供残疾人职业技能、拓展残疾人职业发展空间的项目。例如:

(1) 商界领导网络(BLN)。这是一个全国性的组织,由乡镇、州长委员会或其他社区机构、公司、企业组成,在全国范围内倡导并积极为有工作能力的残疾人提供就业机会。

(2) 多重文化网络(CDN)。残疾人就业政策办公室积极与各种少数民族组织合作,如全国有色人种协进会(NAACP)及国家城市联盟等,为少数民族残疾青年创建新的高中或高科技教育培训计划,增加他们的就业技能。

(3) 残疾老兵就业论坛。

(4) 就业帮助推进网络(EARN)。自 2001 年 3 月起,就业帮助推进网络通过全国免费电话和电子就业咨询系统,帮助雇主寻找合格的残疾雇员。

(5) 国家成年残疾人劳动中心(NCWEA)。为开拓成年残疾人就业市场以及其他与就业相关的服务提供技术支援,可通过电话和网络获取该中心的服务。

(6) 人才招聘计划(WRP)。该计划以残疾大学生为主要服务对象,在全国范围内为各行业的雇主提供暂时或永久性雇员(残疾毕业生)的信息。人才招聘计划的数据库包括 200 多所大学涉及各个专业的大学新生及即将毕业学生的求职者信息。[①]

综上所述,美国残疾人就业体系针对每个残疾人的特点发展职业培训服务,充分挖掘了每个残疾人的就业潜能,同时用就业许可证等项目来保障每个残疾雇员合法的劳动权利,刺激雇主雇佣残疾雇员,通过法案大力推进残疾人的无障碍工作环境和反对歧视的平等就业机会,为残疾人就业扫除各种主观和客观的障碍,整个就业体系高效而完善,为残疾人就业减轻了压力,改变了残疾人就业的不利地位。

---

① 杨伟国,陈玉杰:《美国残疾人就业政策的变迁》,《美国研究》,2008 年第 2 期。

第二节 德国残疾人法规的体系与特点

一、德国残疾人保障制度的建立与发展

德国法律对残疾人的保障，是伴随着俾斯麦政府医疗和工伤保险立法而开始的。1883 年颁布的《疾病保险法》不仅是德国最早有关残疾人社会保障的法律，也是现代社会保障制度诞生的标志。此外，1884 年颁布的《伤害保险法》和 1889 年颁布的《养老保险和残废保险法》，都包含了对残疾人的保障内容。

1953 年，德国政府颁布了《重度残疾人法》，这部法律不但拓宽了享受保障的残疾人的范围，而且对残疾人就业作了规定，尤其对企业、公共机构雇用残疾人的比例予以明确规定：私人企业雇用残疾人的比例应达到雇员总数的 6%。

1974 年的《重度残疾人保障法》对原有的残疾人法律原则进行了修正，规定只要一个人存在残疾的事实或有残疾的危险，就可以享受到法律规定的一切待遇，这就抛弃了之前适用的归因原则，即只有某些特定原因致残的残疾人才可以享受规定的待遇。2001 年 6 月 19 日，德国专门规定残疾人保障的法律——《残疾人保障法》以社会法典第九章的形式颁布，并于 2001 年 7 月 1 日以"残疾人的康复与参与"的名称生效，至此，德国形成了专门性的残疾人保障法律。《残疾人保障法》关注的不再仅仅是对残疾人或面临残疾风险的人提供照料，更是要保障他们自主地参与社会以及减少他们在获取平等机会上存在的障碍，为残疾人或有残疾危险的人创造更好的生活。因此，社会法典第九章涉及了残疾人医疗、职业和福利津贴待遇等方方面面，更快、更有效、更经济和更持久地实现上述目标。

二、德国残疾人社会保障的内容

除了独具特色的自治管理方式，德国社会保障的另一个特征是保障的全面性和不同项目之间衔接的紧密性，虽然不像英国、瑞典那样高福利，但其不同层次的保障也几乎完全覆盖了所有应该覆盖的人群。在任何国家，残疾人社会保障都是一项比一般社会成员社会保障更复杂的工作，在德国也不例外。德国残疾人社会保障几乎分布于养老、医疗、工伤、护理和保险等所有社会保障项目之中，分散而复杂。

总起来看，其具体内容大致可以分为几个方面：第一，残疾人社会服务，

包括医疗、康复和工作介绍等服务;第二,残疾人福利津贴,包括直接的现金津贴(如残疾保障待遇)和间接的经济福利(如免费乘车等);第三,其他保障。

(一)残疾人社会服务

在德国,任何残疾或面临着身体、精神和心理残疾危险的人,不管致残原因如何,都有权利获得各种社会服务的帮助,包括避免残疾、消除残疾或降低残疾程度及防止状况恶化或减轻残疾负面影响的一切服务,这些服务旨在帮助残疾人,使他们的活动范围变得更安全,或帮助他们找到适合并符合他们兴趣和能力的工作。因此,德国残疾人服务包括了多方面的内容。

首先,医疗和康复服务。包括牙医、药物、包扎材料及各种治疗——包括物理治疗、运动治疗、语言障碍矫正、职业康复、假肢,外科整形和其他任何需要的改造、修复、辅助器具置换的资助和对这些辅助器具使用的训练,工作强度承受测试等。对于有需要的患者或残疾人,在门诊治疗和康复诊所中还可享受医疗康复援助,食宿费用亦由相关社会保障基金承担。

其次,就业援助和职业介绍服务。就业援助和职业介绍服务旨在帮助残疾人保持其现有工作而不被解雇或获得新的工作,主要内容包括工作建议、工作介绍、就业培训和工作变动、援助课程补习、职业训练、再培训以及为获得相应的学习课程所需要的认证,根据不同的残疾状况所需要的培训以及参加培训前需要采取的一切必要措施(如盲人学习所需要的盲文资料等),以及旨在使残疾人获得合适的工作或实现自雇等其他形式的就业和职业提升所需的援助。在残疾人就业服务中,其兴趣爱好、择业倾向和先前的工作经验、当前的劳动技能状况以及劳动力市场的整体状况等各种因素都会被考虑在内。在某些就业服务和援助中,职业服务机构还可以承担残疾人食宿的费用,这部分费用由失业保险等社会保障承担。如当某一残疾人的身体状况和残疾程度使他参加某种培训时不方便居住在其家庭内,或者当其所接受的康复措施要求他必须寄宿在康复或培训中心时,则可以享受免费的食宿待遇。

再次,残疾人社会参与服务。包括残疾人学前特殊教育、旨在培养残疾人人际交流能力的措施、提高残疾人在庇护机构独立生活能力的措施以及帮助他们参与社会活动和各种文化生活的措施和服务。通过这些服务和措施,使得残疾人能够与其他人一样获得适合其自身条件的教育,提高其在社会中的交往和活动能力,减少他们参与社会的障碍。

（二）残疾人福利津贴

德国残疾人福利津贴种类繁多，根据不同残疾人群体的不同残疾等级和不同残疾致因，分别由不同的社会保险基金负责，主要有疾病保险待遇、工伤保险待遇、战争伤残赔偿、一般伤残待遇和残疾人过渡津贴，这些津贴主要以现金为主，目的是要保证所有的残疾人在接受医疗援助时具有足够的经济来源以满足其生活开支。一般而言，劳动者伤病治疗期间的疾病保险待遇相当于其工作收入的 70％，自雇者的待遇则相当于其工作时保险费缴费基数的 70％。当治疗结束仍然不能恢复劳动能力而必须享受残疾人过渡性津贴的，则由养老保险基金负责发放给受保对象残疾人津贴，津贴数额相当于该受保障对象最后一个月工资收入净额的 68％，如果有需要抚养或赡养的人，这一津贴则达到其最后一月工资收入净额的 75％。一般情况下，残疾人在接受职业援助期间，也可以享受同等额度的过渡性津贴。参加了失业保险的劳动者，在疾病或伤残康复期间内，可以享受到失业保险基金或由联邦就业机构支付的过渡性津贴。对于之前没有参加过工作而第一次接受职业训练的年轻残疾人，如果有需要，他们同样会享受到一笔来自联邦就业机构的培训津贴。在残疾人接受康复或职业训练之后，能进入工作领域的，由就业援助机构进行劳动能力鉴定并为其介绍相关工作，如果仍然不能进入劳动领域，那么就按照不同的致残原因由养老保险机构或者工伤保险机构或者战争赔偿机构等不同的部门按月发放给他们伤残待遇。

除直接的货币津贴之外，德国残疾人还可以享受到诸多间接的津贴。重度残疾人可以申请领取残障金，以作为对由于残疾而导致的在社会中处于劣势地位的补偿，这种待遇通常是以特定的健康状况的存在为条件，主要包括税收优惠、免费的公共交通、减额的车辆使用税、特殊的停车设施，以及电视和广播许可费免除等。对于重度残疾人，他们可以在对他们最便利的战争赔偿办公室申请领取重度残疾人证，作为领取残疾人保障金的证明。不管何种原因致残的残疾人，都可以向其便利的战争赔偿办公室提出申请，收到申请后，战争赔偿办公室会进行取证以确定该申请者是否具有享受上述待遇的资格。对于有资格享受这些待遇的残疾人，战争赔偿办公室会在他们的残疾证上做出相应的登记，例如一个人的残疾人证上被标注了字母G，则表示他"在道路交通中有明显的行动限制"，可以享受免费乘坐公共交通的权利，或者减免车辆税。为了保障残疾人最大限度地独立和自主地安排自己的生活，需要照护的残疾人还可以申请定期的或一次性的津贴来代替上述各种非货币待遇，目的是保证残疾人能够安排并支付他们自身所需要的服务，并可以一次性地把这笔津贴支付给为残疾人提供各种服务的机构。由此看来,在享受残障金方面,德国法律实际上是给了残疾人自主预算的权利,他们可以根据自己的情况申请享受上述诸如免费的公共交通、车辆税减免等非货币待遇,也可以申请一次性津贴或定期津贴来替代上述待遇,以满足自身的实际需要。这样就兼顾了残疾人的多样化需求,而不是千篇一律地为所有残疾人都提供某项待遇却不管其需要与否。起初,对于那些实施这项预算权利的残疾人,需要由服务提供机构根据自己的判断确定个人预算申请是否合理,但从 2008 年 1 月起,这项个人预算申请成为了残疾人的法定权利。

(三) 其他保障

除上述内容之外,德国残疾人福利保障还包括法定社会保险保障范围之内的各种福利待遇,如工伤保险待遇,由工伤保险基金负责为工伤雇工或职业病患者提供医疗康复、职业支持和社会融合援助;区域战争赔偿办公室和地方战争赔偿办公室负责对受伤的军人或因战争遭受伤害的人提供医疗康复、职业康复、社会康复的资金支持。另外,在德国,还有视同重度残疾人的规定,即法律规定残疾程度在 50％ 以上的为重度残疾人,而残疾程度在 30％—50％ 之间的残疾人在特定的条件下(这种条件一般是指当一个残疾人不被作为重度残疾人对待时难以找到合适的工作或无法保持现在的工作),可以被视同为重度残疾人,享受除额外年假和免费交通之外的重度残疾人保障待遇。

在德国,任何一项社会保障基金都有可能对某一部分特定的残疾人康复或社会参与支持等负责,如医疗保险基金为被保障者提供医疗支持,包括地方健康保险基金、企业的健康保险基金、行业健康保险基金、海员保险基金、薪职人员的选择性法定基金、矿工联邦保险基金和农业工人健康保险基金等,都对他们各自被保障对象的医疗康复负责;养老保险计划,包括联邦保险联合会、地方保险联合会及矿工、铁路工人和海员行业保险协会,为其被保险人负责提供医疗康复和职业综合援助支持;工伤保险基金,包括雇主责任保险基金、海员的雇主责任保险基金、农业工人雇主责任保险基金及联邦、州政府和地方政府的工伤保险基金,负责为工伤雇员或职业病患者提供医疗、康复和社会融合支持。而对于没有可对应的保险基金为其负责的残疾人,则由残疾人综合办公室为他们提供额外的就业帮助,采取经济手段,促使雇主为这些残疾人提供就业岗位,同时,社会援助和青年福利机构也会在这部分残疾人的保障中发挥作用。除此之外,战争赔偿办公室还负责确定残疾程度和申请残障金所需要的健康状况确认、发放残疾人证书,并为防止残疾人遭解雇而向他们提供特殊的保护、就业援助等。残疾人可以依据《社会法案》、《联邦战争伤害津贴法》和《联邦社会救助法》中有关残疾人保障的规定,申请相应的待遇。

由此可见,德国残疾人保障是全面而多样的,它几乎存在于社会保障系统的任何一个子项目之中,保障内容涵盖了医疗康复、社会服务、就业支援和经济津贴等残疾人社会生活的方方面面。[①]

一直以来,德国残疾人社会保障一直是理论和实务界关注的对象,这是源于历史演进的开创性、形式内容的丰富性和管理方式的独特性。总的来说,德国对于残疾人的权益保障体现在:多层面高水平的福利待遇津贴、严密的就业保护政策与就业服务以及完善的社会服务。尤其是在对于残疾人的就业方面,德国实际上开创了按比例安排残疾人就业的先河,其影响波及欧洲各国和世界许多国家,因此常被称作德国模式。德国将雇用残疾人规定为法定义务,把残疾人劳动就业权作为基本权利入宪并且适用于国内的司法实践中。

第三节　香港地区的残疾人政策及援助体系

在香港,残疾人也称为残障人士,但更通常的称法则是"弱能人士",与残疾人有关的福利工作被称为"康复工作"。香港对于残疾人的定义是指发生了下列一项或对于一项以下的情况:(1)身体活动能力受限制;(2)视觉有困难;(3)听觉有困难;(4)言语能力有困难;(5)精神病;(6)自闭症。

一、香港地区残障群体概况

目前,香港社会福利署和统计处有关残障人士数据的最新的详细资料还在收集整理中。根据 2006 年社会福利署估计的数据,香港有除弱智人士以外的残障人士将近 26.95 万人(弱智人士没有准确的数字)。如果参考 2002 年估计的弱智人士数字,香港到 2006 年,已有残障人士近 35 万人,大概占到香港整体人口的 5%。2006 年的统计资料显示(不包括弱智人士),全港(弱智人士除外)残障人士中男性为 12.61 万人,占 47%,女性为 14.34 万人,占 53%。

社会福利署 2001 年通过调查估计,在香港的所有残障人士中,精神病患者的数字为 50 500 人,大约占总数的 13%;73 900 人为视觉受损者,大约

① 乔庆梅:《德国残疾人社会保障:内容、经验与启示》,《人文杂志》,2008 年第 6 期。

占总数的 19%;103 500 人为肢体残障人士,大约占总数的 26%左右;听觉受损者有 69 700 人,大约占总数的 18%;还有 3 000 人为自闭症患者,大约占总数的 1%。弱智人士如果按照上述 2000 年估计的数字,在 62 000 至 87 000 人之间,占总数的 16%—21%。

二、香港社会福利体系中残疾人的援助情况

(一) 直接经济援助

直接的经济援助包括通过开展综合社会保障援助(综援)计划和公共福利金计划等对残障人士提供资金方面的援助。综援计划类似内地的最低生活保障计划,是一种收入补助的方法,为那些经济上无法自给的人士(年老、残疾、失业、低收入)提供经济上的安全网,使他们的收入达到一定水平,以应付生活的基本需要。综援津贴包括标准金额、补助金和特别津贴三个部分。

1. 标准金额

对于 60 岁以上的长者,残疾程度达 50%,如果属于单身人士可每月发放 2 305 港元,属于有家庭成员的人士则每月发放 2 175 港元;残疾程度达 100%,如果属于单身人士可每月发放 2 795 港元,属于有家庭成员的人士每月发放 2 470 港元;对于需要经常护理,如果属于单身人士可每月发放 3 930 港元,属于有家庭成员的人士每月发放 3 605 港元。

对于 60 岁以下而健康欠佳或残疾的成人,健康欠佳或残疾程度达 50%,如果属于单身人士可每月发放 1 955 港元,属于有家庭成员的人士每月发放 1 770 港元;健康欠佳或残疾程度达 100%,如果属于单身人士可每月发放 2 440 港元,属于有家庭成员的人士每月发放 3 570 港元。

对于残疾儿童,且健康欠佳或残疾程度达 50%,如果属于孤儿,每月发放 2 600 港元,属于有家庭的儿童,每月发放 2 265 港元;健康欠佳或残疾程度达 100%,如果属于孤儿,每月发放 3 085 港元,属于有家庭的儿童,每月发放 2 760 港元;需要经常护理,如果是孤儿每月发放 4 215 港元,属于有家庭的儿童,每月发放 3 895 港元。

2. 补助金

(1) 长期个案补助金。凡是连续领取援助金达 12 个月以上,可按家庭中这类合住成员的人数发放每年一次的"长期个案补助金"。标准为,单身人士为 1 430 港元,有 2 到 4 名这类人士的家庭发放 2 865 港元,5 名这类人士的家庭发放 3 825 港元。

(2) 单亲补助金。单亲家庭可获得每月 225 港元的单亲补助金。

（3）社区生活补助金。经医生证明残疾程度达 100％或需要经常护理而非居住院舍的综援人士每月可获发放 100 港元社区生活补助金，以顾及严重残障人士在社区生活可能需要较多的费用。

3. 特别津贴

特别津贴包括租金、水费、照顾幼儿津贴、就学开支、殓葬费、住房及有关津贴、家庭津贴和医疗及康复津贴等 8 个项目。不同的受助群体，根据相关规定，可以获得上述特别津贴的部分或全部，残障人士是可以获得全部特别津贴的群体之一。

按照香港的规定，残疾程度未达 100％的残障人士，可以获得标准金额、长期个案补助金和全部特别津贴。残疾程度达到 100％的残障人士可以获得标准金额、长期个案补助金、社区生活补助金和全部特别津贴。

香港政府同时也考虑到现实中可能存在的另一种情况，即一部分残障人士无法满足领取综援金的条件，但仅靠自身的力量又无法保证正常生活。为了更好地体现社会公平，政府又设立了"公共福利金计划"。"公共福利金计划"是专门为未领取综援的而又需要政府在生活中以物质资源提高帮助的残障人士和高龄（65 岁以上）长者设立的项目，而已经领取综援金的残障人士则被排除在该计划的受惠者之外。"公共福利金计划"提供的津贴包括残疾津贴和高龄津贴，残疾津贴还分为"普通残疾津贴"和"高额残疾津贴"，分别发放给残疾程度不同的残障人士。领取"高额残疾津贴"的受惠者要经由卫生署署长和医院管理局行政总裁证实在日常生活中需要他人不断照顾，并且没有在政府或受政府资助的院舍（包括政府在合约院舍内的资助宿位及通过"改善买位计划"下购买的安老院宿舍）或医院管理局辖下的医疗机构接受住院照顾，或在教育统筹管辖下的特殊学校寄宿。残疾津贴的具体额度如下：

普通残疾津贴每月金额：1 125 港元。高额残疾津贴每月金额：2 250 港元。

下表是 2000 年、2004 年、2005 年"公共福利金计划"所惠及的残障人士的个案数及发送的金额总数。

表1　公共福利金计划所惠及的残障人士的个案数及发放的金额总数

	2000 年	2004 年	2005 年
个案数目（千宗）	96	110	112
发放款项（百万港元）	1 420	1 587	1 587

（二）间接经济援助

间接经济援助主要是通过一些针对残障人士的优惠政策来减少残障人士在生活中的诸种消费支出，使他们在不增加经济负担的前提下，提高生活质量。

1. 医疗支出

香港政府特别重视居民的健康问题。在医疗福利方面常年保持巨额支出。2005 年香港的医疗支出大约为 400 亿港元。香港居民在公立医院就医，通常只需要挂号费，而无须支付治疗费和药费。这在很大程度上减轻了包括残障人士在内的广大弱势群体在医疗方面的巨大经济压力。残障人士在生活中为维持自身的健康状况以及促进机体和精神功能的恢复，需要一系列的治疗、训练和其他一些服务，而香港政府的医疗福利使残障人士能够以微小的代价享受更多的医疗服务，从而有助于他们功能恢复和保持健康状况，减少了因为经济困难而无法接受治疗以至延误病情的情况发生。

2. 推动相关公共事业和设施的建设及发展

在香港的人行道上及地铁站内等行人拥挤的地方基本上都设有专门的便于盲人行走的盲道，借助盲道的指引，盲人可以更顺利地到达自己的目的地，同时也大大降低了盲人独自在外行走的危险。路边的红绿灯也特意安装了声响设备，通过“滴答”声提醒盲人行进或等候。在地铁站、大型的图书馆及购物中心也都设置了升降机和无障碍卫生设备等设施，方便残障人士使用。目前在香港所开通的 5 条地铁线路的 44 个车站中，每个车站都为使用轮椅的乘客提供斜路、升降机（包括楼梯升降机、公众升降机和站内升降机）轮椅辅助车及双向特阔闸门，每辆机车内还有专门设置的轮椅存放处。扶手电梯也装有发声设备，协助盲人乘客在月台上能够确定扶手电梯的位置，方便他们出行。

香港公共场所无障碍设施建设的突出例子是香港中央图书馆的设计。图书馆于 1996 年开始动工修建，于 2000 年初竣工。图书馆正门台阶的地上一层设有盲人引道，借助此引道，盲人读者可以方便地到达图书馆大厅内的咨询台。盲人或轮椅使用者可以使用专用的直升电梯到达图书馆内。在这部电梯内部，控制上下的指示按钮都有盲文字符，方便盲人使用；电梯上还安装了楼层显示器屏幕，方便聋哑患者使用。图书馆内的各个阅览室都设有专门为残障人士服务的借书、还书柜台，柜台边缘还设置了专门为使用拐杖的人士在借书、还书时放置拐杖的凹槽。虽然香港的大多数公共场所并没有达到中央图书馆这样无障碍设施如此齐全的程度，但是香港社会在很多地方都努力为残障人士着想,并且积极地付诸实践。

3. 对于一些费用的减免

在香港,残障人士常常能够享受到一些特别的费用减免许可。比如,去动、植物园等地参观都是免费的。香港政府还为想考驾照、买车的残障人士大开方便之门。残障人士只要在运输署申请登记后,经医生鉴定残疾和驾驶能力,如适合驾驶,运输署牌照部就会为他们签发一份豁免批准信,信的内容包括该人的汽车需要加装何种设备,并可豁免一些费用,如学习驾驶执照的费用等。诸如此类的费用减免情况在香港还有很多,这些费用减免的措施,使得残障人士能够在不加重自身负担的同时以较少的支出提高自己的生活质量。①

三、香港的残疾人康复服务政策与部门体系

在香港,残疾人工作更多地体现在为残疾人提供康复服务,以达到使残疾人能够在其伤残程度容许的范围内,充分发挥个人体能、智能及社群能力的目的。为保证这一目的能顺利达到,特制定了相关政策和法规,包括1995年6月发表的《康复政策及服务》白皮书,它全面列出了关于香港康复服务未来发展的政策;1996年12月实施的《残疾歧视条例》,旨在为残疾人士提供法律依据,协助他们争取平等机会及解决他们遭受歧视和骚扰的问题。

(一)政策制定及各项服务的协调部门

康复专员:制定各项康复服务政策,并统筹所有政府部门及非政府团体在这方面的策划及执行事宜。康复专员须向卫生福利局局长负责。

康复咨询委员会:是卫生福利局的咨询机构,当局就一切重要的康复问题向该会咨询。分有四个小组委员会,均由非官方人士出任主席,分别处理通道、康乐、交通、教育、人事、就业、康复服务和公众教育等问题。

香港康复联会:协调非政府团体提供的康复服务,政府负担大部分经费。如1998至1999年度政府关于康复服务的开支约12 315亿元,其中59%是用以资助各非政府团体提供的各种医疗、教育和福利服务。仅是发给残疾人士的综合社会保障援助就达3 615亿元,伤残津贴达1 215亿元。

---

① 刘祖云:《弱势群体的社会支持——香港模式及其对内地的启示》,北京:社会科学文献出版社,2011年版。

（二）医疗康复服务

在香港，对于残疾人首先进行的是医疗康复服务，这方面的服务主要由下述机构共同完成：（1）康复院：是通过多个专科的合作，专为医疗康复而设的医院机构，如麦理浩康复院、戴麟趾夫人康复院等。（2）综合性医院：提供专科医疗康复计划给有需要的病人（如胸肺病康复、中风后康复），这种情况更为普遍，但需要社康护理和家居职业治疗等外展服务的配合和辅助。（3）医院联网：由医院管理局属下的公立医院所组成，以推动社区康复护理的发展。（4）病人资源中心：设在公立医院，约 30 个，为病人、病者家人及市民提供教育、辅导及支援，特别是为长期患病者提供护理。（5）社区复康网络中心：由香港复康会开办，以提高器官残疾人和其家人的生活质量。

上述各类机构紧密合作、互相支援，为残疾人提供良好的医疗康复。如为精神病患者提供的康复服务，有精神科医院（10 间，床位 4 966 张）、日间医院、专科门诊、社区小组（13 个）以及社康护理服务，以改善临床及康复护理的连贯性，还有医院提供的职业治疗，使患者更易融入社会；如为弱智人士提供的康复服务，除了医院（床位 800 张），还有紧急临时收容服务机构，共同为严重弱智人士提供较长期或临时护理服务，医管局亦提供外展医疗服务。

（三）社康服务

内容有辅导训练、交通安排、编配房屋、训练、日间护理、住院照顾、康复、体育活动和发给福利补助金等。

（1）辅导：家长资源中心、残疾成人服务中央转介系统、弱智人士家居训练服务等。（2）交通：遇有需要时，当局会以免费或资助形式提供特殊的交通安排；对残疾的驾车人士减费用的优待；复康巴士（固定巴士路线、电话预约服务）。（3）通道：根据《建筑物条例》而编订的《设计手册：畅通无阻的通道》，硬性规定建筑商须在新建的建筑物内设置供残疾人士使用的通道。（4）房屋：假如残疾人士的住所可能对其本身或家庭成员产生不良影响，他们可要求房屋委员会分配公共房屋。（5）住院：为需要住院服务的残疾人士提供病床、中途宿舍和长期护理院等。（6）补贴：普通伤残津贴 1 260 元/月，约 63 509 人；高额伤残津贴 2 520 元/月，约 13 542 人；综合社会保障援助，设有不固定的标准金额，以应付不同类别受助人的需要，还设有多项特别津贴以满足特别需要，凡领取此援助的人士，均不会再获任何伤残津贴。

（四）职业康复

有关残疾人的职业康复主要由以下机构提供：

（1）残疾人士技能训练中心：有 5 间，均为政府资助。为各类残疾人士的就业和就读需要提供辅助服务，目前可收 1 001 位学生（寄宿 438 位），到1999—2000 年度，增至 1 217 位学生（寄宿 468 位）。

（2）职业训练局：通过以下两方面提供辅助服务。一是职业评估组：负责评估个别残疾人士的学习倾向、潜质和能力，以便为他们拟定职业训练计划。二是辅助器材及资源中心：根据残疾人士在工作上和训练上的需要，负责改装和设计辅助器材。

（3）雇员再培训局：残疾人士及工作意外受害者既可参加为他们举办的特定课程，也可报读所有为健全人士而设的再培训课程。

（4）劳工处展能就业科：负责为残疾人士安排公开就业。如 1997 年有3 100 名残疾人士到该科登记，其中的 1 476 人得到工作安排。

（5）庇护工场：由社会福利署和非政府团体管理，有 50 间（1997—1998年度），可提供 6 215 个名额和 1 010 个辅助就业名额。

（6）展能中心：由社会福利署和非政府团体管理，为弱智（中、重度）人服务的有 65 间，3 426 个名额，为精神病人服务的有 4 间，180 个名额。

（五）特殊教育和训练

政府的方针是尽可能安排残疾儿童在学校和幼稚园与体格健全的学生一起生活。此外，还提供以下服务：

（1）早期教育及训练中心：主要为 2 岁以下的残疾儿童提供早期训练课程，政府资助 1 435 个名额。（2）普通幼儿中心：以容纳轻度残疾的 2 岁至 6 岁的儿童。（3）特殊幼儿中心：收容中度及严重残疾的 2 岁至 6 岁儿童。（4）普通学校：对弱智程度不严重的儿童可安排在普通班级就读，再加以各种辅助教学服务（如辅导教学服务中心，巡回辅导教师）；有些还为有弱视、弱听及学习困难的儿童专门设置了特殊教育班。

第四节　美国、德国及香港地区残疾人权益保障立法的相关启示

一、理念观念层面的转变

残疾人社会保障根本目标、基本原则及制度安排更新和完善的基础与前提，是需要学术界、政治界以及各类社会组织在理念上形成共鸣、达成共识。当联合国国际发展战略从最初以经济增长的实现作为发展标志，转变

到促进人的发展才是发展的最终目标之后，联合国《关于残疾人的世界行动纲领》随之产生，该纲领强调指出：社会对残疾人的态度可能是残疾人取得平等权益的最大障碍，而不是他们的残疾。近现代以来，西方福利制度在总体上是从弥补市场缺陷逐渐向公平靠拢，残疾人保障也逐步从救济式的"医疗模式"到消除排斥、平等共享的"社会模式"转变。社会模式主张残疾人在就业、教育、接受公共服务和选择生活方式等各个领域、各个层面，获得均等的机会、享有平等的权利。"对残疾人的排斥和隔离并非残疾本身所致，而更多的是由社会做出排斥残疾人的决定所造成的。"①该理念促成了《美国残疾人法案》的通过和诞生，开启了认识残疾人问题的崭新视角，开创了残疾人无障碍的全新时代。

在残疾人权利保障理念及其相应的立法之中，各国都经历了对残疾人实行慈善救济、医疗康复到权利主体的历史变迁。只有在先进的理念观念引导下所建构的残疾人政策法规体系才能真正全面保障残疾人的权益，才能为残疾人融入社会主流生活消除障碍，实现残疾人全面康复与自身价值的实现。

相比较而言，我国残疾人保障模式很大程度上仍停留在"医疗模式"，政府更多地把对残疾人的保障视为"爱心"而非责任，社会对残疾人救助更多的是出于同情、积善而非尊重、平等。从对于残疾人的称谓就可看出时代观念的变更，从过去称之为"残废"到"残疾"再到"残障"，体现了对于残疾人的态度；对于残疾人应负责任的认同，也逐渐从个人责任论转向社会责任论。一般而言，社会责任论认为残疾不再仅仅是个人或家庭应当承担的责任，而是社会进步的代价，是社会应该担负的责任。残疾人在生活中的障碍也应当从整个社会所提供的社会环境入手来看待，如果社会环境是接纳和包容的无障碍环境，那么对于残疾人权益的实现也是更为有利的。总之，改变对残疾人的传统态度，既是我国残疾人社会保障法制建设的前提，也是残疾人事业发展的基本要求。

二、实践层面的具体实施思路

（一）在政府主导中动员各方力量

在近现代西方残疾人社会保障的早期阶段，政府基本上处于主导地位。之后，受经济危机和政府失灵现象的影响，西方社会出现了福利多元主义的

---

① 陈新民主编：《残疾人权益保障——国际立法与实践》，北京：华夏出版社，2003 年版，第 2 页。

主张,即强调公共部门、营利组织、非营利组织、家庭与社区共同提供福利服务。因而在实践中,西方现代残疾人社会保障出现社会化趋向,尽管其资源一般仍来源于政府,但专业性的社区服务机构与社会工作人员越来越多地成为实施主体,而不是由政府直接来承担。

福利多元主义主张政府不再是唯一的福利提供者,强调政府角色逐渐转变为福利服务的规范者、购买者、仲裁者以及促进者,但事实上并不意味着政府责任变小、投入变少,政府还是残疾人保障经费投入的主渠道及保障事务的主要提供者,只是在整个保障体系中的相对权重有所改变,运作方式有所转变。残疾人问题是个社会公平公正的问题,不可能完全交由重效率的竞争市场去解决,政府通过依法行政和调控手段进行干预是建立完善的残疾人社会保障制度的基础。德国被誉为仅次于瑞典的"福利国家",政府对残疾人的保障全面而具体;美国残疾人社会保障制度属于所谓的自保公助型,然而政府对残疾人群体高度关注,给予持续稳定的资金支持;日本被认为是国际上对残疾人实行扶助型的国家;台湾地区残疾人福利保障涉及日常生活方方面面,始终对残疾人实施全方位的服务;香港非政府社会福利机构经费的 80% 来源于政府资助。从社会分配机制上说,社会资源初次分配是通过市场配置,二次分配是通过政府来平衡以实现基本公平,三次分配是通过社会开展公益事业帮助弱势群体在更广泛的程度上实现公平,这三种分配实质上体现了市场、政府与非政府组织在残疾人社会保障中的互动和配合作用。

当代西方各国和我国港台地区都大力扶持、鼓励民间救助机构与政府相对分工、通力协作,充分挖掘和发挥其专业程度高、服务质量好和应变能力强的独特优势,数量众多、分工明确的非政府机构已担当了残疾人社会保障的重要角色。西方各国和港台地区对残疾人组织在立法上都相应予以规范,众多的残疾人组织分别代表不同类别残疾人的利益,在各个不同层面发挥着各自的独特作用。联合国在其有关文件中确认了残疾人组织的关键作用,并要求各国在资金及其他方面予以支持、鼓励。随着近年来,"结社革命"正在全球范围展开,残疾人非政府组织越来越凸显其不可或缺的重要地位。受历史阶段的制约和传统观念的影响,长期以来我国残疾人保障其实以家庭和个人为基础,政府一直承担着最后防线的作用。因照顾家中的残疾人给家庭带来的经济和精神上的沉重负担,也有违社会公正,因此必须进一步强化政府的主导作用、明确政府的具体责任、加大政府的资金投入,同时应借鉴日本和港台的做法,强调家庭服务以及包括小区、福利机构在内的社会照顾,既弘扬了传统伦理道德文化,又避免完全由家庭收养所造成的社会隔阂。我国目前民办残疾人服务机构和残疾人非政府组织数量很少、规模很小,作用十分有限,运作也不规范,需政府既减少限制又规范管理,通过政策引导、资金支持和购买服务等具体扶助措施,促进其加快发展。建立政府、社会、家庭共同负责及多形式、多渠道、多层次的残疾人社会保障体系已经成为我国的客观要求,也是残疾人事业进一步发展的必由之路。

(二)建立补偿性与发展性相结合的保障制度

发达国家及港台地区在制定有关残疾人法律制度和政策措施时,不再将目标仅仅局限于补偿与救助,而是把消极被动的补偿性社会保障与积极主动的发展性社会保障相结合,把保障残疾人生存权与发展权相结合。前者主要针对残疾人的救助、补贴及优惠等基本生活方面,后者主要针对残疾人就业、教育和康复等促进社会、参与机会的能力方面。保障思想的变化与保障模式的变迁,不仅可以直接提升人力资源、提高社会效益,还会促进残疾人从接受基于同情和怜悯的恩惠性救济向创造社会财富和展示自身价值发展的历史性跨越。

劳动就业是人们维持生计的基本手段,也是个人发挥才能的前提条件。1989 年 8 月,联合国专家会议提出《关于开发残疾人资源的塔林行为纲领》,把安置残疾人劳动就业提高到开发人力资源和潜能的高度,标志着国际社会在残疾人就业观念上的重大变化。发达国家、港台地区都通过立法采取按比例就业和庇护工厂集中就业,设置保护性岗位和购买公益性岗位,还通过培训提升技能、通过奖罚促进安排就业等具体措施,从人道主义、人权保障的价值尺度向人力资源开发、自我实现的现实角度方面丰富和发展。[①] 同样表现在残疾人教育方面,大量设立特殊学校、特殊班级和全纳学校等实施机构,采取个别化的教育方式和针对性的课程体系,大力推进融合教育和高等教育,同时提升教育质量、实施"生涯转衔",把接受平等教育作为残疾人能否充分发挥个人潜能、充分参与社会生活的前提,把提供最少限制环境中的教育服务作为残疾人保障的重要标志之一。康复是残疾人保障最早开展的项目之一,也是残疾人工作永恒的主题。联合国《残疾人机会均等标准规则》在规则三中明确指出,各国应确保向残疾人提供康复服务,以使他们达到最佳的独立和功能水平。社会保障机制为残疾人所提供的法律保障的核心是康复,康复的意义在于"防止淘汰、避免歧视以及适应社会"。

---

① 参见齐延平主编:《社会弱势群体的权利保护》,济南:山东人民出版社,2006 年版,第 369 页。

康复是美国残疾人社会保障制度的主要内容之一,具有较完善的康复医疗服务和残疾人专用的康复设施;德国被认为是残疾人福利康复型的代表;日本补贴残疾人康复疗养费用的90%,对家庭困难者由政府全部承担;港台地区大量投入康复设施建设,大力支持康复机构运转,对医疗康复、职业康复等给予重点补助。特别值得注意的是,开展残疾预防比事后的康复治疗付出的代价要小得多,对于减少出现缺陷和残疾极为重要,这已愈来愈达成共识,成为残疾人保障的积极举措和主攻方向。相比而言,我国残疾人基本生存权保障方面优惠政策少、补助标准低,覆盖面十分有限,发展权方面差距更大。《残疾人教育条例》缺少具体的量化规定,未能得到有效执行;《残疾人就业条例》操作性欠缺,奖罚措施难以到位;《残疾预防及康复条例》至今迟迟未能出台,留下法律空白。在就业、教育和康复等残疾人的能动性保障方面,机构少,投入少,受益面窄,执行力差,要实现残疾人障而无碍、残而不废、自力更生、自尊自强,我国还有很多的事要做,还有很长的路要走。

实践篇

第六章　我国残疾人权益保障的专门法

第一节　《中华人民共和国残疾人保障法》
的制定与修订

作为我国残疾人权益法律保护体系的核心,早在 1990 年 12 月就由全国人大常委会通过了的新中国历史上第一部《中华人民共和国残疾人保障法》,以"平等"、"参与"和"共享"为宗旨,长期以来担负着维护残疾人合法权益的重要使命。是构建社会主义和谐社会的一部重要法律。其一方面规定残疾人享有与其他公民平等的权利,并保护其不受侵害;另一方面规定采取辅助方法和扶持措施,发展残疾人事业,促进残疾人在事实上平等参与社会生活,共享社会物质文化成果。

一、修订法规的必要性

这部法规的颁布,标志着我国残疾人事业发展步入法制化轨道。国家将残疾人事业纳入国民经济和社会发展大局,依法推动残疾人事业发展壮大,不断健全残疾人工作机制,大力倡导扶残助残的社会风尚,逐步形成残疾人参与、融入社会的和谐环境,广大残疾人状况得到了实实在在的改善,对促进残疾人事业发展和保障残疾人的合法权益发挥了重要作用。

然而,距离这部法规正式实施之时已经过去了十七年,这十七年正值我国经济社会转型和改革开放的关键时期,社会主义市场经济逐步形成,综合国力显著增强,人民生活实现了由温饱到总体上小康的历史性跨越。这既为残疾人事业发展提供了难得的机遇,也为残疾人事业发展和残疾人权益保障带来了新的挑战。在残疾人权益保障方面出现的一些新情况、新问题,需要从制度上进一步规范。第二次全国残疾人抽样调查显示,残疾人在康复、教育、就业和参与社会生活等方面还面临许多困难和障碍,例如:残疾人的基本康复需求尚难以得到保障;残疾人教育机构数量严重不足,残疾儿童、少年义务教育入学率低,而残疾人文盲率较高,残疾人就业难的情况普遍;一人致残全家致贫的现象比较普遍,残疾人在出行和进行社会交流活动时存在很多障碍等。总之,残疾人的生活状况与社会平均水平相比还有较大差距,实现残疾人全面进入小康社会的任务艰巨。因此,及时修订《残疾人保障法》,使之与我国经济社会发展水平和趋势相适应,具有十分重要的意义。

保障残疾人权益是发展残疾人事业的出发点和落脚点,残疾人事业的全面发展是残疾人权益保障的力量和源泉。《残疾人保障法》的修改始终以发展残疾人事业和保障残疾人权益为根本任务,立足于中国实际,积极吸收国际、国内的先进立法经验,集思广益,开门立法,努力成为新世纪残疾人立法的典范。

2008 年 4 月 24 日,十一届全国人大常委会第二次会议审议通过了新修订的《中华人民共和国残疾人保障法》。新修订的《残疾人保障法》落实以人为本的科学发展观,秉承构建社会主义和谐社会的理念,通过大力发展残疾人事业,切实保障残疾人康复、教育、就业、文化生活和社会保障等基本权利。这是我国改革开放三十年来,特别是《残疾人保障法》颁布实施十七年来,残疾人事业发展的最新成果,是我国残疾人权益保障工作的最新经验总结,是国家和社会尊重、关心和爱护残疾人的生动体现。

二、新法规中的新亮点与修法背景

对《残疾人保障法》的全面修订,是惠及全国八千多万残疾人的一件大事,对于发展我国残疾人事业、保障残疾人平等且充分地参与社会生活和保障残疾人的合法权益,具有重要意义。这次修订残疾人保障法,着力强化了残疾人权益的各项保障措施。新修订的残疾人保障法充分体现了《宪法》尊重和保障人权的基本原则,高举人道主义旗帜,确立并通过多种途径保障残疾人的权利主体地位,不断延伸残疾人的权利范畴,全面保障残疾人的康复权、教育权、劳动权、文化生活权和社会保障权,充分尊重残疾人的知情权、参与权和决策权,涤清对残疾人的错误观念和认识,严厉禁止各种基于残疾的歧视和侮辱以及侵害残疾人权益的丑陋行为,坚决捍卫残疾人的人格尊严,这标志着我国残疾人权益保障进入一个新起点,必将惠及我国 8 300 万残疾人和广大残疾人亲属,进一步彰显我国残疾人人权保障的良好形象。

新修订的《残疾人保障法》不仅是残疾人事业发展的新动力,更是残疾人权利的宣言书。促进残疾人事业全面发展和实现残疾人权益保障任重而道远,不仅需要残疾人的自尊、自立、自强,还需要国家的政策扶持和多方面投入,更需要全社会的共同努力。当今中国,社会走向和谐,国民更加文明,人道主义思想日益深入人心。新修订的残疾人保障法的实施必将开创残疾

残疾人政策法规理论与实践

人权益保障的新局面,书写残疾人事业发展的新篇章,让残疾人在平等、公平的无障碍环境中为建设社会主义和谐社会贡献自己的智慧和力量。

(一)政治权利:制定有关法律和政策要听取残疾人意见

修法背景:目前,我国共有 8 296 万残疾人。对这一特殊群体来说,政治权利的充分保障是实现其他各项权益的基础。

新法规定:国家采取措施,保障残疾人依照法律规定,通过各种途径和形式,管理国家事务、管理经济和文化事业、管理社会事务。

制定法律、法规、规章和公共政策,对涉及残疾人权益的重大问题,应当听取残疾人和残疾人组织的意见。

(二)康复权利:优先开展残疾儿童抢救性治疗和康复

修法背景:康复是残疾人改善自身状况的基础。经过不断努力,1988年至 2006 年,我国共有 1 300 多万残疾人获得不同程度的康复。但我国为残疾人提供的康复服务与需求之间还存在着巨大差距,曾接受过医疗服务与救助、康复训练与服务、辅助器具配备服务的残疾人比例分别为35.61％、8.45％和 7.31％,而对这三项有需求的比例分别达到 72.78％、27.69％和38.56％。其中主要原因在于,国家对康复服务投入不足,残疾人康复经费主要依靠家庭。因支付不起治疗和康复费用,每年都有大量的残疾儿童被家庭遗弃。

新法规定:各级政府和有关部门应当采取措施,为残疾人康复创造条件,建立和完善残疾人康复服务体系,并分阶段实施重点康复项目,增强残疾人参与社会生活的能力。

康复工作应当从实际出发,以实用、易行、受益广的康复内容为重点,优先开展残疾儿童抢救性治疗和康复。

(三)教育权利:给予寄宿生活费等费用补助

修法背景:目前,我国 15 岁及以上残疾人文盲有 3 591 万人,文盲率为43.29％。在 6 至 14 岁的 246 万学龄残疾儿童中,正在接受义务教育的只有 63.19％,大大低于 96.3％的全国儿童接受义务教育的总体比例。

新法规定:各级政府对接受义务教育的残疾学生和贫困残疾人家庭的学生提供免费教科书,并给予寄宿生活费等费用补助,对接受义务教育以外其他教育的残疾学生和贫困残疾人家庭的学生给予资助。

（四）就业权利：实行按比例安排残疾人就业制度

修法背景：2007年2月，国务院制定《残疾人就业条例》，其中规定："用人单位安排残疾人就业的比例不得低于本单位在职职工总数的1.5％。具体比例由各省、自治区、直辖市人民政府根据本地区的实际情况规定。""用人单位安排残疾人就业达不到其所在地省、自治区、直辖市人民政府规定比例的，应当缴纳残疾人就业保障金。"

尽管经过努力，我国目前已有297万城镇残疾人实现就业，但残疾人就业形势依旧严峻，在就业年龄段残疾人口中，城镇和农村在业比例分别只有38.7％和59％。

新法规定：国家实行按比例安排残疾人就业制度。国家机关、社会团体、企业事业单位、民办非企业单位应当按照规定的比例安排残疾人就业，并为其选择适当的工种和岗位。达不到规定比例的，按照国家有关规定履行保障残疾人就业的义务。

国家对安排残疾人就业达到、超过规定比例，或者集中安排残疾人就业的用人单位和个体经营的残疾人，依法给予税收优惠，并在生产、经营、技术、资金、物资和场地等方面给予扶持。国家对从事个体经营的残疾人，免除行政事业性收费。

（五）文化权利：设立盲人有声读物图书室

修法背景：我国共有盲人1 233万，超过世界盲人总数的四分之一。通过在各级公共图书馆设立盲文及盲人有声读物图书馆，是满足如此庞大的盲人群体的文化需求，提高其综合素质的有效渠道之一。

新法规定：在公共图书馆根据盲人的实际需要，设立盲文读物和盲人有声读物图书室。

（六）社会保障权利：无劳动能力者政府供养

修法背景：2006年，全国共有594万残疾人享受城市和农村最低生活保障。但残疾人作为最困难的群体，生活状况大大低于社会平均水平，近年来这种差距还有继续拉大的趋势。全国有残疾人的家庭2005年人均收入城镇为4 864元，农村为2 260元，而当年全国人均收入水平城镇为11 321元，农村为4 631元，残疾人家庭人均收入不足全国平均水平的一半。12.95％的农村残疾人家庭年人均收入低于国家规定的683元贫困线。"一人致残、全家致贫"的现象普遍存在，残疾人的生存问题远未得到解决。

新法规定：对生活确有困难的残疾人，按照国家有关规定给予社会保险补贴。县级以上地方政府对享受最低生活保障待遇后,仍有特别困难的残疾人家庭,应当采取其他措施,保障其基本生活。

对生活不能自理的残疾人,地方各级政府应当根据情况给予护理补贴。

地方各级政府对无劳动能力、无扶养人或者扶养人不具有扶养能力、无生活来源的残疾人,按照规定予以供养。

(七)无障碍权利:公共交通工具逐步达到无障碍要求

修法背景:无障碍环境,是残疾人走出家门、参与社会生活的基本条件,也是方便老年人的重要措施。无障碍环境不仅包括交通等物质环境,还包括信息和交流的无障碍。未修订的《残疾人保障法》只在第四十六条规定"国家和社会逐步实行方便残疾人的城市道路和建筑物设计规范,采取无障碍措施",未包括信息交流无障碍内容,对物质环境无障碍的规定也不全面,且只是倡导性的规定。

由于无障碍立法滞后,我国的无障碍建设只能靠政策来推动,大部分城市的道路、公共建筑、居住小区和公共交通未进行无障碍改造,新建的设施还存在不规范、不符合无障碍规范要求的问题,已建无障碍设施管理急待加强。信息交流无障碍工作较为薄弱,电信与网络没有充分考虑残疾人的需求,电影、电视节目没有普遍加配字幕,盲人、聋人不能及时获得有效信息,不能参加中考、高考和诸多的职业(执业)资格考试。全国 18 岁及以上残疾人口中,社会参与有中度以上障碍的比例高达 49.8%。

新法规定:新建、改建和扩建建筑物等设施,应当符合国家有关无障碍设施工程建设标准。国家举办的各类升学考试、职业资格考试和任职考试,有盲人参加的,应当为盲人提供盲文试卷、电子试卷或者由专门的工作人员予以协助。公共服务机构和公共场所应当为残疾人提供语音和文字提示等信息交流服务,公共交通工具应当逐步达到无障碍设施的要求。

三、修订后《残疾人保障法》的主要制度

新修订的《残疾人保障法》适应经济社会发展大局,进一步明确政府在残疾人事业发展中的主导地位,厘清部门职责,预防残疾发生,完善残疾人康复体系,推动残疾人教育均衡发展,多渠道安排残疾人就业,繁荣残疾人文化生活,强化对残疾人的社会保障,建设无障碍环境,鼓励社会参与,标志着我国残疾人事业发展步入一个新阶段,必将为残疾人事业发展提供坚实的法律保障。《残疾人保障法》比较全面地修订完善了有关残疾人的各项保障制度,概括起来主要有以下几个方面:

（一）关于宪法权利和禁止歧视原则

我国宪法关于"中华人民共和国公民在法律面前一律平等"的规定，明确了公民不分民族、种族、性别、宗教信仰、教育程度和财产状况等，一律平等地享有宪法和法律所赋予的权利和义务，为了贯彻这一宪法原则，保障残疾人平等地充分参与社会生活，残疾人保障法在总则中作出以下规定：(1)残疾人在政治、经济、文化、社会和家庭生活等方面享有同其他公民平等的权利；(2)残疾人的公民权利和人格尊严受法律保护；(3)禁止基于残疾的歧视，禁止歧视、侮辱、侵害残疾人，禁止通过大众传播媒介或者其他方式贬低损害残疾人人格，同时，在分则中对残疾人参与社会管理、康复、教育、就业、文化生活以及社会保障等基本权利作出较为具体的规定。

禁止歧视原则是这次修订强化的一项重要原则。原法规定，禁止歧视、侮辱、侵害残疾人，在人大审议期间，根据一些委员建议，将上述规定修改为"禁止基于残疾的歧视，禁止侮辱、侵害残疾人"，主要理由是我国政府已签署的《残疾人权利公约》中明确规定："缔约国应当禁止基于残疾的歧视，保证残疾人获得平等和有效的法律保护，使其不受基于任何原因的歧视。"公约中关于禁止歧视的表述内涵更加丰富，不局限于对残疾人人格的歧视，而是涵盖一切形式的歧视，例如教育、就业方面的歧视以及拒绝为残疾人提供各种便利等，还包括对残疾人亲属的歧视等，这样规定也符合我国对残疾人保护的宗旨。修订后，禁止歧视原则内涵的拓展说明国家加大对残疾人各项权利的保障力度。

（二）六项基本权利保障

1. 参与社会事务管理权利

参与社会事务管理是残疾人的一项重要民主权利。我国残疾人自立、自信、自强，积极参与各项社会活动，并在社会活动中取得了优异成绩。因此，这次的修订重点补充了国家采取措施，保障残疾人参与社会事务管理。《残疾人保障法》第6条规定，国家采取措施，保障残疾人依照法律规定，通过各种途径和形式，管理国家事务，管理经济和文化事业，管理社会事务，制定法律、法规、规章和公共政策。对涉及残疾人权益和残疾人事业的重大问题，应当听取残疾人组织的意见，残疾人和残疾人组织有权向各级国家机关提出残疾人权益保障及残疾人事业发展等方面的意见和建议。

2. 康复服务权利

康复服务是帮助残疾人恢复功能的重要环节。目前，适应我国国情的残疾人康复工作模式已基本形成，全国已建成各级各类残疾人康复训练服务机构 2 万多个,累计 20.5 万个社区建设了社区康复站。但是,目前为残疾人提供的康复服务和残疾人的实际需求之间还存在很大差距。8 300 多万残疾人中需要康复服务的占 60% 左右,即有 5 000 多万残疾人有康复服务的需求。因此这次修改,重点补充了以下内容:明确了国家保障残疾人享有康复服务的权利;规定各级人民政府和有关部门应当采取措施,为残疾人康复创造条件,建立和完善残疾人康复服务体系,并分阶段实施重点康复项目;各级人民政府鼓励和扶持社会力量兴办残疾人康复机构;强调建立以社区康复为基础、康复机构为骨干和残疾人家庭为依托的康复服务体系。

3. 平等接受教育权利

在残疾人接受教育方面,据中残联统计,我国 15 岁以上人口的总体文盲率为 6.72%,15 岁及以上残疾人文盲有 3 591 万人,文盲率为 43.29%;在 6 岁至 14 岁的 246 万学龄残疾儿童中,只有 63.19% 正在接受义务教育;特教学校 1 662 所,在校生 56 万人,残疾人进入高等院校 5 年累计录取人数仅为 1.6 万人,可以看出,残疾人的教育水平还远落后于其他人。为了加强和保障残疾人的教育,在《残疾人保障法》教育一章中增加了以下内容:(1) 明确政府责任,强调各级人民政府将残疾人教育作为国家教育事业的组成部分,统一规划,为残疾人接受教育创造条件;(2) 帮助其完成义务教育,规定政府、社会、学校应当采取有效措施,解决残疾儿童、少年就学存在的实际困难,帮助其完成义务教育,各级人民政府对接受义务教育的残疾学生、贫困残疾人家庭的学生提供免费教科书,并给予寄宿生活费等费用补助;(3) 资助残疾学生,对接受义务教育以外其他教育的残疾学生、贫困残疾人家庭的学生,按照国家规定给予资助;(4) 合理设置残疾人教育机构,特别增加规定,县级以上人民政府应当根据残疾人的数量、分布状况和残疾类别等因素,合理设置残疾人教育机构;(5) 改善教育环境,规定提供特殊教育的机构应当具备适合残疾人学习、康复、生活特点的场所和设施。

4. 劳动权利

我国有各类残疾人 8 296 多万,占全国总人口的比重为 6.34%,涉及全国 7 050 万个家庭、2.6 亿人口。残疾人口中,处于就业年龄段的残疾人约有 3 400 多万,其中有近 1 000 万城乡残疾人达到就业年龄,有就业能力尚未实现就业,每年新增残疾人劳动力 30 万人以上。残疾人受其残疾的影响,在劳动力市场竞争中处于相对劣势的地位,其对就业援助的需求也最为强烈和迫切。

《中华人民共和国残疾人保障法》,以"平等、参与、共享"为宗旨,明确规定了残疾人的劳动就业权利,提出了实行"集中与分散相结合"的方针,要求采取优惠政策和扶持保护等援助措施,通过多渠道、多层次、多形式,使残疾人劳动就业逐步普及、稳定、合理。《残疾人保障法》肯定了长期以来我国在残疾人就业方面实行的"集中与分散相结合"的方针和采取优惠政策和扶持保护措施的做法,在原法的基础上,对促进残疾人集中就业、按比例就业以及自主择业、创业的各项优惠制度作了重要补充,目前国家对促进残疾人就业的主要措施有以下方面:

（1）关于残疾人集中就业

税收优惠是促进残疾人集中就业的主要措施,《残疾人保障法》在第36条作出明确规定,促进残疾人集中就业的税收优惠政策分为两个方面:一是促进残疾人个人就业的税收优惠政策;二是鼓励企业安置残疾人就业的税收优惠政策。

关于残疾人个人就业的税收优惠政策,主要有以下规定:一是对残疾人个人为社会提供的劳务免征营业税;二是对残疾人个人提供的加工、修理修配劳务免征增值税;三是对残疾人个人取得的工资薪金所得、个体工商户的生产经营所得、对企事业单位的承包经营承租经营所得、劳务报酬所得、稿酬所得及特许权使用费所得,可以按照省（不含计划单列市）人民政府规定的减征幅度和期限减征个人所得税。

鼓励企业安置残疾人就业最新的税收优惠措施是财政部、国家税务总局《关于促进残疾人就业税收优惠政策的通知》（财税字［2007］92号）,通知自2007年7月1日起施行,在全国范围内对促进残疾人就业税收政策进行统一调整,调整后的政策主要体现在三个方面:一是扩大了可享受税收优惠政策的企业范围。为了给各类企业创造公平竞争的税收环境,鼓励更多的企业吸纳残疾人就业,政策调整后享受税收优惠的安置残疾人就业企业,由现行的民政部门、街道和乡镇政府举办的国有、集体所有制福利企业,扩大到由社会各类投资主体设立的各类所有制企业。二是扩大了鼓励安置就业的残疾人范围。为使具有劳动能力的各类残疾人享有同样的就业机会,调整后的政策将现行政策规定的四类（盲、聋、哑、肢体残疾）人员扩大到六类人员,新增加了智力残疾人和精神残疾人两类人员。三是优化了鼓励残疾人就业的税收优惠方式,为堵塞现行民政福利企业税收政策存在的漏洞,便于税务部门加强征收管理,调整后的政策对享受税收优惠的企业安置残疾人员实行最低比例和绝对人数限制,具体安置比例为25％以上,且安置人数不少于10人,对达到上述安置比例的单位,在增值税和营业税方面,实行按企业实际安置残疾人员的人数限额退（减）税的办法。《残疾人保障法》对残疾人集中就业的措施除税收减免之外,还包括确定某些产品专产、政府采购以及技术、资金和场地等方面的内容。关于政府采购优先权：由于政府采购对产品和服务等方面的需求具有长期稳定性，需求多样性以及鲜明的政府色彩的特点，进入政府采购市场有助于企业稳定发展，为了扶持和稳定发展残疾人集中就业，我国的《残疾人保障法》、《残疾人就业条例》等法律法规都将"在同等条件下，优先购买残疾人福利性单位的产品或者服务"作为扶持残疾人就业的一项重要内容。

（2）关于残疾人按比例就业

按比例就业是指国家机关、社会团体、企业事业单位及民办非企业单位按照单位职工总数的一定比例为残疾人预留就业岗位，并安排残疾人就业。按比例安排残疾人就业是目前许多国家和地区为解决残疾人就业问题采取的普遍做法，通过立法对按比例安排残疾人就业实行保护政策，其比例在1.5%至7%之间，考虑到我国实行按比例就业政策的时间不长，且各地残疾人的就业状况以及经济社会发展水平不一，残疾人岗位预留比例如果过高，在现阶段将可能加重用人单位的负担，而过低则对保护和促进残疾人就业作用不大，同时考虑到，目前，各省（自治区、直辖市）人大通过的《中华人民共和国残疾人保障法实施办法》和《按比例安排残疾人就业政府令》确定的具体比例一般在1.5%至2%之间，因此，《残疾人保障法》第33条规定，国家实行按比例安排残疾人就业制度，国家机关、社会团体、企业事业单位和民办非企业单位应当按照规定的比例安排残疾人就业，并为其选择适当的工种和岗位，达不到规定比例的，按照国家有关规定履行保障残疾人就业义务。《残疾人就业条例》规定，用人单位安排残疾人就业的比例不得低于本单位在职职工总数的1.5%，具体比例由省、自治区、直辖市人民政府根据本地区的实际情况规定。

（3）关于个体就业

自主创业、个体经营具有就业容量大、就业领域广等特点，在我国就业形势持续严峻的情况下，这一渠道也是实现残疾人就业的主要形式。目前，个体就业在残疾人总体就业人数中所占有的比重接近45%。《残疾人保障法》第34条规定，国家鼓励残疾人自主择业、自主创业，同时，为鼓励和保护残疾人个体就业的发展，还对残疾人个体就业的减免税收、免除行政事业性收费、在一定期限内给予小额信贷扶持措施、对申请从事个体经营的残疾人应当优先核发营业执照等作出规定。

（4）社区就业和公益性岗位

由于社区服务具有容量大、需求广、用工灵活、就业便捷和吸纳力强的特点，而且对职业技能要求不高、门槛较低，比较适合残疾人就近实现就业。

《残疾人保障法》规定,地方各级人民政府应当开发适合残疾人就业的公益性岗位。《残疾人就业条例》第15条规定,县级以上地方人民政府发展社区服务事业,应当优先考虑残疾人就业。近年来,伴随着我国社区服务业的蓬勃发展,社区就业日渐成为缓解城乡就业压力,特别是解决就业困难群体的重要方式。

2000年,民政部、教育部、劳动保障部、全国总工会、共青团中央、全国妇联和中国残联等联合发布《关于加强社区残疾人工作的意见》,要求基层人民政府和社区组织、服务机构,针对残疾人的实际需求,为其提供切实服务。目前,通过岗位补贴,已帮助近70万残疾人在社区实现就业,通过公益性岗位和社区就业的残疾人超过百万。

5. 参与文化生活权利

近年来,一些文化馆、图书馆和体育场(馆)等公共文化体育场所为残疾人提供越来越多的方便和服务。两届全国残疾人艺术会演,展示了残疾人的艺术才华。我国残疾人运动员在国际比赛中屡获金牌,2008年我国还承办了残奥会。残疾人在文化体育中展示了自己顽强拼搏的精神和成就,社会也需要为残疾人提供更多参与社会文化生活的机会和条件。为丰富残疾人精神文化生活,这一章重点补充了以下内容:通过广播、电影、电视、报刊、图书和网络等形式,及时宣传报道残疾人的工作和生活等情况,为残疾人服务;组织和扶持盲文读物、盲人有声读物及其他残疾人读物的编写和出版;根据盲人的实际需要,在公共图书馆设立盲文读物、盲人有声读物图书室;开办电视手语节目,开办残疾人专题广播栏目,影视作品加配字幕、解说。

6. 社会保障权利

目前,我国覆盖城乡的社会保障体系正在逐步形成和完善,对残疾人的各项社会保障是其重要方面。2006年,全国共有594万残疾人享受城市和农村最低生活保障,一些地方采取对重度残疾和一户多残等特困残疾人给予特殊扶助、对贫困残疾人个体户参加基本养老保险给予补贴。对残疾人参加新农合给予补贴等方式对残疾人给予特别保障。但是,就全国层面来讲,我国社会保障制度对残疾人的特殊保障尚不够,需要进一步完善。为加强对残疾人的保障力度,《残疾人保障法》将原来的"福利"一章的章名改为"社会保障",并在内容上做了重要补充,考虑到了为处理好本法与国家有关社会保障方面法律的衔接,《残疾人保障法》对涉及有关社会保障基本制度方面的仅做出原则性规定,根据法中确定的原则,有关部门、地方可以做出具体规定。

《残疾人保障法》社会保障一章主要增加了以下内容:(1) 权利保障,明确国家保障残疾人享有各项社会保障的权利。（2）政府责任。政府责任包括社会保险补贴，即对生活确有困难的残疾人，按照国家规定给予社会保险补贴；社会救助，即各级人民政府对生活确有困难的残疾人，通过多种渠道给予生活、教育、住房和其他社会救助；最低生活保障，即县级以上地方人民政府对享受最低生活保障待遇后生活仍有特别困难的残疾人家庭，应当采取其他措施保障其基本生活；辅助器具更换，即各级人民政府对贫困残疾人的基本医疗、康复服务、必要的辅助器具的配置和更换，应当按照规定给予救助；护理补贴，即对生活不能自理的残疾人，地方各级人民政府可以给予护理补贴；政府供养，即地方各级人民政府对无劳动能力、无扶养人或者扶养人不具有扶养能力、无生活来源的残疾人，按照规定予以供养；交通工具，即县级以上人民政府对残疾人搭乘公共交通工具，应当根据实际情况给予便利和优惠；对盲人的照顾，即盲人可以免费乘坐市内公共汽车、电车、地铁、渡船等市内公共交通工具，盲人读物邮件免费寄递。各级人民政府还应当逐步增加对残疾人的其他照顾和扶助。（3）用人单位责任：规定残疾人及其所在单位应当按照国家有关规定参加社会保险。对生活确有困难的残疾人，按照国家有关规定给予社会保险补贴。（4）社会力量：国家鼓励和扶持社会力量举办残疾人供养、托养等机构；国家鼓励和支持提供电信、广播电视服务的单位对盲人、听力残疾人及言语残疾人给予优惠。（5）发展残疾人慈善事业：政府有关部门和残疾人组织应当建立和完善社会各界为残疾人捐助和服务的渠道，鼓励和支持发展残疾人慈善事业，开展志愿者助残等公益活动。

（三）无障碍环境建设

关于无障碍环境建设方面，原法第七章为"环境"，内容相对简单，这次修改将章名改为"无障碍环境"，充实为残疾人提供无障碍环境涉及的主要方面，是这次修改的重点。无障碍环境主要包括公共建筑、交通工具、信息交流等方面的无障碍建设。这一章主要充实了以下内容：一是规定各级人民政府应当对无障碍环境建设统筹规划、综合协调、加强管理；二是对新建、改建和扩建建筑物、道路、交通设施等无障碍设施的建设和改造，规定应当符合国家有关无障碍设施工程建设标准。同时，要推进已建成设施的改造，优先推进与残疾人日常工作、生活密切相关的公共服务设施的改造；三是规定各级人民政府和有关部门应当采取措施，为残疾人获取公共信息提供便利；四是规定公共服务机构和公共场所应当为残疾人提供语音和文字提示、手语、盲文等信息交流服务；五是规定组织选举的部门应当为残疾人参加选举提供便利,有条件的应当为盲人提供盲文选票。

(四)法律责任

法律责任一章也是这次修订的重点,进一步明确了救济渠道,主要有:向残疾人组织投诉,要求有关部门依法查处,请求提供法律援助或者司法救助,依法向仲裁机构申请仲裁,或者依法向人民法院提起诉讼,并对侵害残疾人权益的行为未及时制止或者未给予受害残疾人必要帮助造成严重后果的、通过大众传播媒介或者其他方式贬低损害残疾人人格的、有关教育机构拒不接收残疾学生入学或者在国家规定的录取要求以外附加条件限制残疾学生就学的、在职工的招用或聘用方面歧视残疾人的以及供养和托养机构及其工作人员虐待或遗弃残疾人等违法行为明确了相应的法律责任。[①]

第二节 涉及《残疾人保障法》的案例解析

目前,我国的《残疾人保障法》共有 9 章 68 条,修订后主要增加了对残疾人权利的保障,强化了政府责任。在康复、教育、劳动就业、文化生活、社会保障和无障碍环境等方面强化了对残疾人的保障,增强了法律的适用性和可操作性,该法的颁布实施,对于维护残疾人的合法权益、增强全社会扶残助残意识和促进残疾人事业发展具有重要意义。新法反映了有关部门、社会各界、立法机关以及常委会委员对残疾人保障事业认识的高度统一:发扬人道主义精神,发展残疾人事业,保障残疾人合法权益,让残疾人平等参与社会、共享改革成果。在这部残疾人保障专门法颁布及修订后的多年法律实践中,《残疾人保障法》切实保护了残疾人应享有的权益,在各个方面为残疾人提供了援助。

【案例1】 处理遗产失公允   法庭判定继承权

(一)案件基本情况

农场职工刘某有一子一女,儿子小强,女儿小丽。小丽 8 岁时因交通事故致残,生活不能自理。这使本来就有重男轻女思想的刘某更加讨厌小丽,经常不给她吃饱饭。1992 年刘某病重,遂立下遗嘱将其两间住房分给小强一人,理由是小强结婚时家里穷没给他盖新房,以此作为补偿。其现金50 000 元中,5 000 留给 82 岁的老父亲养老,其余的 45 000 元留给儿子。

---

① 王岩:《〈残疾人保障法〉修订的立法背景及主要制度》,《社会保障研究》,2008 年第 6 期。

不久,刘某去世,小强便照遗嘱的内容把遗产分割完毕,对于残疾的妹妹,小强不愿照顾。其祖父见小丽可怜,便把她领回家,并同小强商量让他照顾小丽,小强不同意。祖父又要求小强将继承其父的钱拿出 20 000 元给小丽,小强更不同意。于是其祖父将小强起诉到法院。

（二）案件结果

人民法庭经审核后认为:该遗嘱因在处理遗产时未给生活不能自理的残疾人小丽一定遗产而认定部分无效。判决刘某生前的两间房子按刘某所立遗嘱由小强继承,残疾女小丽与其祖父可在其中的一间房屋居住;刘某的50 000 元现金,其中,30 000 元由残疾女小丽继承,5 000 元由其祖父继承,15 000 元由小强继承。

（三）案件点评

我国《残疾人保障法》第 3 条规定:残疾人在政治、经济、文化、社会和家庭生活等方面享有同其他公民平等的权利。为切实维护残疾人的合法权益,有必要采取平等保护、非歧视和特别保护措施相结合的原则,在保障残疾人平等地享有财产权、继承权、受遗赠权的基础上,增加规定对残疾人的特别保护措施,如规定在继承中对残疾人的特留份制度,在分配遗产时应当对残疾人予以照顾,落实继承法中的遗产酌给制度。

最高人民法院《关于贯彻执行〈中华人民共和国继承法〉若干问题的意见》第 37 条作出明确规定:"遗嘱人未保留缺乏劳动能力又没有生活来源的继承人的遗产份额,遗产处理时,应当为该继承人留下必要的遗产,所剩余的部分,才可参照遗嘱确定的分配原则处理。"在本案中,刘某虽然为年老体弱无生活来源的父亲留下一笔遗产,却未给生活不能自理的残疾女儿小丽留下必要的遗产以保证她维持正常生活,因此这份遗嘱部分无效,应当从小强继承的遗产中划出一部分归小丽所有,以保证其正常生活。

【案例 2】 无故停发生活费　盲人维权到法庭

（一）案情介绍

广州市某区陈某等 9 位盲残人士曾是某企业员工,1999 年因该企业处于半停产状态,他们被安排回家待岗,按月发放生活费 180 元,并委托了一家有限公司代为管理。该企业以经济出现困难为由,从 2003 年 3 月起停发了这些盲残工人的生活费,双方由此发生争议。

2003 年 6 月,该区残疾人法律援助站接到陈某等 9 人的法律援助申请。经过认真审查,发现这些盲残职工的生活本来就很困难,9 人中有 7 人是双目失明(一级伤残),其中还有一对是盲人夫妻。在生活费停发后,他们生活更加无着落,是弱势群体中最困难的群众。法援站决定受理此案,并指派两名法律工作者具体代理该案。

经过慎重的案情分析,街道司法所决定帮助陈某等 9 位盲人向区劳动仲裁委员会申诉。经过承办人的多方调查和了解,终于弄清该企业与某有限责任公司的委托关系,于是及时追加该有限公司为第三人,要求其承担责任,从而更有利于该案的执行。2003 年 8 月 22 日,区劳动仲裁委员会经过审理裁决该企业按每月 384.04 元的标准向这九位盲残职工支付从 2003 年 3 月至 7 月的生活费,并向社保机构补交这些员工的养老、失业保险费。由于裁决的数额与受援人的期望有距离,受援人不服裁决,于是,法援站再次给予援助。

(二)案件结果

2003 年 11 月 17 日,法院做出一审判决:该企业按每月 510 元的标准支付给受援人 2003 年 3 月至 10 月的生活费。由于该案所涉及的历史遗留问题相当复杂,办案人员在承办过程中也遇到了很大的困难,但最终在区领导及司法局的关怀和区残疾人法律援助站的支持下妥善解决,使残疾人的利益得到了最大的保护。

(三)案件点评

本案涉及的是 9 位盲残人士追索待岗生活费纠纷,按照《关于贯彻执行〈中华人民共和国劳动法〉若干问题的意见》第 58 条的规定:企业下岗待工人员,由企业根据当地政府的有关规定支付其生活费用。而本案中企业以经济出现困难为由而停发了这些盲残工人的生活费,并且在生活费停发后,导致残疾人的生活更加困窘的做法显然是错误的。我国《残疾人保障法》第 7 条规定了企业的社会责任,即全社会应当发扬社会主义的人道主义精神,理解、尊重、关心、帮助残疾人,支持残疾人事业。机关、团体、企业事业组织和城乡基层组织,应当做好所属范围内的残疾人工作。实际上企业对于残疾人员工不应当予以歧视,而是应当保证其应得的合法权益。从这个意义上来讲,该企业应当补偿相应的从 2003 年 3 月至 7 月的生活费,并向社保机构补交这些员工的养老、失业保险费。[①]

---

① 参见薄绍晔、贾午光:《中国残疾人维权案例选编》,北京:中国盲文出版社,2007 年版。

第七章 残疾人受教育权利的保障与落实

第一节 我国残疾人教育立法的历史沿革

改革开放以来,我国教育立法得到了快速发展,《中华人民共和国教育法》、《义务教育法》、《教师法》、《高等教育法》等法律法规不断修订完善,形成一个较为完整的体系。而我国有关残疾人特殊教育方面的法制建设也得到了稳步推进,有一批保障残疾人公平接受教育的法律法规陆续颁布实施,特殊教育事业因此有了快速发展。

不过,正如第二次全国残疾人抽样调查数据所反映的,我国 6 至 14 岁残疾儿童在校接受义务教育的比例仅为 62.06％,这意味着有约 38％的适龄残疾儿童没有接受教育。根据第六次全国人口普查公布的数据,我国 15 岁以上人口的总体文盲率为 4.08％,而 15 岁及以上残疾人文盲人口为 3 591 万人,文盲率为 43.29％。[①] 同时,有关残疾人的教育立法情况并不尽如人意,残疾人教育权利的保障也存在较多问题与困境。

相比我国国民教育整体立法状况,残疾人教育的立法相对滞后,目前并未颁布《特殊教育法》或《残疾人教育法》,仅有一部《残疾人教育条例》,立法层次在整个法律体系中的地位较低。此外还有部分散见于其他法律的条款规定,但有一些不统一、不系统之处。这与我国残疾人教育事业的发展是极不适应的,在很大程度上造成了残疾人教育无法可依、无处维权的局面。[②] 我们应该看到,残疾人教育仍然是整个教育体系中的薄弱环节,需要进一步建立健全特殊教育相关法律体系以保证残疾人教育的公平发展。而从全球特殊教育发展的趋势和人权发展的角度看,通过立法实施特殊教育已成为各国教育决策的一个重要组成部分,并成为衡量一个国家残疾人特殊教育需要是否得到满足、参与机会是否平等以及是否享受平等人权的基本尺度。

---

① 《国家统计局第二次全国残疾人抽样调查领导小组. 第二次全国残疾人抽样调查主要数据公报(第二号)》,《经济日报》,2007 年 5 月 29 日。

② 陈琛:《新旧义务教育法中残疾人教育相关规定之比较分析》,《中国特殊教育》,2008 年第 5 期。

一、新中国成立前残疾人教育的立法情况

在两千多年前的封建社会,中国残疾人教育发展异常缓慢甚至停滞。中国近代残疾人教育产生于 19 世纪中期。1874 年,苏格兰教会人士威廉·穆瑞(William Murray)在北京开办了中国第一所残疾人教育学校——瞽叟通文馆(现北京盲人学校),教读书和音乐。1887 年,美国传教士梅理士·查理夫妇在山东登州创办中国近代第一所聋校——"登州启喑学馆",1898 年迁到烟台,改名为"烟台启喑学校"。此后,一些外国传教士或教会、慈善组织以及国内私人组织在山东、上海、江苏、广东、湖北等省市相继开办一些残疾人教育学校。① 因此,我国特殊教育的发展最初是由教会和慈善机构创办的,这些特殊学校就其本质而言,无非是一种有意和无意的文化侵略和渗透。但是,从客观上来讲,西方传教士也带来了近代文化中一些新思想、新观念和新方法,随着这些特殊学校的开办,国外的盲文点字和聋人手语也传入中国,在此基础上产生了中国自己的盲文点字和聋人手指字母,在一定程度上推动了近代中国残疾人教育的兴起和发展。

但由于教育没有得到立法机构的认可,在法律层面上没有保障,加之政府对特殊教育的忽视,致使有关涉及特殊教育的规定也成为一纸空文,并未对特殊教育的发展给予有力的保障。1912 年,孙中山先生领导的临时政府教育部发布的《小学校令》,最早对建立特殊学校的条件作出法律性的规定,即盲聋哑学校的建立要按普通小学相应的条文的规定办理审批手续。国民政府 1922 年 11 月 1 日公布的《教育系统改革令》已对特殊教育的意义、目的和对象有比较明确的划分,已经意识到"对精神上或身体上有缺陷者,应施以相当之特种教育"。

新中国成立前,中国统治阶级参与残疾人教育是比较被动的,立法方面残疾人教育的条款姗姗来迟。在教育类别方面,旧中国的残疾人教育学校仅仅局限于盲聋两类儿童的教育,且盲、聋学校多为私立学校。在经费投入方面,财政支出几乎为零,仅靠社会慈善团体和热心人士的捐赠。师资培养和科研更是没有保障。中国残疾人教育的发展是缓慢的,它是一个从无到有、从思想到实践、从观念到立法的过程。总体来说,它的发展是社会进步的一个方面,为以后的残疾人教育的发展奠定了文化基础、法律基础,是现在残疾人教育的雏形。②

---

① 方俊明:《特殊教育学》,北京:人民教育出版社,2005 年版,第 35 页。
② 陈云英著:《中国特殊教育学基础》,北京:教育科学出版社,2004 年版。

残疾人政策法规理论与实践

二、新中国成立后至改革开放前的残疾人教育立法建设情况

1949 年新中国成立后,在党和政府的领导下,国家接管了旧有的残疾人教育学校,收回了残疾人教育主权,消除了外国宗教和思想对残疾人教育的影响,改变了残疾人教育的属性。中国的残疾人教育史翻开了崭新的一页。1951 年 10 月,由周恩来总理签发的《关于改革学制的决定》指出:"各级人民政府应设立聋哑、瞽目等特种学校,对有生理缺陷的儿童、青年和成年,施以教育。"从此残疾人教育被纳入新中国的教育体系之中,成为人民教育事业的一个重要组成部分。尽管国民经济刚刚恢复,许多事情百废待兴,但残疾人教育还是得到了较快的恢复和发展。

1953 年中央教育部设立了专门主管全国残疾人教育工作的管理机构——盲哑教育处,改变以往残疾人教育无主管部门的局面。对于盲校和聋校的教育工作,教育部先后颁布过三个通知(指示),即 1955 年 9 月发布的《1955 年小学教学计划在盲童学校中如何变通执行的通知》、1956 年 6 月发布的《关于聋哑学校使用手势教学的班级的学制和教学计划问题的指示》和 1957 年 4 月发布的《关于聋哑学校口语教学班级教学计划(草案)的通知》。这三个通知(指示)规范了残疾人教育,进一步调整了聋哑盲教育,使之更为规范化、科学化和法制化。

新中国成立后至 20 世纪 70 年代末的残疾人教育发展特点:这一时期的残疾人教育立法集中在 20 世纪 50 年代,20 世纪 60 年代以后几乎放弃了这方面的工作。另外,有关残疾人教育的立法、发展残疾人教育和保障残疾人享有受教育权等,都是以"决定"、"指示"和"通知"等文件形式提出的,未上升到国家意志,属于由国家教育行政部门制定的教育行政规章,属于低层次的教育立法。在有关的残疾人教育立法条文中用的是"应设立"、"帮助安排"、"努力发展"和"供参考"等措辞,缺乏强制性。1966 年"文化大革命"爆发后,残疾人教育立法不仅完全停顿,而且 20 世纪 50 年代以来制定的教育规章也彻底遭到破坏,我国的残疾人教育事业遭受了极大的损失。①

三、改革开放以来残疾人教育立法的发展情况

残疾人教育的法律建设和快速发展的阶段主要是在最近改革开放的30 年间。在这 30 年的时间里,我国残疾人的特殊教育事业获得了蓬勃发展,大量学龄期的残疾儿童、青少年得到了相应的特殊教育服务,同时,在法

---

① 陈云英著:《中国特殊教育学基础》,北京:教育科学出版社,2004 年版,第 77 - 82 页。

律层面,也形成了有中国特色的关于残疾人教育法律统一体系。

十一届三中全会以后,我国的教育事业进入全新的发展时期,法制建设也进入一个划时代的阶段。1982 年 12 月,第五届全国人民代表大会第五次会议修订的《中华人民共和国宪法》第 45 条规定:"国家和社会帮助安排盲、聋、哑和其他有残疾的公民的劳动、生活和教育。"1986 年 4 月,第六届全国人民代表大会第四次会议通过的《中华人民共和国义务教育法》第九条第二款规定:"地方各级人民政府为盲、聋、哑和弱智儿童、少年举办特殊教育学校和班级。"1990 年 12 月,第七届全国人民代表大会常务委员会通过的《中华人民共和国残疾人保障法》,在对残疾人的康复、教育、劳动就业、文化生活、福利、环境、法律责任等方面做出了规定。第三章规定了残疾人教育方面的有关内容,包括办学渠道、办学方式、师资等都做出明确的规定。并且第一次在法律中明确提出残疾人有受教育的权利,这是对《宪法》第 45 条"中华人民共和国公民有受教育的权利和义务"的再确认。同时,在第三章第十九条中规定:"要根据残疾人的身心特性和需要实施教育:在进行思想教育、文化教育的同时,加强身心补偿和职业技术教育;依据残疾类别和接受能力,采取普通教育方式或特殊教育方式;特殊教育的课程设置、教材、教学方法、入学和在校年龄,可以有适度弹性。"这一阶段颁布的几部重要法律中均涉及了特殊教育问题,并逐渐由宏观指导向微观建设发展,可实施性逐步增强,为切实保证残疾人受教育奠定了深厚的理论基础。这一时期国务院批转的文件有:1988 年《关于中国残疾人事业五年工作纲要》;1988 年 11 月召开全国特殊教育工作会议;1990 年《关于发展特殊教育若干意见》;1991 年《中国残疾人事业"八五"计划纲要》等。

四、残疾人教育立法独立发展阶段的基本情况

1994 年 8 月国务院颁发的《残疾人教育条例》是我国第一部有关残疾人的专项行政法规。《条例》中指出残疾人教育是国家教育事业的组成部分。发展残疾人教育事业,实行普及与提高相结合、以普及为重点的方针,着重发展义务教育和职业教育,积极开展学前教育,逐步发展高级中等以上教育。残疾人教育应当根据残疾人的残疾类别和接受能力,采取普通教育方式或者特殊教育方式,充分发挥普通教育机构在实施残疾人教育中的作用。《条例》对学前教育、义务教育、职业教育、普通高级中等以上教育及成人教育等都做了规定。另外,还对残疾人教育的师资、物质条件保障以及奖励与处罚都做出了相关规定。

1996 年 5 月 15 日第八届全国人民代表大会常务委员会第十九次会议

通过的《中华人民共和国职业教育法》中第七条规定，国家采取措施扶持残疾人教育的发展。第十五条规定残疾人职业教育除由残疾人教育机构实施外，各级各类职业学校和职业培训机构及其他教育机构应当按照国家有关规定接纳残疾学生。2006 年 6 月通过的新《义务教育法》中提出为了促进义务教育的均衡发展，新法采取多种措施保障适龄儿童平等地接受义务教育，比如说："适龄儿童、少年免试入学。地方各级人民政府应当保障适龄儿童、少年在户籍所在地学校就近入学。""特殊教育学校（班）学生人均公用经费标准应当高于普通学校学生人均公用经费标准。""保障家庭经济困难的和残疾的适龄儿童、少年接受义务教育。"

这一时期国务院转发的文件有：1996 年《中国残疾人事业"九五"计划纲要》；2001 年《中国残疾人事业"十五"计划纲要》；1994 年《残疾儿童少年义务教育工作"八五"实施方案》；1996 年《关于开展残疾儿童随班就读工作的试行办法》；1998 年《残疾儿童少年义务教育工作"九五"实施方案》；2001 年《残疾人职业教育与培训"十五"实施方案》；2001 年《关于"十五"期间进一步推进特殊教育改革和发展的意见》。

有学者对我国现有的特殊教育法律体系进行了梳理和内容解读。如刘春玲、江琴娣在其专著中将我国涉及特殊教育的法律法规概括为 5 个层次：宪法、教育法律、教育行政法规、部门规章和地方性法规。[①] 这是对我国人大、国务院及其他政府职能机构先后颁布的不同层次有关残疾人教育发展的法规、方针、政策的归纳。总体来说，我国特殊教育的法律法规已初具规模，形成了以纵向的《宪法》、《教育法》、《残疾人保障法》、《残疾人教育条例》和地方条例和横向的《义务教育法》、《高等教育法》、《职业教育法》等构成的完整的、纵横交错的法律体系，基本覆盖了残疾人教育的各个领域和层次。

第二节　我国现行残疾人教育的法律体系与制度保障

一、我国残疾人教育法律的体系概述

经过几十年的发展，我国特殊教育的法律体系已基本形成。目前我国与特殊教育有关的法律法规的基本体系如表 1 所示。

---

① 刘春玲，江琴娣：《特殊教育概论》，上海：华东师范大学出版社，2008 年版，第 36－42 页。

表 1　我国特殊教育的相关法律

法律名称		与特殊教育相关的具体法条
1.《宪法》		第 45、46 条
2. 国家法	《教育法》	第 10、38 条
	《义务教育法》	第 2、6、11、19、31、43、57 条
	《高等教育法》	第 9 条
	《职业教育法》	第 7、15、32 条
	《残疾人保障法》	第三章(第 21 - 29 条)
	《妇女权益保障法》	第 18、38 条
	《未成年人保护法》	第 10、28、70 条
3. 行政法规	《残疾人教育条例》	共九章 52 条
	《学校体育工作条例》	第 9 条
	《义务教育法实施细则》	第 26、32 条
4. 部门规章	《特殊教育学校暂行规程》	共九章 68 条
	《关于进一步加快特殊教育事业发展的意见》	共 5 部分 20 条
	《关于开展残疾儿童少年随班就读工作的试行办法》	共 7 部分 36 条
5. 地方性法规、自治条例、可行条例		(略)

　　第一层面是指导性的根本大法——《中华人民共和国宪法》。它是中国的根本大法。在 1982 年 12 月 4 日(1988 年 4 月 12 日、1993 年 3 月 29 日、1999 年 3 月 15 日、2004 年 3 月 14 日修正)第五届全国人民代表大会第五次会议通过的第四部宪法的第二章第四十五条指出:"国家和社会须帮助安排盲、聋、哑和其他有残疾的公民的劳动、生活与教育。"[①]这是我国第一次在国家的根本大法中对残疾人的教育、生活和劳动问题所作出的明确规定。把残疾人教育写入宪法在世界上是很少见的。这一条是我国发展残疾人教育事业的基本法律依据。

　　第二层面是全国人民代表大会及其常务委员会通过的国家法律。《中华人民共和国义务教育法》(1986 年 4 月 12 日通过,2006 年 6 月 29 日修订

---

①　国家教委初等教育司编:《特殊教育文件、经验选编》,人民教育出版社,1989 年版。

通过,2006 年 9 月 1 日起施行)和《中华人民共和国残疾人保障法》(1990 年 12 月 28 日通过,2008 年 4 月 24 日修订通过,2008 年 7 月 1 日起施行)等法律。

《义务教育法》第九条明确指出:"……地方各级人民政府为盲、聋、哑、弱智儿童、少年举办特殊教育学校(班)。"这说明残疾儿童享有同样的义务教育;教育对象较以前的盲、聋、哑,增加了弱智儿童;明确了开办残疾人教育是政府行为。《残疾人保障法》是中国保护残疾人权益的第一部专门法律。全文分总则、康复、教育、劳动就业、文化生活、福利、环境、法律责任和附则九章,共九十四条。谈到有关残疾人受教育的权利时明确指出:"国家保障残疾人受教育的权利。""各级人民政府应当将残疾人教育作为国家教育事业的组成部分,统一规划,统一领导。"这里规定了国家职责、发展方针、办学渠道、特殊和普通教育方式、成人教育及师资等。这里对残疾人下的定义是:"指在心理、生理、人体结构上,某种组织、功能丧失或者不正常,全部或者部分丧失以正常方式从事某种活动能力的人。""包括视力残疾、听力残疾、言语残疾、肢体残疾、智力残疾、精神残疾、多重残疾和其他残疾的人。"[1]用法律形式又扩大了残疾人教育对象的范围。

另外,《教育法》、《高等教育法》及《职业教育法》等法规,对残疾人教育也颇为关注,多处提及残疾人教育问题。《教育法》第十条第三款:国家扶持和发展残疾人教育事业。第三十八条:国家、社会、学校及其他教育机构应当根据残疾人身心特性和需要实施教育,并为其提供帮助和便利。《高等教育法》第九条第三款:高等学校必须招收符合国家规定的录取标准的残疾学生入学,不得因其残疾而拒绝招收。《职业教育法》第七条第二款:国家采取措施,帮助妇女接受职业教育,组织失业人员接受各种形式的职业教育,扶持残疾人职业教育的发展。第十五条:残疾人职业教育除由残疾人教育机构实施外,各级各类职业学校和职业培训机构及其他教育机构应当按照国家有关规定接纳残疾学生。第三十二条:职业学校、职业培训机构可以对接受中等、高等职业学校教育和职业培训的学生适当收取学费,对经济困难的学生和残疾学生应当酌情减免。收费办法由省、自治区、直辖市人民政府规定。

第三层面是国务院颁布的行政法规——《中华人民共和国残疾人教育条例》(1994 年 8 月 23 日颁布实施)。本法规共 9 章 52 条,它对残疾人教

---

① 全国人大常委会法制工作委员会国家行政法室等编:《中华人民共和国残疾人保障法立法报告书》,华夏出版社,1991 年版,第 284-298 页。

育各个方面都做出了明确而具体的规定,《残疾人教育条例》是我国第一部有关残疾人教育的专项法规,也是我国教育法规的组成部分。它的颁布实施,将从法律上进一步保障我国残疾人平等受教育的权利,促进残疾人教育事业的发展。1985 年 5 月 27 日公布的《中共中央关于教育体制改革的决定》是中共中央指导中国教育改革的一份重要文件。《决定》的第二部分指出:"在实现九年义务教育的同时,还要努力发展幼儿教育,发展盲、聋、哑、残疾人和弱智儿童的特殊教育。"

第四层面是部门规章。如 1989 年 5 月国务院办公厅转发的《关于发展特殊教育的若干意见》对我国特教的方针、布局、目标和任务、领导和管理、办学经费和师资培训等问题做出了明确的规定。当年,政府对新设立的全国特殊教育补助费的使用问题也做出若干规定。1991 年 5 月,国务院又颁布了《关于贯彻〈中华人民共和国残疾人保障法〉的通知》,针对如何执行残疾人保障法做了具体的部署,要求各级教育部门"把残疾儿童、少年的教育纳入义务教育的工作轨道,统一规划,统一领导,统一部署,统一检查……"。在此前后国务院颁布的《中国残疾人事业发展纲要》,也都包括对残疾人教育的规定。特别是《中国残疾人事业"十一五"发展纲要(2006—2010 年)》指出,"十一五"期间要基本普及残疾儿童少年义务教育,积极开展残疾儿童学前教育,发展残疾人高级中等教育、高等教育和职业教育,切实保障残疾人接受教育的权利。

上述这些法律法规、条例提出了我国残疾人教育发展的方针、政策和实施方法,是各级政府和全国人民必须共同遵守的法则。这些法律法规、条例是 20 世纪 80 年代以后,中国残疾人教育获得快速和深入发展的法律保证。在此基础上,各省、市、自治区又根据本地区的实际情况,制定了更为具体的文件、通知来执行和落实中央的精神。

二、我国现行的残疾人教育体系分类

《残疾人教育条例》中规定,发展残疾人教育事业,实行普及与提高相结合、以普及为重点的方针,着重发展义务教育和职业教育,积极开展学前教育,逐步发展高级中等以上教育。残疾人教育应当根据残疾人的残疾类别和接受能力,采取普通教育方式或者特殊教育方式,充分发挥普通教育机构在实施残疾人教育中的作用。①

关于我国现行的残疾人教育体系,从学生年龄的纵向来看,《残疾人教

残疾人政策法规理论与实践

---

① 《残疾人教育条例》(1994 年 8 月 23 日颁布实施)第一章第三条。

育条例》明确规定了与普通教育相适应的四个阶段:学前教育、义务教育、高中及职业教育和高等教育。这四个阶段的残疾人教育主要包括三个部分:一是基础教育,规定对那些有学习能力的残疾学龄儿童和青少年,社会应保障他们享受九年义务教育的权利,不应因身体缺陷而使他们失学。二是特殊教育,身体的残障使残疾人在受教育方面存在客观上的不利因素和特殊困难。为了弥补残疾人在这方面的不利,要求社会根据各类残疾人的特点,通过盲聋哑学校、培智学校,以及在普通学校开设特教班等对残疾人开展特殊教育。三是根据残疾人的特点开展职业教育和成人教育,使他们拥有一技之长,以拓宽他们的就业机会,增强其社会生存能力。

从横向来看,我国的残疾人教育又可分为三个方面:在培养方式方面,分为特殊教育培养方式(特教学校、特教班)和普通教育培养方式(随班就读);在残疾类型方面,分为聋校、盲校、弱智学校等不同类型的学校;在机构归属方面,则可把整个残疾人教育机构体系分归教育部门、民政部门、残联系统和社会集体或民办等。

长期以来,我国在残疾人教育方面取得了一定的成绩,义务教育特殊学校由新中国刚成立时的 319 所增加到目前的 1 667 所,普通学校创设 5 千多个特教班,盲、聋、弱智儿童在校学生增长了 7 倍。尽管如此,我国残疾人教育目前仍未摆脱基础薄弱的局面。故需要国家增加投入,加强残疾人教育的师资建设,并贯彻《残疾人保障法》、《义务教育法》以及《残疾人教育条例》等法律法规,切实保障残疾人受教育的权利。

第三节　我国目前残疾人教育相关法律存在问题

新中国成立以来我国残疾人教育立法工作硕果累累,特别是改革开放以来,残疾人教育的立法层次不断提高,法律部门日益增多。但总体而言,残疾人教育立法体系不全,缺乏核心残疾人教育法律,且各法律部门之间的法律概念和法律术语没有统一的规定,同时,各法律部门的原则性条文没有实践操作性,造成在残疾人教育过程中不能有效保障残疾人群体的切身权益。

一、欠缺独立的残疾人教育法

目前我国残疾人教育方面的法律比较零散,主要散见于《中华人民共和国义务教育法》、《中华人民共和国残疾人保障法》和《中华人民共和国教育法》等法律中。不管是纵向还是横向,都存在或多或少的断层或断面。最核心的问题就在于,欠缺一部关于残疾人教育的专门法,导致与普通教育立法相对应或并列的残疾人教育立法缺乏平等的法律地位和应有的效力层次。

学界最早在 2005 年已经对残疾人教育的立法提出了学术层面上的建议。以华中师范大学的邓猛、周洪宇教授为代表,首先发起关于制定《特殊教育法》的倡议。他们回顾了西方特殊教育的发展和立法的过程,结合我国特殊教育的现状和发展要求,指出:通过立法实施特殊教育是衡量一个国家残疾人特殊教育需要是否得到满足、参与机会是否平等、是否享受平等人权的基本尺度。我国由于没有法律的切实保障,特殊教育发展时冷时热,过度依赖于领导的意志及行政管理方式的变迁,因此应起草、通过《特殊教育法》。① 孟万金教授也认为尽管我国已经有了一些和特殊教育相关的法律条文,但还缺乏专门的《特殊教育法》,因此制定《特殊教育法》是当务之急。② 汪海萍详细论证了加强特殊教育立法的必要性和可行性。他认为,受教育权是残疾人生存与发展的基本权利,但目前残疾人受教育权的实现面临诸多现实困境,只有通过立法才能确保残疾人权利的法定化,使残疾人在形式上和实质上获得平等的教育。另外,联合国《残疾人权利公约》的通过,我国促进教育公平和坚持科学发展的执政理念以及良好的经济物质保障,加上已具备较充分的立法实践和法律基础,这都为制定《特殊教育法》提供了可行要件。③

但直至目前,对残疾人的教育立法工作始终没有突破性的进展。也就是说,从法律的整体系统来看,我国还缺乏一部较为权威的至少应该与《教师法》、《义务教育法》等具有同等效力的《残疾人教育法》。所以我国残疾人的教育政策和教育法规只能从一些相关的教育法规、零星的部门法或权威性较低的条例中寻找。这些法律由于缺乏统一的指导思想,缺乏有机的整合和衔接,因此未形成有机的整体和合理的体系。④ 尽管 1994 年国务院出台《残疾人教育条例》,但这毕竟只是一部行政法规,立法层次过低,未能发挥其应有的效力。

在美国,法律系统共分三个层次:一是州和联邦法律,二是各种法规和指导性文件,三是诉讼判决。在这三个层次上都可以找到保护残疾人权利

① 邓猛,周洪宇:《关于制定〈特殊教育法〉的倡议》,《中国特殊教育》,2005 年第 7 期。

② 孟万金,刘在花,刘玉娟:《采取有力措施,促进残疾儿童教育权利平等和机会公平——六论残疾儿童教育公平》,《中国特殊教育》,2007 年第 4 期。

③ 汪海萍:《论加强特殊教育立法的必要性与可行性》,《中国特殊教育》,2007 年第 7 期。

④ 陈琛:《新旧义务教育法中残疾人教育相关规定之比较分析》,《中国特殊教育》,2008 年第 5 期。

和发展特殊教育的法律依据。所有的特殊教育法律构成一个纵横交错、相辅相成、优势互补的完备的立法体系。借鉴美国的经验,考察我国的残疾人教育立法现状,我国目前残疾人教育立法的主要问题是缺少处于核心地位的《残疾人教育法》。因此,国家立法机关应该以《宪法》和《教育法》为基础尽快制定统一的《残疾人教育法》,规范残疾人教育和指导立法实践。

二、法律概念不统一,对残疾人的界定不明确

首先,从《宪法》、《义务教育法》、《教育法》到《残疾人保障法》,有关残疾人教育对象的术语比较混乱,《宪法》中使用盲、聋、哑和其他残疾的说法,而《残疾人保障法》使用的则是视力残疾、听力残疾等术语。再如,已有法律条文界定的残疾人教育对象不统一、范围较狭窄。《义务教育法》规定的是盲、聋哑和弱智三类,《残疾人保障法》规定的是视力残疾、听力残疾、言语残疾、智力残疾、精神残疾、多重残疾和其他残疾,对象不统一。

其次,在我国的残疾人教育相关法律条款中,对残疾人范围的界定仍是很混乱、不全面且不统一的。如新旧《义务教育法》均没有对残疾人类别的详细规定,只是模糊指出"盲、聋、哑和弱智儿童"和"听力语言残疾、视力残疾和智力残疾的儿童"等,由于对残疾儿童的规定不详尽和全面,容易造成学校拒收一部分非生理残疾的精神和心理残疾儿童入学,从而偏离立法宗旨。而美国《所有残疾儿童教育法》专门将障碍(handicapped)分为 11 个类别,不但包括视、听、智力和肢体残疾,还包括了重度的情绪困扰、学习障碍、多重障碍等。

再次,我国针对"随班就读"的对象范围也没有一个科学的界定。尽管全纳教育的理念要求普通学校接收一切残疾儿童,但是以目前实际情况,是不现实的。从科学的角度来讲,对于那些残疾程度较重的儿童而言,进入特殊学校对他们的发展会更加有利。《义务教育法》体现了这一思想,但是仅仅规定了"普通学校应招收有接受普通教育能力的儿童",至于何种程度算是"有接受普通教育的能力",则没有界定。对于随班就读,应当提供一整套的制度保障。[①]

三、法律的可操作性不强

残疾人教育立法仍停留在宏观层面上做一些指导性的规定,过于原则

---

① 陈琛:《新旧义务教育法中残疾人教育相关规定之比较分析》,《中国特殊教育》,2008 年第5 期。

笼统,内容空洞,与现实生活和残疾人教育实践相脱节,很多规定不具有可操作性,严重损害法律的权威。很多条款都是软性的规定,可执行亦可不执行,缺乏强制性以及具体法律责任和惩罚措施,在法律贯彻过程中也是障碍重重。

例如在《义务教育法》中虽然有了保障残疾儿童随班就读权利的规定,但是仍然没有对经费具体如何配置做出筹划。这样会造成公立学校出于对经费的担心而产生对法律的抵触心理,不愿接受残疾儿童,或者仅仅是形式上招收而没有提供适宜的帮助的情况,使随班就读的实际效果大打折扣。

此外,《残疾人教育条例》则主要是倡导性的、号召式的,其规定过于空泛、缺乏可操作性,不利于指导残疾人教育的具体实践。如第 44 条第 3 款对特殊教育发展的经费投入只是一般地规定为"地方各级人民政府用于义务教育的财政拨款和征收的教育附加税,应当有一定比例用于发展残疾儿童、少年义务教育"。既没有明确的比例又没有具体法律责任的约束,这种原则性的非强制性规定,导致了具体操作上和监督上的困难。如《残疾人教育条例》第 9 条规定:"社会各界应当关心和支持残疾人教育事业。"《中华人民共和国残疾人保障法》第 21 条规定:"国家鼓励社会力量办学,捐资助学。"类似这样的一些法律规定必然带来实际操作和监督上的困难。①

在《宪法》和《残疾人保障法》中对残疾少年儿童享有平等的义务教育权虽然做了原则规定,但这些规定没有在《义务教育法》中得到落实。在 1986年颁布的《义务教育法》中,对残疾儿童的义务教育仅在第 9 条有一款原则性规定:"地方各级人民政府为盲、聋哑和弱智的儿童、少年举办特殊教育学校(班)。"在 2006 年 2 月国务院提交全国人大常委会审议的《义务教育法》(修改稿)中,对残疾儿童义务教育也仅在第三章第 19 条作了两款规定:第一款"县级以上地方人民政府应当根据盲、聋、哑和弱智等残疾儿童、少年接受义务教育的需要,设置特殊教育学校(班)。特殊教育学校(班)应当具备适应残疾儿童、少年学习、康复、生活等方面特殊需要的场所和设施"。第二款"特殊教育学校以外的其他义务教育学校不得拒收具有接受普通教育能力的残疾儿童、少年随班就读,并应当为其学习提供帮助"。《义务教育法》(修改稿)虽然比修改前增加了内容,但仍然是比较原则的规定。残疾少年儿童的义务教育在资源配置、师资配备、教育教学管理和经费保障等方面的特殊性,法律中都没有做出相应的规定。又如:国务院于 1994 年 8 月颁布

① 陈琛:《新旧义务教育法中残疾人教育相关规定之比较分析》,《中国特殊教育》,2008 年第 5 期。

了《残疾人教育条例》，同年7月国家教委就随班就读的具体办法下发了部门规章，1998年12月又下发了《特殊教育学校暂行规定》，对特殊教育的有关问题作了较为详细的规定。应该说，一个条例、一个办法、一个规程，对我国残疾少年儿童接受义务教育起到了积极的促进作用，但由于法律效力较低和对执法主体缺乏应有的约束力，又由于法规、规章相互之间某些不一致，使实际执行情况与文件规定存在差距。许多从事残疾人教育工作的教师、研究人员和残疾人工作者都迫切希望在《义务教育法》和《残疾人教育条例》等法律的修改中能增加对特殊教育较为具体的法律规定，把一些原则性的规定细化，增加可操作性，以使残疾人的教育落到实处。

综上，我国政府和教育主管部门为了加快我国残疾人教育的发展也颁布了许多政策、法令，但这些政策法令并没有达到预期的效果。这其中一个很重要的原因就在于我国的残疾人教育政策法令和拨款是分离的，国家颁布的有关残疾人教育法令并没有明确各级人民政府对残疾人教育的资金投入问题，并没有解决各地发展残疾人教育所急需的经费和师资等重大问题。因而这些法令在实际工作中很难贯彻执行，这对我国残疾人教育的发展产生了极为不利的影响。至于残疾人教育方面的"法律问责"，在残疾人教育的相关规定上，惩罚性规定仍然很不充分，仅有一条关于拒绝接受残疾儿童随班就读的惩罚性规定。这样就会导致特殊教育的规定不能良好地发挥相应的法律效力，不能够很好地规定或约束实践中的行为。同时，缺少相应的评估督导机构也是影响执法力度的原因之一。这就要求制定一系列配套的法规和条例，将相应的条款细化，明确各方的权利、义务、权力与责任，增设有关特殊教育的评估与督导机构的条款。只有这样，才能保证《义务教育法》中的残疾人教育条款在现实中冲破各种阻力，真正得以实施。[①]

四、残疾人教育中存在部分法律保障的薄弱环节

首先，残疾人的学前教育和早期干预等相关教育康复机构的法律地位不明确。虽然我国《残疾人教育条例》第10条规定特殊教育学校的学前班可实施残疾幼儿的学前教育，但专门规范特殊教育学校设置和管理的《特殊教育学校暂行规程》第2条规定："本规程所指的特殊教育学校是指由政府、企事业组织、社会团体、其他社会组织及公民个人依法举办的专门对残疾儿童、少年实施义务教育的机构。"将特殊教育学校限定为实施义务教育的机构，因而特殊学校附属的学前班和早期康复机构的法律地位不明晰，现实中

---

① 陈久奎：《特殊教育立法问题研究——人文关怀的视角》，《中国特殊教育》，2006年第6期。

第七章 残疾人受教育权利的保障与落实

得不到来自教育行政部门的固定经费和设备投入，在某种程度上处于"非法办学"的状况。

其次，残疾人的义务教育阶段缺乏对随班就读入学标准的鉴定机制。《义务教育法》第19条规定普通学校应当接收具有接受普通教育能力的残疾适龄儿童、少年随班就读，并为其学习、康复提供帮助。《残疾人教育条例》第21条规定普通学校应当按照国家有关规定招收能适应普通班学习的适龄残疾儿童少年就读。其中，"具有接受普通教育能力"和"能适应普通班学习"都是对随班就读入学资质的要求，但如何进行判断，其判断标准和判定主体都不明确。现实中，全国多数地方都不存在对此问题进行判定的鉴定机构或就学咨询。因此，需要进一步界定随班就读的入学标准，明确相关评估鉴定机构的地位、职责权限和工作机制，强化政府责任，真正实现法律所要求的普通学校不得拒绝招收具备条件的适龄残疾儿童入学。

此外，在残疾人的职业教育和高等教育方面，也缺乏统一的标准及相关的扶持政策。因此，目前我国残疾人的职业教育和高等教育情况并不乐观，存在入学率低及与就业衔接存在困难等诸多问题。这些都亟待相关的法律文件出台，以进一步强化对于残疾人受教育权的制度保障。

第四节　残疾人受教育权的法律建设构想

教育公正是社会公正的基础，对于国家来说，教育是否公正会影响未来的国民素质，影响国家的发展和前途；对于个人来说，教育是否公正会影响他的一生，影响他在社会阶层中所处的位置，并进而影响到社会稳定、和谐与进步。所以，实现残疾人的教育公正是一项利国利民的重大工程，也是一项良心工程。残疾人教育公正的实现需要一个长期的过程，它能在多大程度上实现，除了依赖于残疾人自身权利意识的提升和教育观念的改变外，更重要的就是国家要从法律、政策、经济和社会等各方面加以保障，建立残疾人教育的外部保障体系。

一、理念层面：以先进教育理念为科学指导

首先，应深化对残疾人的认识，改变目前的残疾观。随着人类文明事业的发展，残疾观范式已发生了深远的变化，由生物医学模式残疾观转向社会模式残疾观，但我国现有法律中对残疾人的界定仍然沿用"机体损伤"这一生物医学模式，忽视了社会环境、法律环境对残疾人所造成的各种阻碍。因此，在《残疾人教育条例》修订中，应突出法律保障、教育公平对残疾人的意

义,根据国际经验扩展特殊教育的对象和范围,对残疾人的具体类别做出清晰规定。其次,全纳教育是当前世界范围内普遍认可的特殊教育理念,应将其写入法律并明确其实现的方式和原则。此外,终身教育、以人为本、机会均等和权利保障等理念也应在法律中有所体现。

联合国教科文组织于1994年世界特殊教育大会上颁布了《萨拉曼卡宣言》,明确提出"融合教育"(inclusive education)理念,指出教育应当满足所有儿童的需要,每一所普通学校必须接收服务区域内包括残障儿童在内的所有儿童入学,并为这些儿童能受到自身所需要的教育提供条件。

进入21世纪以后,全纳教育这种新的教育理念得到全世界特殊教育界广泛的认同。全纳教育是一种没有排斥、没有歧视、没有分类的教育,旨在促进学生的积极参与,注重集体合作,满足学生的不同需求。它是在世界各国积极推进全面教育的背景下提出的,它立足于人权观,从人权的视角对教育问题进行探索,它强调人人都有平等的受教育权,教育体制不应排斥任何人;它强调在一体化教育安置的情景中根据人的个别差别和特殊教育需要,因材施教。今天,世界各国的特殊教育实践或特殊教育政策的制定与完善都以这种特殊教育理念为指导,并在实践中不断深化这种特殊教育理念。实践证明,这是特殊教育政策具有科学性、先进性的重要保证。

其他国家地区的立法实践也证明了在全纳教育、融合教育理念下所制定的相关法律,能够为残疾人受教育权的实现提供更好的保障条件。例如美国残疾人教育的发展,从历史沿革来看就是残疾人教育由隔离向全纳迈进的过程。从隔离教育到全纳教育的转变,是对特殊教育和普通教育的教育目标、教育功能的深刻反思,并在此基础上做出的教育价值取向和教育定位的理性选择。

二、实践层面:围绕残疾人教育法完成体系构建

实现残疾人的教育公正,法律的保障是首要问题。我国早已提出要建立社会主义法治国家,那么,针对残疾人的教育,我们也应建立一套完备的教育法制,以保证残疾人接受教育的权利得以实现,并为他们提供平等的受教育机会。这一方面要求国家制定比较完备的残疾人教育法律,做到有法可依;另一方面要求有关人员严格遵守和执行残疾人教育法律,司法部门进行督察,做到执法必严、违法必究。

(一)明确特殊教育应坚持的原则
现有的《残疾人教育条例》没有对此作出规定,修订时应加以落实,从而

体现特殊教育的特殊性。特殊教育的原则应包括:(1) 优先原则,即特殊教育应优先享有国家的优惠和倾斜政策;(2) 特别扶助原则,即在同等条件下给予残疾学生更多的、更特别的照顾和支持;(3) 个别化原则,即在科学评估基础上,为每个残疾学生制定个别化教育计划,在教育方式、教育目标、教育评价等方面因人而异;(4) 无障碍原则,即保证特殊学校和普通学校提供无障碍的、最少限制的环境以供残疾学生接受教育;(5) 多方参与和合作原则,应明确政府、社会、学校、残疾人及其家庭等各方在特殊教育中的权利和义务,加强各方的沟通与合作,使特殊教育做到学校、社会、家庭一体化,构建特殊教育的综合支持体系。

(二) 尽快出台保障残疾人教育的专门法律

在吸取之前我国特殊教育立法的经验、借鉴国外特殊教育立法的先进做法和结合我国当前特殊教育领域出现的新问题、新情况的基础之上,逐步形成适应我国国情的特殊教育立法理论,为特殊教育立法提供理论支持,以利于未来能够尽快出台我国《残疾人教育法》,逐步形成有中国特色的特殊教育法律体系。

目前,我国规范特殊教育活动的法律比较零散,主要散见于《义务教育法》、《残疾人保障法》和《教育法》等法律法规中。这些法律法规由于缺乏统一的指导思想,缺乏有机的整合和衔接,因此未能形成有机的整体和合理的体系。这一问题的产生在很大程度上与我国特殊教育基本法的缺失有关,因此,国家立法机关应尽快制定统一的《残疾人教育法》,规范残疾人特殊教育活动和指导特殊教育立法实践。在此基础上形成一个以《教育法》为母法,以《残疾人教育法》为主体的法律体系。在这一法律体系中,既有从《教育法》、《残疾人教育法》、《残疾人教育条例》到地方法规纵向的层次结构,以适应不同地区不同发展水平的客观要求;又有与《义务教育法》、《教师法》、《职业教育法》、《高等教育法》相联系的横向结构,同时每部法律法规都有相应的实施细则,这样便形成既自成系统又不脱离其他教育法的特殊教育法律体系。

(三) 增强现有法律法规的实用性和可操作性

虽然我国已颁布了诸多针对残疾人教育的法律,但由于法律规定的笼统性,法律术语的模糊、弹性化,加上随着时间的发展有些法律或者部分法律条文已经不适应目前的实际状况,所以国家应该集中精力,尽快对现有的法律进行修改,或视情况制定新的法律,以使残疾人的教育更完善、更具体、更具操作性,使我国残疾人的教育落到实处。

如 1994 年颁布的《残疾人教育条例》主要是倡导性的、号召式的,其规定过于空泛,缺乏可操作性,不利于指导残疾人教育的具体实践。法律修订时应重点解决这一问题,方法就是增加、细化各项规定,并尽量出台量化措施。首先,法律的各项内容应具体、明确。比如,残疾儿童随班就读的具体办法、程序和保障体系,特殊教育的经费保障制度,特殊教育教师的培养、培训和聘任办法等,都应做出详细规定。其次,增加对于 3 岁以下残疾婴幼儿早期干预、残疾学生评估鉴定、残疾学生在不同教育阶段之间以及离开学校后的转衔服务等方面的具体规定,明确政府、教育机构和医疗机构等部门的职责和具体程序。再次,应督促各地根据实际情况加强地方立法,出台与国家特殊教育法律相配套的地方法规,以推动各地特殊教育的发展。最后,要强化法律责任,对特殊教育牵涉到的方方面面都应落实具体责任者,并规定相应的奖励与惩罚措施。同时,制定特殊教育督导条例,进一步健全教育督导制度,保证法律得到切实贯彻。

目前,一些地方已对现有的《残疾人保障法》提出了部分修改意见,比如明确人口在 30 万以上的市、县应至少建立一所特殊教育学校,这就使原有的规定得以可操作化;认为第 20 条(即残疾人教育实行普及与提高相结合、以普及为重点的方针,着重发展义务教育和职业技术教育,积极发展学前教育和高级中等以上教育)还不完善,应把发展高等教育也加上,并提出加进各高等院校对在残疾人文艺、体育重大赛事中取得优异成绩的残疾人应相应降低录取分数线,使其优先接受高等教育的条款,这都是针对目前越来越多的残疾人进入高等院校的实际情况而做的修改。这些修改意见有其合理性,国家可以综合考虑并予以采纳。另外,教育行政主管部门和地方各级人民政府应该因事、因地、因时制宜制定相应的残疾人教育行政法规、地方性法规,把残疾人教育保障落到实处。

此外,应建立严格的残疾人教育执法制度,从法律上保证残疾人教育公正的实现成为现实。目前,由于《残疾人保障法》中"法律责任"规定的内容不具体,执法主体、责任类型,处罚种类与幅度不明确,赋予政府有关部门的职权和强制措施不够,实践中难以操作。所以,一方面应该通过法律的修改明确各级政府及有关部门是《残疾人保障法》的执法主体,尤其是各级教育行政部门是执行残疾人教育的主要机构,残联作为残疾人代表组织有监督的职能;另一方面大力开展执法检查,对侵害残疾人教育权及其他权利的现象应坚决制止并加以纠正,对相关部门和人员应给予严肃处理。

最后,要加强残疾人教育司法建设。各级司法机关应充分关注残疾人的教育,当发生残疾儿童未能完成义务教育、残疾人在教育中受歧视、部分院校拒绝录用残疾考生等侵害残疾人教育权利的现象时,应积极介入,维护公正司法,给残疾人以保护。教育行政部门必须对自己的所有行政行为承担法律责任,必须遵循法律面前人人平等的原则,维护残疾人平等的受教育权,绝不能以权侵法,阻碍教育公正的实现。

第五节　涉及残疾人教育权的案例解析

【案例】　残疾考生遭退档　残联援助终圆梦

【案情介绍】

杨某,家住公安县,出生时损伤了右臂臂丛神经,致使右臂比左臂偏短,且臂膀乏力,运动受限。但是,杨某的性格很顽强也很乐观。他不仅能用左手写的一手流利的好字,并在右手的辅助下,还学会了洗衣服、骑自行车、游泳等技能。一般的日常生活和学习,他都能够自理。杨某聪明好学,从小学到高中,学习成绩一直很优秀,并多次参赛获奖。2001 年 10 月,他获得全国中学生数学联赛三等奖。他还先后两次获得全市数学竞赛二等奖。2003 年高考,杨某的总分是 646 分,高于武汉大学录取分数线 50 多分,其中卷面 150 分的数学他考了 142 分。杨某向往到武汉大学读书的愿望已久,又特别喜欢数学。于是,他报考的第一志愿是武汉大学数学基地专业,报考的第二志愿是武汉大学数学与应用数学专业。

可是,2003 年 8 月 14 日,杨某在网上查询时,却意外地发现自己未被武汉大学录取。这可急坏了杨某及其家人。8 月 15 日,在荆州市政府科教文卫办公室,当杨某及其家人将情况反映后,吴必武主任立即与省政府科教处的刘美平处长联系,得知杨某被武汉大学退档,是因为其档案上注明了"右手臂行动受限"。刘处长建议杨某一家赶快找市残联,由残联向市招办写报告。

杨某及其家人来到市残联请求帮助,市残联的曹科长在了解了情况之后,拿出教育部颁布的《普通高等学校招生体检标准》,指着有关条款告诉他们,按照国家的有关规定,像杨某这样的身体条件状况,报考武汉大学的这样两种专业,不应该被拒之门外。杨某及其家人听后,惊喜若狂,连忙将其拿去复印。同时,曹科长以市残联的名义给市招办写了一个函,其中写道:"鉴于该生报考专业均属于教育部普通高等学校招生体检标准不受限制,为维护残疾人的合法权益及其能与正常人一样受到良好的教育,请市招办报省招办解决为盼!"紧接着,杨某与家人拿着函件与文件的复印件离开了残联,赶往市招办。

杨某及其家人汗流浃背地赶到市招办,市招办的工作人员马上与派驻在省招办的刘金定主任联系。紧接着,杨某他们又马不停蹄地坐上了长途汽车。三四个小时后,他们于当晚 10 点多种赶到武汉招生大厦,将市残联、招办的函件及教育部《普通高等学校招生体检标准》的复印件,交给了早已在那里等候多时的刘主任手中,由其转交省招办。

【案件结果】

2003 年 8 月 16 日,经过吴主任联系,刘处长一方面安排杨某到武汉大学体检,一方面又将杨某的有关材料上报到分管教育的副省长王少阶手中,王副省长很慎重地在上面签了字。当天下午,杨某幸运地被武大数学基地专业录取了,而这一天是该校录取第一批新生的最后一天。

【案件点评】

这是一个未进入司法程序的非诉讼案件。本案有两个最为明显的特点:一是政策性强,二是时间紧。从政策来讲,国家规定,除了特殊的学校和专业外,一般的学校不能因为考生残疾而将其拒之门外。但在实际中,有的残疾考生却因为身体的残疾而与大学无缘,多年的心血付诸流水,灿烂的理想化为泡影。本案的当事人,在山穷水尽的时候,在残联的帮助下享受到了政策的阳光雨露。从时间上来讲,第二天就是武汉大学录取第一批新生的最后一天,经过了市残联——市招办——省招办——副省长这么多的环节,分秒必争,但经过多方努力和支持,终获成功。

第八章　残疾人就业权利的保障与落实

第一节　我国残疾人就业的法规政策结构

一、以残疾人就业政策法规的法律效力为结构层次

从政策法规的效力层次来看，我国残疾人就业服务的公共政策可以分为宪法、法律、法规、规章和政策性文件几个层次。

（一）宪法

宪法是调整公民权利和国家权力之间基本关系的部门法，是一个国家法律体系中具有根本法律地位的法律规范的总称。"一切法律、行政法规、地方性法规、自治条例和单行条例、规章都不得同宪法相抵触。"《中华人民共和国宪法》第二章第 45 条规定：国家和社会帮助安排盲、聋、哑和其他有残疾的公民的劳动、生活和教育。这一规定从根本上对政府保护残疾人的劳动就业权利提出了明确的义务和责任。政府应按照《宪法》要求为保障残疾人就业制定和实施一系列服务政策。

（二）法律

这里的法律是指由中华人民共和国全国人民代表大会制定和修改的有关刑事、民事、国家机构的和其他的规范性文件，内容涉及国家和社会生活某一方面的最基本的问题。其效力高于行政法规、地方性法规、规章。我国制定了专门的《残疾人保障法》，并在财政、税收、就业等法律中，对残疾人就业政策进行了专门规定。

（三）法规：分为行政法规和地方性法规两类

1. 行政法规

行政法规是国务院为领导和管理国家各项行政工作，根据宪法和法律，并且按照《行政法规制定程序暂行条例》的规定而制定的政治、经济、教育、科技、文化、外事等各类法规的总称。行政法规的效力高于地方性法规、规

章。我国关于残疾人就业的行政法规及规定主要有：(1)《个人所得税条例》，其中规定：由残疾人组织直接进口供残疾人专用的物品免征增值税。(2)《残疾人就业条例》，对政府、企事业单位、社会组织在残疾人就业方面的权利义务做出了详细的规定，是一部指导残疾人就业的根本性法规。《条例》规定，国家对残疾人就业实行集中就业与分散就业相结合的方针，促进残疾人就业。县级以上人民政府应当将残疾人就业纳入国民经济和社会发展规划，并制定优惠政策和具体扶持保护措施，为残疾人就业创造条件。机关、团体、企业、事业单位和民办非企业单位应当依照有关法律，履行扶持残疾人就业的责任和义务。国家鼓励社会组织和个人通过多种渠道、多种形式，帮助、支持残疾人就业，鼓励残疾人通过应聘等多种形式就业，禁止在就业中歧视残疾人。

2. 地方性法规

所谓一般地方性法规，即指由各省、直辖市以及省政府所在的市和国务院批准的较大的市的人民代表大会及其常委会制定的规范性法律文件，它们不得同宪法、法律相抵触。我国残疾人就业的地方法规较多，主要是各省的残保法实施办法、残疾人就业优惠条例和扶助措施等，例如《天津市对残疾人实行扶助的若干规定》、《云南省残疾人优待规定》和《济南市保障残疾人合法权益的若干规定》等。

（三）规章及规范性文件

1. 规章。主要指国务院组成部门及直属机构，省、自治区、直辖市人民政府及省、自治区政府所在地的市和经国务院批准的较大的市的人民政府，在它们的职权范围内，为执行法律法规或为属于本行政区域的具体行政管理事项而制定的规范性文件。为贯彻落实残疾人就业法律法规，国务院有关部委及地方人民政府制定出台了一系列规章及规范性文件，使国家对于残疾人就业的政策规定得以落到实处。

2. 规范性文件。这是各级机关、团体、组织制发的各类文件中最主要的一类，因其内容具有约束和规范人们行为的性质，故称为规范性文件，也称为狭义的规范性文件。它一般是指法律范畴以外的其他具有约束力的非立法性文件。目前这类非立法性文件的制定主体非常之多，例如各级党组织、各级人民政府及其所属工作部门、人民团体、社团组织、企事业单位、法院、检察院等。在残疾人就业服务方面，各级残联组织、相关政府部门都单独或联合发布了很多规范性文件，例如：《国务院办公厅转发劳动保障部等部门〈关于进一步做好残疾人劳动就业工作若干意见〉的通知》，《关于做好残疾失业人员登记工作的通知》，中国残疾人联合会、财政部、劳动和社会保障部、国家工商行政管理局发布的《关于积极扶持残疾人个人或自愿组织起来从事个体经营的通知》等。

为了确保残疾人就业，我国制定了一系列的法律、法规和政策。目前，我国残疾人就业政策立法基本形成了以《宪法》为核心，以《劳动法》和《就业促进法(草案)》等为基础，以《残疾人保障法》和《残疾人就业条例》为主体，以国务院、劳动和社会保障部以及残疾人联合会相关条例和规章以及各类地方行政规章、规范性文件为配套的政策体系。

二、实现残疾人就业的法规政策扩展结构

中国残疾人就业政策结构的形成是伴随着中国市场经济的发展与和谐社会主义建设的深化而演变的，从对残疾人以扶持为主到对其自主创造能力的强调，残疾人就业政策趋于全面和深化。可以从市场性就业政策、保护性就业政策和辅助性就业政策等三个方面对我国残疾人就业政策的结构加以详细划分。

（一）市场性就业政策

残疾人在就业过程中如果不加以政策法规的干预，必然会处于劣势。除了残疾人自身在生理、心理等方面存在的障碍外，社会及企业也会在残疾人就业过程中对残疾人抱有不正确的态度，如歧视、偏见等，从而对残疾人就业产生诸多不利影响。因此，在以市场为手段实现残疾人就业的过程中，需要有市场性政策的干预，其目的主要在于提高残疾人就业能力以及实现残疾人就业需求与市场需求之间的匹配对接。市场性就业政策旨在提高就业的市场效率。就残疾人就业而言，市场性就业政策包括提升残疾人就业能力、促进残疾人就业安置的劳动力需求政策以及为残疾人就业提供信息与服务的劳动力市场匹配政策。

1. 劳动力供给政策

残疾人劳动力供给政策是提升残疾人就业能力方面的政策，包括教育政策和培训政策以及与此相关的政策。除了宪法中规定残疾人应享有教育权利之外，《残疾人保障法》、《中华人民共和国就业促进法》以及《残疾人教育条例》也都做了相应的规定，这些法规对高级中等学校和残疾人职业技术教育机构做了专门的规定，要求其按国家规定开展残疾人义务教育和职业技术教育。其中，《残疾人教育条例》对残疾人职业教育问题做出了更全面和细致的说明。其中第四章(第23条至第28条)对职业教育做了系统性规

残疾人政策法规理论与实践

定,对于残疾人职业教育及培训的层次、机构主体、专业设置等方面的要求都一一列出,指出残疾人职业教育应当重点发展初等和中等职业教育,以普通职业教育机构为主体,并根据社会需要和残疾人的身心特性合理设置专业。国家教委、人事部、劳动部和民政部等国家各有关部委在 1985 年联合发布的《关于做好高等学校招收残疾青年和毕业分配工作的通知》以及 1991 年进一步发布的《关于进一步做好高等学校、中等专业学校招收残疾考生和残疾学生毕业分配工作的通知》专门针对教育机构接纳残疾考生的义务方面做了说明,指出除进一步做好高等学校、中等专业学校招收残疾考生的工作,还需进一步做好残疾毕业学生的分配、接收工作。

　　2. 劳动力需求政策

　　与供给政策相对应,劳动力需求政策关注残疾人就业安置。主要对集中安置、按比例安排残疾人就业、自主就业和公益岗位等残疾人就业渠道进行规定。我国残疾人劳动力需求政策有强制性和扶持性两大特点,其中"强制"指强制推动按比例安排残疾人就业,"扶持"主要涉及对福利企业和个体就业者的各种优惠政策。

　　《宪法》规定了残疾人有劳动的权利。《残疾人保障法》中单独列出了对残疾人劳动就业权利保障的一章(第 27 条至第 33 条),其中对集中安置、按比例安置、自主就业、农村劳动以及各种优惠与扶持政策都有明确规定。例如,第 29 条关于集中安置的规定:国家和社会举办残疾人福利企业、工疗机构、按摩医疗机构和其他福利性企业事业组织,集中安排残疾人就业。《残疾人就业条例》对用人单位的责任、保障措施和就业服务等均有详细的规定,并结合新的形势提出开发适合残疾人公益性岗位的要求。该条例对按比例安置残疾人和集中安置的比例进行了量化的规定,其中第 8 条提到:用人单位安排残疾人就业的比例不得低于本单位在职职工总数的 1.5%。第 11 条提到:集中使用残疾人的用人单位中从事全日制工作的残疾人职工,应当占本单位在职职工总数的 25% 以上。

　　强制推动按比例安排残疾人就业是我国残疾人就业政策体系中占较大比重的部分。这种制度安排是我国政府针对社会转型时期残疾人就业难的情况依法推行的。按比例安置残疾人劳动就业也是联合国所倡导和多数国家所采用的原则。该就业渠道不仅在《残疾人保障法》、《残疾人就业条例》中有相对系统的规定,在推行该种就业形式的过程中国家还一直有政策上的倾斜,如 1992 年国家计委、劳动部、民政部和中残联联合颁布了《关于在部分城市开展残疾人劳动就业服务和按比例就业试点工作的通知》以及《中华人民共和国就业促进法(草案)》等。此外,按比例安置残疾人就业自从

"八五"期间提出之后,"八五"至"十一五"的残疾人事业计划纲要按照逐层递进的顺序对我国按比例安排残疾人就业工作进行了推广,取得了较好的成果,并逐渐取代集中安置方式成为主流安置残疾人的渠道。

扶持政策则多体现在对福利企业和个体就业者的优惠上。《残疾人保障法》第23条明确规定:国家对残疾人福利性企业事业组织和城乡残疾人个体劳动者,实行税收减免政策,并在生产、经营、技术、资金、物资、场地等方面给予扶持。对于从事各类生产劳动的农村残疾人,有关部门应当在生产服务、技术指导、农用物资供应、农副产品收购和信贷等方面,给予一定的帮助。《残疾人就业条例》第三章保障措施部分对此也做了类似规定。《中国人权白皮书》详细说明了政府对福利企业和个人采取的一系列税费及信贷方面的优惠措施,如对残疾职工占生产人员总数50%以上的福利性企业免征所得税,对丧失劳动能力或生活困难的残疾人免征农业税、各种公益事业费和子女学杂费,并免除义务工等社会劳动负担等。

3. 劳动力供求匹配政策

劳动力供求匹配政策关注残疾人就业信息网络的建设以及就业服务机构的建设。在信息网络建设方面,2000年中残联制定了《残疾人就业信息网建设发展规划》,对残疾人信息网络的建设提出了明确的目标和任务,并做出了具体部署。按照《残疾人就业信息网建设发展规划》的要求,各省、自治区、直辖市要根据本地就业工作的进展情况,选择1—2个就业工作开展较好的城市作为残疾人就业信息网的定点建设城市,2003年以前完成定点城市网络中心的建设,并与当地劳动力市场信息网互联,投入运行。

在就业服务方面,国家计委、劳动部、民政部和中残联于1992年颁布的《关于在部分城市开展残疾人劳动就业服务和按比例就业试点工作的通知》是对残疾人就业服务机构建设方面明确提出要求的第一个文件。之后残疾人就业服务机构的建设逐步完善。1998年颁布的《关于建立和完善残疾人服务社并进行企业法人登记注册的通知》中要求:在已有残疾人就业服务所的基础上,进一步建立和完善面向农村的残疾人服务体系。1999年国务院办公厅转发《劳动保障部等部门关于进一步做好残疾人劳动就业工作若干意见的通知》中提到要采取积极的扶持和保护措施,规范残疾人就业服务体系,并完善农村残疾人服务社职能,与农村社会化服务体系密切结合。其中还对服务人员的培养提出要求,指出要逐步建立残疾人就业服务机构工作人员岗位业务培训和职业指导人员资格培训、鉴定制度。《残疾人就业条例》中第四章第22条规定,中国残疾人联合会及其地方组织所属的残疾人就业服务机构应当免费为残疾人就业提供下列服务:(1) 发布残疾人就业信息;(2)组织开展残疾人职业培训;(3)为残疾人提供职业心理咨询、职业适应评估、职业康复训练、求职定向指导和职业介绍等服务;(4)为残疾人自主择业提供必要的帮助;(5)为用人单位安排残疾人就业提供必要的支持。国家鼓励其他就业服务机构为残疾人就业提供免费服务。

(二)保护性就业政策

保护性就业政策不仅关注残疾人就业的结果公平,也关注就业的起点和过程公平。保护性政策的基调是反歧视,禁止与就业相关的歧视行为发生。这类政策在发达国家已有较完善的体系,许多方面值得我国在根据实际情况的基础上予以借鉴。保护性就业政策与市场性就业政策不同,它是一种防御性就业政策,对残疾人在参与上述三个方面(供给、需求和匹配)的活动中可能会遇到的不公正行为进行禁止,对其参与的过程进行保护。保护性就业政策包括:社会成员在就业前寻找工作的过程中享有平等就业机会权利,在就业中享有公平的工作场所权利,在不能工作时享有合理的社会保障权利。

在平等就业机会和公平工作场所政策方面,我国明确规定,在职工聘用、报酬、晋升等方面不得歧视残疾职工,但也有细微方面的差别。如《残疾人保障法》和《残疾人就业条例》中都提到,在职工的招用、聘用、转正、晋级、职称评定、劳动报酬、生活福利和劳动保险等方面,不得歧视残疾人。但《残疾人保障法》还规定:对于国家分配的高等学校、中等专业学校、技工学校的残疾毕业生,有关单位不得因其残疾而拒绝接收。《残疾人保障法》与《残疾人就业条例》一致要求:用人单位应当为残疾人职工提供适合其身体状况的劳动条件和劳动保护。《就业促进法(草案)》对职业介绍机构还进行了专门规定,其第26条规定:用人单位招用人员以及职业介绍机构、人才交流服务机构从事职业中介活动,不得以民族、种族、性别、宗教信仰、年龄和身体残疾等因素歧视劳动者。

合理社会保障政策主要指残疾职工失业保障和养老医疗保障等。《残疾人保障法》第40条规定,国家和社会采取扶助、救济和其他福利措施,保障和改善残疾人的生活。第42条要求,残疾人所在单位、城乡基层组织、残疾人家庭,应当鼓励、帮助残疾人参加社会保险。中国残疾人联合会与劳动和社会保障部于1999年发布的《关于做好下岗残疾职工基本生活保障和再就业工作的通知》对避免残疾人下岗以及下岗后残疾人的基本生活保障都做了规定。劳动和社会保障部办公厅与中国残疾人联合会办公厅于2004年发布的《关于做好残疾失业人员登记工作的通知》要求结合推动按比例就业工作,主动向用人单位推荐能够胜任招聘岗位的残疾失业人员;劳动保障部门应采取措施,为就业转失业的残疾人申领失业保险金提供便利。劳动和社会保障部、财政部和中国残疾人联合会于 2005 年发布的《关于城镇贫困残疾人个体户参加基本养老保险给予适当补贴有关问题的通知》对残疾人个体户基本养老保险的补贴做了专门说明,提到用结余的就业保障金补贴基本养老保险金。

（三）辅助性就业政策

辅助性就业政策是残疾人就业政策体系中的另一重要组成部分,它旨在为残疾人就业提供更好的身体和精神条件以及更有利的物质条件和就业环境等。《残疾人保障法》第 4 条规定:国家采取辅助方法和扶持措施,对残疾人给予特别扶助,减轻或者消除残疾影响和外界障碍,保障残疾人权利的实现。对于残疾人来说,实现就业的辅助性政策主要体现在康复与无障碍设施建设方面。康复是残疾人就学、就业、全面参与社会生活的前提,康复工作的开展有利于残疾人就业的发展。另外无障碍环境的建设进一步方便了残疾人就业的环境。这些政策为残疾人就业工作的展开铺平了道路。

在康复政策方面,《残疾人保障法》中第二章(第 13 条至第 17 条)对康复工作做了全面的规定,奠定了康复工作开展的基础。第 13 条规定,国家和社会采取康复措施,帮助残疾人恢复或者补偿功能,增强其参与社会生活的能力。第 14 条确定了我国残疾人康复政策的指导原则:康复工作应当从实际出发,将现代康复技术与我国传统康复技术相结合;以康复机构为骨干,社区康复为基础,残疾人家庭为依托;以实用、易行、受益广的康复内容为重点,并开展康复新技术的研究、开发和应用,为残疾人提供有效的康复服务。《中共中央国务院关于进一步加强农村卫生工作的决定》(2002)和卫生部、民政部、财政部、公安部、教育部、中残联于 2002 年发布的《关于进一步加强残疾人康复工作的意见》进一步将康复与残疾人就业工作联系起来,表明康复在残疾人就业工作中所起到的辅助性作用。其中提到要逐步扩大贫困残疾人接受康复服务的受益面,要从残疾人就业保障金中安排一定数量的资金用于残疾人康复后的职业和生产劳动技能的培训,为康复后的残疾人就学、就业、全面参与社会生活创造条件。

在无障碍建设方面,《残疾人保障法》第 46 条指出:国家和社会逐步实行方便残疾人的城市道路和建筑物设计规范,采取无障碍措施。此后国家出台了一系列措施去推动无障碍建设在全国各地的开展。建设部于 1998 年出台了一系列有关无障碍设施建设的规定和通知,如《方便残疾人使用的城市道路和建筑物设计规范》、《关于做好城市无障碍设施建设的通知》、《关于贯彻实施方便残疾人使用的城市道路和建筑物设计规范若干补充规定的通知》以及《关于印发建筑工程项目施工图设计文件审查试行办法的通知》等,其中对大城市开展无障碍设施的建设做了详细规定,也取得了一定成效。建设部、中国残疾人联合会又于 1999 年联合发布了《关于进一步推行无障碍设施的建设的通知》,其中指出了无障碍设施建设工作开展的不平衡情况,要求各级单位对残疾人无障碍设施建设按规定进行。这一系列有关无障碍设施建设规定的出台保障了残疾人就业环境的更加无障碍化,也使得我国残疾人就业政策体系更加完善。

第二节　我国残疾人政策法规存在的问题与优化策略

如前文所述,为了保障社会主义国家的和谐与稳定,为了残疾人群体及其家人能够更好地融入社会、共享物质文明成果,我国政府多年来一直致力于残疾人就业问题的解决。总体上看,以《宪法》为核心而制定的各类残疾人就业保障政策从很大程度上解决了一部分残疾人的就业问题。福利工厂和按比例就业等政策也确实为残疾人再次融入社会创造了有利条件,使很多残疾人能够自食其力、独立参与社会生活。但是,我们也应该注意到残疾人就业政策中还存在一些问题,导致残疾人在就业过程中依然处于不利境地,在就业中依然面临诸多困难与障碍,这些都有待新的法规体系加以完善。

一、残疾人就业政策存在的主要问题

（一）残疾人就业立法进程缓慢,与社会整体的快速发展状况不匹配

就立法进程缓慢方面而言,首先拿我国的残疾人就业立法与西方国家相比,我国残疾人就业立法明显显得立法步伐迟缓。如世界上第一部与残疾人就业相关的法律《职业康复法》早在 1920 年就在西方国家诞生,当前英美等国重要的几部关于残疾人就业的基本法和主体法的制定及发布时间也都早于中国。如英国早在 1944 年就制定《残疾人就业法案》,成为世界上第一个立法提出按比例安排残疾人就业的国家。此外,英国《慢性病患者和残疾人法案》更是详尽到为特定的残疾人种类立法,而我国到目前还没有具体的各类残疾人就业的单行条例或相关立法。美国自 1920 年《职业康复法》颁布以后,为更好地推进残疾人就业,又相继颁布了《康复法》和《建筑无障碍法》等配套法律。

其次,同亚洲国家的日本和韩国相比,我国关于残疾人雇佣及就业的基本法立法也都凸显出立法步伐缓慢。日本于 1960 年就制定了《身体残疾者雇用促进法》与《精神薄弱者福利法》,1970 年接着又制定了《身心残疾者对策基本法》,随后又制定了包括《残疾人职业训练法》和《残疾人教育法》在内的十多个具体领域的法律,形成了比较完备的残疾人就业的法律保障体系。甚至韩国也比中国早几年颁布了促进残疾人就业的基本法。如 1981 年韩国颁布了《身心障碍者福利法》,1989 年又颁布了《残疾人福利法》和《残疾人雇佣促进法》等。相对比而言,在中国社会处于高速发展的过程中,残疾人就业立法首先呈现出立法迟缓状态。从有关残疾人就业的基本法 1990年《中华人民共和国残疾人保障法》的颁布到相应的 2007 年的《残疾人就业条例》的出台,中国残疾人就业立法竟然等待了 17 年,立法步伐的缓慢难以适应残疾人事业的发展的节奏。

(二)残疾人就业政策内容滞后,存在诸多方面的缺位

第一,缺乏对残疾人就业歧视的罚则规定。这属于政策内容缺位,导致政策的刚性不强、可操作性削弱。残疾人就业歧视在我国是非常普遍的现象,许多有工作能力的残疾人都因为自身的身体缺陷而求职无门。其实大部分残疾人都拥有一定的劳动能力,其中相当一部分残疾人是拥有高学历的知识分子。但是用人单位并没有量才而用,而是用歧视的态度拒人于千里之外。我国现行的残疾人就业政策虽然明文规定不能歧视残疾人,但却没有具体规定应该怎样惩罚歧视残疾人的个人或单位。也就是说,我国在制定残疾人就业促进政策的时候欠缺惩罚"歧视行为"的考虑,这使得残疾人就业政策的执行缺乏必要的保证。比如,《中华人民共和国就业促进法》第六章中的 6 条规定都是针对就业援助的,比如提供适当的工作岗位等,条例中说明了什么样的人可以接受就业援助以及以何种方式对有需要者进行就业援助,但却没有说明拒绝依法提供就业援助的单位或者个人应受到什么样的惩罚。也就是说,一些单位和个人有恃无恐,认为就算歧视了残疾人,也不会受到惩罚。另外,需要说明的是《中华人民共和国就业促进法》第八章的"法律责任"中也没有提到歧视残疾人的个人或单位应该承担什么样的法律责任。

第二,缺乏残疾人失业保险政策。由于社会和残疾人自身的因素使得残疾人就业的稳定性较正常人有很大差别。因此,残疾人对失业保险的需求更为迫切,而现行失业保险的对象一般不包括集体企业的职工,更不包括街道、村(居)委会办的福利企业的职工,这就形成了残疾人的需要与现行政

残疾人政策法规理论与实践

策的矛盾。由于长期以来一些人对残疾人的歧视、偏见及制度上的原因,残疾人很难进入全民所有制单位就业;已在各企事业单位就业的大多是工作以后致残的,也大多或被优化组合,或者隐性失业。残疾人在失业之后没有失业保险,基本生活就无法得到保证。

第三,缺乏残疾人再就业的政策要求。随着企业内部改革的深化和劳动用工制度的改革,身体有缺陷的残疾职工在企业优化组合中首当其冲,或下岗回家,或在厂内隐性失业,再加上对残疾人的就业歧视极为普遍,让他们再次择业非常困难。一旦失业,再去找工作可能需要更多的时间。现行的《失业保险条例》没有具体规定对残疾人的失业保障,那残疾人失业之后的生活就会出现问题。更需要指出的是,对于正常的失业人群,各地方政府都会出台一些相应的政策帮助失业的正常人再就业,比如各地方政府先后出台诸如《关于进一步做好下岗妇女再就业工作通知》的政策,规定组织下岗女工参加再就业培训班,将她们培养成为家政或者某种手工能手等。但是到现在为止,还没有找到成文的、关于帮助残疾人再就业的政策规定。再就业是残疾人失业的后续问题,也是残疾人就业政策领域的盲区。

第四,有关扶持残疾人就业的福利企业税收优惠政策凸显出残疾人就业政策内容的明显滞后,不能满足现实所需。随着多种所有制经济的发展和传统社会福利企业的改革、改制,残疾人集中就业安置单位已经发生了很大变化,不再仅仅局限于由 1994 年国家税务总局发布的《关于民政福利企业征收流转税问题的通知》中规定的"民政、乡镇、街道举办的福利企业"所覆盖的范围,残疾人就业也有了新的变化和去向。虽然残疾人集中就业单位的性质及范围发生了变化,但当前关于社会福利企业的税收优惠政策仍局限于"只有民政、乡镇、街道举办的福利企业才能享受退税政策"这样的规定,其他投资兴办的福利企业的主体,如民间组织及私人投资兴办的福利企业就被排除在税收优惠政策之外。这样的税收优惠政策毫无疑问会打击福利企业集中安置残疾人就业的积极性,影响残疾人就业率的提高,限制残疾人就业渠道的扩大,阻碍了残疾人就业事业的发展与壮大。更为明显的是,有关"福利企业只允许从事工业性生产,不允许进入经营性、服务性领域"规定更凸显出政策内容的滞后,不仅限制了福利企业发展,更是不符合残疾人劳动者就业的需要。

（三）残疾人就业政策内容不具体

现有的残疾人就业服务政策内容不具体导致了政策的可操作性变差。在市场经济条件下,劳动力市场对劳动力的配置起基础性作用,完善的就业服务体系对每位劳动者都很重要,对本身已经存在缺陷的残疾人群体来说更为重要。虽然《劳动法》、《中华人民共和国就业促进法》、《中华人民共和国残疾人就业条例》和《中华人民共和国残疾人保障法》等相关法律法规都有关于残疾人就业服务的规定,但大多只对残疾人的培训做了原则性规定。比如,《中华人民共和国残疾人保障法》第四章"劳动就业"。本章的全部内容都在阐述如何帮助残疾人进行集中就业、按比例分散就业、自主创业,但是却没有说明残疾人在就业之前应该到何处去咨询有关岗位的情况,没有说明哪些部门应该为残疾人进行职业指导、告诉残疾人应当怎样去选择岗位。没有这种指导,残疾人就不知道该到何处去表达想要就业的愿望、到何处去咨询就业岗位的情况。在这种不知情的情况下,残疾人的就业难度更大。虽然各地残联及公益性组织提供了这样的服务性咨询窗口,但是在缺乏法律约束的情况下,这些窗口的服务往往不到位,因为法律没有规定这些机构的职责,服务是否到位完全取决于这些机构的责任心。若责任心差,服务必然不到位,也就不能切实解决残疾人在就业过程中遇到的问题。残疾人的就业服务要求要远远高于正常人,能否为残疾人就业提供完善的服务,直接决定着残疾人的就业质量。

(四)就业基本政策权威不足,立法层次有待提高

残疾人就业基本政策是指我国残疾人就业政策制定主体制定的具有指导全国残疾人就业开展作用的原则性政策,是残疾人就业总政策在残疾人就业实践工作中的细化。作为我国残疾人就业政策体系中基本政策的文件,不仅应是我国残疾人就业制度的基本法规,还应对我国残疾人就业实践工作起着"总统帅"作用,应对残疾人就业做出原则性、概括性的规定。从这个意义上来说,我国残疾人就业"基本政策"应发挥上承就业总政策、就业总方针,下启各项具体的、详尽的残疾人就业子政策之功效。残疾人就业制度是我国必须长期坚持的基本制度之一,但与其他方面的基本制度立法相比较,我国残疾人就业制度的立法步伐相对迟缓,立法的层次也还有待于提高。目前最高级别的专门针对残疾人就业领域的政策文件还属于国务院2007年2月发布的仍有待于进一步完善的行政规章《残疾人就业条例》,这与残疾人就业基本制度的地位不相符。而且从法理上分析,国务院制定的《残疾人就业条例》及其部门规章和地方性政府规章只是人民法院定案的参考依据,不能作为直接法律依据。因此,当前各级残疾人就业组织与实施机构(残联)依照部门规章开展的就业工作实际上是缺乏法律效力的。

换句话说,当前各项残疾人就业工作的开展是缺乏权威的。更为重要

的是,中国残疾人联合会及其地方级别的残联在我国实际上扮演着执行具体残疾人就业工作的指导及实施工作,而在我国的各项法律中并没有对残联的执行主体身份进行规定,也就是说残联开展残疾人就业工作没有实现法制化,因而其指导残疾人就业工作的开展及具体实施没有更权威机构的授权的话则凸显不妥当,开展工作的连续性及稳定性也得不到有效保障。

当然我国残疾人就业基本政策的权威不足的事实与我国残疾人就业保障开展的时间也有较大关系。相比西方国家,我国现代的残疾人保障事业开展的比较晚,而作为其重要组成部分的残疾人就业事业则更晚。因而,有关残疾人就业的政策及立法相应的发展也较缓慢,残疾人就业政策的质量以及对于残疾人就业政策的重视程度也都有待提升。基于此,笔者认为为了不影响我国残疾人就业政策体系构建的进程以及为了我国残疾人就业事业更好地发展,理应提升残疾人就业基本政策的地位,以此来促进残疾人就业政策功能的有效发挥,使其能更好地为促进残疾人就业服务。

（五）就业政策之间关联性不足,难以体现协调增益之效

正如前文所述,目前我国已经初步形成了残疾人就业政策体系。就残疾人就业政策体系而言,它绝非一个单独的个体,而是由若干单项残疾人就业具体政策构成的。虽然每一个残疾人就业具体政策都有着自己的政策目标和特定的政策使命,各自在一定的范围内对特定的政策对象发挥其相应的作用。但是残疾人就业政策体系的最佳功能绝非各项政策性质与功能的简单叠加就能达到,而是需要各项残疾人的就业政策之间相互作用,是各项残疾人就业政策性质和功能有机联系、互动作用的结果。换句话说,残疾人就业政策体系、各项就业政策之间存在必然的关联性。这种关联性具体表现为:如果残疾人各项就业政策之间能够相互补充、相互协调、互为增益,则残疾人就业政策的整体功能就能得到增强;反之,残疾人就业政策的整体功能则会因政策之间的"不和谐"而削弱。

自残疾人社会保障制度建立以来,为促进残疾人顺利就业,从中央到地方各级政府都出台了一系列残疾人就业具体政策。毫无疑问,这些具体政策对指导残疾人就业工作的开展和解决部分残疾人就业问题曾发挥过重要作用。但是,从政策分析的视角来看,这些残疾人就业政策之间还缺乏必要的关联性,虽然我国制定的这些政策都分别对促进残疾人就业贡献着各自不可忽视的力量,但是详细探讨这些政策之间的关系就发现它们之间缺乏必要的"连接枢纽",政策之间不能相互"呼应",这就使得单项政策的制定实施显现出"单打独斗"倾向,还无法实现政策之间"协调增益"的效果。残疾

人就业政策之间关联性的不足,不仅影响了政策间"协调增益"的效果的实现,更是提出了我国今后在残疾人就业政策制定时要从全局着眼、注重政策制定质量的提高这个关键性的问题。

二、我国残疾人就业政策的优化策略建议

对残疾人就业服务公共政策进行规范,将成熟的政策上升为法律法规并进行宣传教育,加大对残疾人就业法律法规的执法检查,并对残疾人进行司法救济,是确保残疾人就业服务公共政策得以全面落实和长期实施的有力途径。

(一)加快专门立法进度,提升基本政策地位

目前,我国专门性的特殊劳动就业立法层级低,除了《宪法》相关条文以及《劳动法》中有相应的抽象性规定以外,主要是一些行政法规、部门规章以及其他一些地方规范性文件。国务院颁布的《残疾人就业条例》仅是一个行政法规,在效力和层级上较低,对残疾人特殊劳动就业权缺乏较高层级法律的规范和保障,难以达到预期效果。作为指导残疾人就业的重要政策,残疾人就业基本政策必须具有法理性权威。从公共政策分析的视角来看,确立残疾人就业的法理性权威,就需要残疾人就业基本政策升格定位,以便确立权威性比较高的、同时又相对稳定的残疾人就业基本规范政策。建议可以学习一些西方发达国家的立法经验,制定专门的残疾人劳动就业保障法律,比如《特殊劳动就业法》和《反劳动就业歧视法》等。

总而言之,当务之急在于一方面要通过加快立法步伐,完善残疾人就业基本政策,依法确定残疾人就业指导机构人员的性质、任务、职权以及任职资格等问题,确定在残疾人就业指导中占有重要地位的就业指导与培训人员的专业素质要求;另一方面要通过提升立法层次,提升残疾人就业基本政策地位,有效解决残疾人基本就业政策权威性的问题,为残疾人就业政策走向法制化奠定基础、创造条件,并在此基础上依法构建优化的残疾人就业政策体系。

(二)优化政策结构,注重落实配套政策

优化我国残疾人就业政策,当前除了要适时加快修正与完善包括《残疾人就业条例》在内的残疾人就业基本政策及各项具体政策的步伐外,还必须在优化政策结构的同时,注重残疾人就业配套政策的落实,丰富政策内容。具体而言,今后我国残疾人就业政策的完善还需要注意以下几个方面:

第一，必须注重我国残疾人就业政策结构的优化。如前文所述，我国残疾人就业政策的结构被划分为保护性就业政策、市场性就业政策、辅助性就业政策三个层次。通过前文的分析可知，残疾人就业权益的保障除了要依靠立法保障以外，还必须得到司法保障。残疾人是我国的弱势群体，对于这个群体在就业受到歧视时还需依靠法律援助来捍卫自己的正当权益。从这个角度上来说，我国残疾人就业政策结构的优化还必须要考虑到在原有的政策体系中加上残疾人援助性就业政策这一项，完善并积极落实司法救助，以期使我国的残疾人就业拥有优化的政策结构。

第二，必须注重残疾人就业政策的配套政策的落实，丰富政策内容。我国残疾人就业政策的配套政策除了前文提及的为残疾人就业铺平道路的辅助性就业政策外，还包括一些服务性就业政策。正如前文所提及，当前有关残疾人辅助性就业及其援助性就业政策还存在着具体政策的欠缺，因而在构建我国残疾人就业政策体系时，还必须注重包括残疾人就业服务、残疾人司法救济及法律援助在内的有助于残疾人充分就业的配套政策的制定及完善。

简而言之，只有在适当增加残疾人就业具体政策的数量、注重优化残疾人就业政策结构的同时，落实残疾人就业政策的配套政策，才能形成残疾人就业政策体系的优良结构，达成残疾人就业政策体系的正向效应，最终实现残疾人就业政策体系及其功能的"优化"。

（三）借鉴国外经验，实施多元化就业政策

在国外，残疾人就业保障及其政策的发展经历了一个从无到有、从边缘化到融入社会主流的一个过程。伴随着国家实力的增强，政府在残疾人就业领域逐渐发挥出越来越重要的作用，成为指导残疾人就业工作中名副其实的主导者。通过对国外残疾人就业政策的纵览及研究，不难发现政府制定的多元化残疾人就业政策对其推动残疾人就业的发展起着至关重要的作用。概括说来，国外多元化的残疾人就业政策主要集中表现为平等就业模式、保护雇佣模式、扶持性就业模式。

平等就业模式的基调是在立法中鲜明体现反就业歧视原则。这种模式的做法不是严格规定各用人单位必须招收多少残疾人，而是依靠市场，要求各单位平等对待残疾人，让残疾人获得就业机会。美国推进以职业自立为目的，强调用人机构平等无歧视地对待残疾人就业，凸显的就是平等就业模式。美国法律规定，各用人单位在招工、培训、职位晋升、解雇和确定待遇等方面，均不得歧视有劳动能力的残疾人。在招收残疾人雇员后，雇主应当出资修建残疾员工专用的停车位和到达办公室的无障碍通道等。为此，还制定了具体的促进残疾人平等就业的措施。美国早在 1938 年就开始特别关注残疾人自身具备什么样的能力和条件，可以从事某种工作，并制定颁布了《公平劳动基准法》，该法重点是在保护竞争性行业中以及医院或机构附设的庇护工厂里的残疾人，保证他们的工作机会不被剥夺。[①] 不仅如此，为防止企业随意解雇残疾职工，美国的《残疾人保护法案》和《家庭和病假法案》还对残疾人就业这一条特别规定，残疾人在 12 周病假期间雇主不得予以解雇。[②] 1956 年艾森豪威尔执政时制定的 OASDI 计划，又再次扩大了法律对残疾人的就业权益的保障。1977 年，美国颁布了以"尽量废除残疾人与非残疾人的差距"为目的联邦法规，其中涉及保障残疾人就业权益内容就明确规定了：雇主不得借"身体检查"有所差别而拒绝雇佣残疾人。1990 年，美国通过了《美国残疾人法》，再次明确规定禁止公共服务中对残疾人的歧视，被雇佣者不应"身体检查"而受到差别待遇。就政府设立为残疾人平等就业服务的组织机构及培训机构而言，劳工部就业训练署之下的"联邦就业处"，负责提升、发展与维护一个就业服务的全国性系统，以协助符合规定的残疾人从事有酬工作，并为残疾人提供特别服务。而各州的"地方就业服务中心"，都至少需指定一名工作人员负责对残疾人提供有效的特别服务。此外，为了保障相关残疾人平等就业法律、法规的执行，美国还设立了专门的调解和解决就业歧视的机构——平等就业机会委员会，以便能够有效地维护残疾人自身的合法权益，并给予残疾人法律援助和司法救助。

保护雇佣模式主要是特别强调雇主的社会责任。欧洲国家中以英国为典型代表。英国强调残疾人就业尽可能采用不一般的雇佣形式，为残疾人制定专门的保护性雇佣制度。1944 年、1958 年以及 1973 年先后多次修改保护性就业制度。英国于 1944 年颁布了《残疾人就业法》。此法规定了凡雇用 20 人以上的企业，有义务雇佣占企业职员人数 3‰的残疾人。而且，此法还规定了残疾人的登记、工作的保留及庇护工厂等事项。[③] 英国《慢性病患者和残疾人法案》也规定："每个地方保健当局有责任提供内政大臣可以批准的福利工厂，在这样的工厂内，残疾人可被雇用做适当的工作，或按照 1944 年和 1958 年《残疾人雇用法》受到训练。"[④]

---

① 马洪路：《残障社会工作》，北京：高等教育出版社，2007 年版，第 29 页。
② 中国残联教育就业部：《国外残疾人就业立法情况概述》，《中国残疾人》，2007 年第 4 期。
③ 马洪路：《残障社会工作》，北京：高等教育出版社，2007 年版，第 31 页。
④ 马洪路：《残障社会工作》，北京：高等教育出版社，2007 年版，第 32 页。

扶持性就业模式在国外一般被认为是指将残疾人安排在开放的劳动力市场里工作,同时外部机构(政府或是其他非营利组织等)对其提供支持来保护或维系残疾人就业的一种模式。这种对残疾人就业的支持可以是收入上的直接经济补贴,也可以是就业场所以及就业活动中的特别帮助。这种模式要求对残疾人的就业提供"合理的便利"。瑞典和芬兰两国的残疾人就业计划中都将扶持性就业列为重要的一项。如瑞典的劳动残疾者的市场求职计划中的"扶持性就业"就被定义为在开放的劳动力市场的工作教练的帮助下完成工作的一种就业形式。① 通过将残疾人安排在主流工厂或是公司的办公室工作,同时配备来自政府机构或非营利组织的服务人员对残疾人的工作进行指导和帮助,使得残疾人能适应在真实性的非保护性就业场所里工作,进而鼓励残疾人走向市场,寻求更多就业机会。芬兰是从1995年才开始实行残疾人扶持性就业计划的。在这一计划中,残疾人和其他健全人一样,享有合法的工作劳动合同和相应的工作条件和工资。目前这一计划逐渐成为芬兰残疾人就业者的主要选择。

简而言之,尽管我国目前也采用了上述部分就业模式,但相比较而言,我国取得的成绩还很有限,基本上一个实施多元化的残疾人就业政策的时代还没有到来。要实现中国残疾人就业政策多元化,推动残疾人就业事业的进一步发展,必须要做到以下几点:首先,要借鉴发达国家先进的经验,尤其是鲜明的立法精神与原则,例如反就业歧视原则,强调雇主方社会责任的原则,提供"合理便利"的原则等;此外,还应不断制定、修正残疾人就业法律、法规,在法律中细化多元化的残疾人就业支持性条款,完善相应的法律体系,使残疾人多元化就业政策更具有可操作性。

第三节　涉及残疾人劳动权益保障的案例解析①

【案例1】　迟到了35年伤残证明

(一)案情简况

35年前的一次工伤事故,给郑女士的左腿造成伤痛的困扰。如今她的这条左腿被诊断为左股骨缺血性坏死,她自己也被劳动部门评定为伤残四级、三等护理。拿着手中的这份迟到35年的工伤致残证明,郑女士对能否要回其35年前就应得到的工伤待遇充满忧虑。

---

① 廖娟:《残疾人就业政策:国际经验及对我国的启示》,《人口与经济》,2008年第6期。

现年 60 岁的郑女士,是南昌发电厂一名退休女职工。1968 年 11 月 6 日上班时,她不慎从高处作业的地方摔下,造成左股骨严重受伤以及脑震荡后遗症。直至 1998 年,郑女士的腿伤逐渐恶化成左股骨缺血性坏死,随之而来的便是一些日常的生活行动受到限制,生活变得无法自理。由于长年的疼痛,郑女士只能用双拐支撑身体行走,她的左腿已经严重萎缩。再加上膝下两个儿女不在身边,相依为命的老伴又患有高血压、冠心病,郑女士的家庭生活可以说是每况愈下。

南昌发电厂劳资科的一位负责人告诉记者,退休女职工郑女士确实在 1968 年发生过工伤事故,但当时医疗部门都只鉴定出郑女士有脑震荡后遗症,并无左股骨严重受伤的迹象。由于一些历史的原因,这次事故的工伤证明到 1989 年时厂里才予以确认。而在此期间,郑女士都一直在自己的岗位上正常工作,直到 1993 年办理了正常的退休手续。而据厂里知道的情况,郑女士的腿伤是在其退休后 1998 年的时期才向厂里有关部门提出来的,之前的工伤证明中并没有腿伤的内容在里面。之后,郑女士的腿伤才开始逐渐恶化,2001 年,江西省劳动工伤鉴定委员会为郑女士评定了伤残等级为四级伤残、三等护理。

(二)案情点评

我国劳动部于 1996 年颁发的《企业职工工伤保险试行办法》中第二十二条规定:"职工因工致残被鉴定为一级至四级的,应当退出生产、工作岗位,终止与企业的劳动关系,发给工伤伤残抚恤证件,并享受以下待遇:1. 按月发给伤残抚恤金,标准分别为本人工资的 90％至 75％。其中:一级 90％,二级 85％,三级 80％,四级 75％;2. 发给一次性伤残补助金,标准相当于伤残职工本人 18 至 24 个月工资。其中:一级 24 个月,二级 22 个月,三级 20 个月,四级 18 个月。"如果郑女士确系因工伤致残,从劳动部门工伤鉴定委员会为其评定伤残等级之后,她就应该依法享受国家规定的相关的工伤待遇,这是法律赋予劳动者的合法权益。

【案例 2】 乘梯摔伤残疾女　商家过错付赔偿

(一)案情介绍

2004 年 3 月 12 日下午,重庆市江北区三级肢体残疾人陈某和朋友刘某、侄女曹某一同到重庆家乐福商业有限责任公司金观音广场店购物。当他们搭乘店内的自动扶梯到下一层楼时,由于扶梯的惯性作用,加之扶梯出口处地面有凸出,陈某在下扶梯时站立不稳,摔倒在地,造成左股骨粉碎性螺旋性骨折。事故发生后,陈某到医院治疗,共花去医疗费1.4万余元。

陈某及家人认为,重庆家乐福商业有限责任公司金观音广场店由于设施不完善,管理不到位,违反了《残疾人保障法》、《城市道路和建筑物无障碍设计规范》和《消费者权益保护法》的相关规定,多次找到重庆家乐福商业有限公司金观音广场店,要求赔偿,均被拒绝。于是陈某到重庆市江北区残联求助,江北区残联了解情况后,多方协调,并通过江北区司法局联系重庆衡信律师事务所为陈某提供法律援助,一纸诉状将重庆家乐福商业有限责任公司金观音广场店告上法院。

（二）案件结果

2005年3月18日,重庆市江北区人民法院开庭审理认为:重庆家乐福商业有限责任公司金观音广场店作为从事经营活动的大型百货零售商,应该为残疾人这样的特殊人群设置专门的上下楼无障碍通道,以保障残疾人上下楼的安全,但重庆家乐福商业有限责任公司并未做到,未尽合理限度内的安全保障义务,致使陈某上下楼搭乘扶梯时遭受人身损害,故对于作为消费者到其店内进行消费的原告的受伤,被告负有过错,应当承担赔偿责任。原告系三级肢体残疾人,按照《中国残疾人实用评定标准》的规定,其具有基本能够完成日常生活活动的能力,当然包括到商场购物,无须其他人陪伴,其在商店消费时受伤,主观上不负有过错。判决重庆家乐福商业有限责任公司金观音广场店赔偿陈某医疗费、误工费、住院生活补助费、护理费、交通费、续医费、鉴定检查费和精神损害抚慰金等,共计27 703元。

（三）案件点评

本案是重庆市第一例残疾人通过司法程序维护自己作为消费者合法权益的案件。过去类似事件时有发生,但一些明显存在过错的商家或单位往往采取私下协商的办法解决,作为被侵害权益的残疾人又不知道如何维护自身的合法权益,致使残疾人的利益受到损害。

【案例3】 最低工资足额付 无端克扣法不容

（一）案情介绍

施某系某国企职工,因患精神分裂症,长期住院治疗。由于单位未按有关规定支付足额的最低工资,施某遂向劳动争议仲裁委员会申请仲裁。劳动争议仲裁委员会以超过申请仲裁时效为由,未支持施某的申诉请求。万般无奈之下,施某的妹妹(监护人)来到上海市虹口区法律援助中心,期盼能得到法律援助。工作人员听完其讲述当事人的情况,在审核相关证明后,认为其符合援助条件,按照《法律援助条例》规定,立即为施某办理了有关法律援助的手续,并落实了承办该法律援助案件的律师事务所。

律师事务所的张律师在接受案件后,先向施女士了解了相关情况,查阅了劳动保障的相关法律资料后,认为施某和企业依然存在着劳动合同关系,其情况按照劳动法的规定,应当享有最低工资保障,这是强制性的规定,企业不得以任何理由不支付足额的最低工资。随后张律师便向企业发送了律师函,要求企业按照规定向施某支付足额最低工资,以保障施某的基本生活要求。但企业提出,自身处于经济困难中,并非不给,而是企业效益不好,不能给予足额的最低工资。张律师经实地调查后发现,该企业确实连年亏损,效益不佳,但张律师认为,效益不好并不能成为克扣职工工资的理由,更何况施某是无行为能力人,无法进行生产活动和料理自己的生活,其生活保障来源都仰仗于企业的最低工资。若企业不能足额发放最低工资,会直接危及施某的基本生活。在数次交涉未果的情况下,张律师和施女士商量后,代理施某向法律提起诉讼,希望寻求诉讼途径来敦促企业履行法律义务。

在诉讼过程中,经过法院组织调解和教育工作,该企业的态度也有一定转变,认识到自己的行为已经违反了劳动法的规定。而该职工确有特殊困难,应当予以考虑。以效益不好为由克扣职工最低工资,无法律依据。张律师面对企业态度的转变,既考虑到为施某今后生活能得到可靠保障,也考虑到企业自身的困难,与企业进行反复协商,最终达成了调解协议。企业允诺将应支付施某的工资差额分两期支付。

(二)案件结果

施某得到了企业分期支付的工资差额后,该国有企业又主动与社会保险机构协商,为施某办理了提前退休手续。当事人的合法权益最终得到了保障,使本案也画上了一个圆满的句号。

(三)案件点评

本案的受援人要求支付其工资具有法律依据,根据《中华人民共和国劳动法》第 29 条,劳动部《关于〈劳动法〉若干条文的说明》第 29 条,劳动部《关于贯彻执行〈中华人民共和国劳动法〉若干问题的意见》第 34、35、59 条和劳动部办公厅《关于精神病患者可否解除劳动合同的复函》等法律法规的规定:

1. 劳动者在患病医疗期间不得解除劳动合同;

残疾人政策法规理论与实践

2. 请长病假的职工,在病假期间与原单位保持劳动关系;

3. 职工患病医疗期间,在规定的医疗期间企业按有关规定支付其病假工资;

4. 精神病患者经治疗病情稳定后,经鉴定丧失劳动能力的,解除劳动合同,办理因病退休手续并发给医疗补助费用。

本案的受援人既是残疾人又是劳动者,作为劳动者的残疾人本应由工作单位给予其在工作环境和工作报酬方面的严格保障,以落实国家《劳动法》和《残疾人保障法》的规定。但一些单位出于效益因素考虑,往往不能履行国家法律规定保障残疾劳动者的合法权益。因此,加强对企业的法制教育,有关职能部门任重而道远。

本案中,援助律师在反复协商不能取得结果的前提下,果断诉诸法院,采取诉讼方式把对方拉到谈判桌上来,不失为一种法律策略。而法律援助及时维护这些弱势群体的利益,始终关注他们的疾苦,使残疾人的困难得到及时解决,也体现了社会对于残疾人权益保障的责任所在。

【案例 4】 盲人按摩遭清理 当地残联妥安排

(一)【案情介绍】

2004 年 7 月,广东某铁路股份有限公司(以下简称广某铁公司)根据中央、省、市领导有关指示精神,为恢复某市火车站旅客候车功能,开展清理整顿火车站商业服务场所行动,火车站大楼内的 5 家盲人按摩机构也被列入清理范围,7 月 12 日,5 家盲人按摩机构正式接到停业关门的通知。由于这 5 家盲人按摩机构共有从业人员 1 100 人,其中盲人 273 人,本地户籍盲人 31 人。清理行动使他们突然失去了工作,又未及时得到劳动补偿,从而引发了部分盲人及其他员工集体上访事件,事态非常严重。

当地市残联得知这一情况后,立刻组织各部门负责人召开紧急会议,研究讨论事态的变化,并制定相应的"维稳、维权"方面的工作预案。首先成立了配合市火车站整治工作领导小组,负责处理火车站盲人按摩机构善后工作。领导小组认真部署解决事件的方案,积极协调有关部门做好有关工作。同时建立 24 小时值班制度,深入了解盲人的动态,反映他们的诉求,协调业主做好工资发放,妥善分流安置盲人从业人员等。

在整个清理行动过程中,市残联都派出现场工作组进驻到火车站附近,深入开展盲人按摩机构及盲人从业人员的调查摸底工作,摸清掌握机构老板、员工的思想动态和盲人数量、盲人居住地点、机构欠薪及机构收费等情况,并要求机构业主确保盲人从业人员工资、福利的落实;另一方面,工作组制订了关于配合火车站整治工作的实施方案,对可能发生的不利于稳定的过激行为做好工作预案,并根据盲人在各阶段的动态反应,采取动态跟踪处理、逐个击破的办法,有针对性地妥善处理了盲人上访事件和一系列善后问题。市残联还组织专门的信访工作小组做好到市政府和中残联上访的盲人的排查、疏导和教育工作,如:将到市政府信访办上访的盲人,用车接回市残联耐心地安抚、劝说和解释工作;多次将盲人的一些诉求通过《情况反映》和《信息快报》向市政府报送;接回进京上访的盲人,进行说服、规劝和耐心教育等。同时,积极做好盲人按摩机构老板的工作,使他们尽快发放员工的工资和劳动补偿,避免矛盾进一步激化。

(二)【案件结果】

这次配合清理整顿行动,市残联工作组接访盲人 12 批 136 人,分流安置盲人 100 多名,协助市政府和有关部门处理盲人按摩机构员工上访事件 16 批 400 多人次,督促盲人按摩机构发放员工工资 165 万元,协调广某铁公司和相关的盲人按摩机构发放员工劳资补偿金 334 万元。整个火车站清理行动虽然有较大规模的集体上访事件,但没有过激的行为和人员伤亡事故,保持了社会稳定。在整个行动过程中,市残联为盲人及其他从业人员追讨了工资及劳动补偿达 500 多万元,实现了"维稳、维权"的工作目标,取得了较为圆满的成果。

(三)【案件点评】

在这个案例中我们深深体会到:残疾人在参与社会的工作和生活中,会碰到许多的问题和矛盾,既要遵守社会秩序,服从改革和经济发展的大局,积极参与城市的建设和管理,又要维护自身的合法权益;残联作为残疾人的管理、代表和服务的机构,既要代表政府行使管理职能,也要坚定不移地服务残疾人,保障残疾人的合法权益。

第九章　残疾人权益保障政策法规的展望与构想

我国的残疾人社会保障事业在改革开放后的几十年里已经获得了长足发展，为广大残疾人带来了各项权益。事实经验表明，残疾人权益的全面保障必须仰赖于健全的法律体系，而目前面临的诸多问题也正是由于法律制度在一定层面上与现实状况存在脱节，在保障残疾人权益方面也有着严重缺陷。因此，要实现残疾人社会保障事业的进一步发展，必须构建一个科学合理、功能完善的法律制度体系。

第一节　残疾人社会保障法律制度的总体设想

一、残疾人社会保障法律体系

法律体系是一国国内法构成的体系，包括被本国承认的国际法和有关残疾人权利的国际规范与标准。各国残疾人权利的综合法律框架的设计和实施过程，可以为我国立法者和决策者提供重要指导，确保与国际规范和标准相一致，同时可以使国内法官在审理案件时予以充分参考，以保证残疾人获得符合国际人权标准的法律保护。[①]

建立比较全面的法律体系和制度框架，是残疾人社会保障的基本要求和根本出路，也是西方发达国家的有效经验，并已成为一种国际惯例。残疾人社会保障制度的法制化必须首先从立法层面开始，逐步建立起残疾人社会保障制度的基本法律框架，切实做到有法可依、有法必依。

建立残疾人社会保障法律体系，必须明确界定法律的纵向层级和赋予每个层级具体内容，这既是建立法律体系的必然要求，也是法律体系自身的应有之意。

首先是宪法层次，作为国家的根本大法和法律的最高层次，应在宪法中对残疾人应享有的公民权利予以确认，并明确国家与社会对于残疾人应当

---

① 　陈新民主编：《残疾人权益保障——国际立法与实践》（前言），北京：华夏出版社，2003 年版。

负有的基本保障责任。其次是法律层次,以《残疾人保障法》作为综合性专门法律,配合制定残疾人就业、教育、康复等作为单一性专门法律,并通过制定或修订《社会保障法》、《社会保险法》等涉残相关法律,体现对残疾人的特别保障,实现与残疾人社会保障专门法律的衔接配套。再次是法规层次,随着《社会保障法》、《社会保险法》等法律的制订或实施,配合修订不久的《残疾人保障法》,相应制订配套性行政和地方法规文本。其四是规章层次,在现有各类规章的基础上,制订或修订涉残的部门规章与地方规章。其五是规范性文件层次,在法律法规确定的基本方针的基础上和基本原则的指导下,适时适地制定相关规范性文件,作为法律法规体系的有机补充和具体实施意见。①

目前我国已初步形成了以宪法为指导、以《残疾人保障法》为核心、以相关法律法规为基础和以地方规范性文件为补充的四个层次的残疾人社会保障法律体系基本框架。但在保障残疾人权益方面仍存在诸多问题,如关于残疾人的教育与就业两大权利而言,只有在法规这一层次的相关规定,而缺乏法律层次的相应保障,且规范性文件内容很多存在不具体、操作性差、难以具体执行等相关问题。这是现行法律体系面临的突出问题,也是构建完善法律体系的努力方向。

建立残疾人社会保障法律体系,必须从总体上设计中国社会保障体系,从宏观上把握社会保障立法,实现残疾人保障在整个社会保障体系中的合理定位、理性构架与最佳效能,这主要体现在法律制度的横向设计和平面组合。有学者认为残疾人社会保障应包涵四个子系统,即指社会救济、社会福利、社会保险和社会服务。② 也有学者提出双层结构的残疾人社会保障,一个层次是全体社会成员都适用的一般性社会保障制度安排,另一个层次是面向残疾人群体适用的专门性社会保障制度安排。③ 这些观点充分考虑了残疾人的公民性和特殊性,确定了残疾人保障的一般属性和独立个性。

总的来说,残疾人法律体系的构建应该从充分考虑残疾人的基本需求出发,如残疾人的教育、就业、康复权利等,在将残疾人的社会福利纳入整体社会福利制度的基础上,对残疾人实行特别扶助的原则加以权益的保障。具体救助可以分类的形式实施,力求保证实现对于残疾人社会保障的重视与

① 谈志林:《残疾人社会保障问题研究》,王利明,马玉娥,安守廉主编:《残疾人法律保障机制研究》,北京:华夏出版社,2008年版。
② 彭立谦:《残疾人社会保障制度浅探》,《山东经济战略研究》,2006年第9期。
③ 郑功成:《残疾人社会保障、现状及发展思路》,《中国人民大学学报》,2008年第1期。

残疾人政策法规理论与实践

支持。以满足基本生活为基础,以维护平等权利为重点,以优化参与环境为手段,构建布局合理、统分结合、运转协调、支撑有力的残疾人社会保障法律体系。此外,在强调和力促立法、执法、司法等"硬约束"的同时,也不可忽视和弱化宣传、倡导、评价等"软约束"的功能。加强现代残疾人观的宣传,促进全社会形成扶残助残的良好道德风尚;加强残疾人法制宣传工作,提高全民保障残疾人权益的法律意识;加快建立残疾人社会保障的实施与绩效评估机制,强化奖励政策和约束机制;各级人大、政协和政府部门进行执法监督检查和视察,有关部门和机构开展法律服务和法律援助等。这些办法和措施不仅适合国情、行之有效,也能为残疾人社会保障法律体系建构争取有力支持和营造有利环境。

二、残疾人社会保障立法模式

残疾人问题其实是一个人权问题,公民最基本的人权包括生存权和发展权,残疾人权利保障关系着社会的公平与和谐,表征着国家的道德立场与人性维度。享有社会保障是公民的一项不可剥夺的法定权利。在国际法层面,1984 年联合国通过的《世界人权宣言》就已经对此做出了相关规定,如第 22 条规定:人既为社会之一员,有权享受社会保障,并有权享受个人尊严及人格自由发展所必需之经济、社会及文化各种权利之实现;第 25 条规定:人人有权享受其本人及其家属康乐所需之生活程度,举凡衣、食、住、医药及必要之社会服务均包括在内;且于失业、患病、残废、寡居、衰老或因不可抗力之事故致有他种丧失生活能力之情形时,有权享受保障。① 此外,《残疾人权利公约》也已经从国际法角度对残疾人权利做了约章性规定,但是各国残疾人权利主要有赖于该国国内法的具体制定和确认。

当今世界上已有一些国家制定了专门的残疾人反歧视法律,不少国家通过其他规范保障残疾人权益,法律保障主要有以下几种模式:(1)国际宣言或条约。联合国制定的一些重要的人权公约和宣言,专门提及残疾人并对其加以特别保护,尤其是《残疾人权利公约》标志着残疾人人权国际保护逐渐走向成熟。(2)宪法保护。宪法是一个国家的最高法律,不少国家在宪法中对残疾人权利予以明确规定,许多国家的宪法改革包含了反对残疾歧视的条款。(3)民法条款。约有 40 个国家通过民事法律对残疾人实行非歧视和平等保护模式,这是最详细、最全面的法律保护类型。(4)刑法条款。由于这些规定涉及刑事制裁,因此是最为严厉的法律规定,但是否属于

---

① 齐延平主编:《社会弱势群体的权利保护》,济南:山东人民出版社,2006 年版,第 381 页。

有意歧视很难判断,所以刑事条款的执行存在一定难度。(5)社会福利立法。有关残疾预防和康复、社会服务和社会融合等方面的内容,通常见之于社会福利立法领域,包括收入维持、教育培训、帮助就业以及减免乘车费用、资助购买辅助用具等,内容极为丰富,项目比较具体。①

作为一个独立的法律部门,社会保障法应有其自身体系结构和立法方式。有学者认为,就目前法制建设和国情而言,我国更适合采用独立平行的立法方式。重构的社会保障法律体系可分为社会保障行政法、社会保障给付法、社会保障争议法三大子系统,采用平行的立法方式有利于尽早出台这三方面的法律制度。同时,由于社会保障内容的广泛性和我国多部门管理的现实性,以及立法惯例、法制结构和以往经验,若以综合性社会保障法作为母法,在此基础上制定若干社会保障子法,既无必要也不现实。因为采取这种立法模式将会完全改变现行的社会保障法律制度格局,况且母子法结构亦非社会保障制度运行的唯一最佳选择。再者,社会保障法律应在全国范围内统一实施,不应因为地方性客观上形成地区之间社会保障制度的不平衡。采用由国家最高权力机关就某一方面进行规范立法的平行方式,也有利于实现社会保障立法统一和执法统一。重构的我国社会保障法律体系包括三个平行的子系统,子系统又可分别体系化和具体化,上述对社会保障法律系统的基本构思和立法模式的基本构想,比较适合中国社会保障法律制度的现实情况和总体方向。②

因此,我国残疾人权益保障的立法模式应该在引进国际社会先进理念、借鉴国外残疾人立法方面的经验基础上,结合我国的实际国情,并充分考虑我国目前的经济社会发展状况以及社会保障整体水平和法制建设实际情况等因素,进行合理的定位、科学的考虑和长远的设计。有学者指出,我国应倾向于选择"统分结合"模式或称"整合模式"。既要统一我国残疾人一般性社会保障制度,又要在差异性基础上统中又分地构建特殊性社会保障制度;基于社会公平的价值理念和社会和谐的实际需要,结合满足特殊弱势群体的特殊困难和特别需求,残疾人社会保障不仅要与全国一般意义上的社会保障制度相衔接或整合,而且在制度形式、待遇水平与项目设计上要最终超

---

① 齐延平主编:《社会弱势群体的权利保护》,济南:山东人民出版社,2006年版,第362－364页。

② 郭成伟,王广彬:《公平良善之法律规制——中国社会保障法制探研》,北京:中国法制出版社,2003年版,第94－95页。

越全国一般意义上的社会保障制度。①

第二节　残疾人权益保障专项政策法规制度的构建

残疾人作为社会中的需要特别关照的弱势群体,其生活的各个方面均存在不同程度的困难与障碍以及特殊的需求。因此,法律在保障残疾人权益方面必须考虑到这一群体的特殊性。如果仅仅依靠一般的社会保障制度和相应的法律法规是远远不够的,必须通过专项法律制度给予特别扶助,才有可能减轻或消除歧视,维护实质公平和平等权利。

一、残疾人康复权利的法律保障

康复所包含的内容是多方面的,广义的康复包括了医疗康复、教育康复、职业康复以及社会康复四个方面。在医疗康复方面,目前常用的康复治疗方法包括:物理和运动疗法、作业疗法、语言疗法、心理治疗、文体治疗以及中医治疗等。教育康复是应用文化教育及技能教育等对残疾人进行康复工作。教育康复从内容上分为两种情况:一种是对肢体功能的残疾人进行的普通教育,包括从初级到中高等教育;另一种是指对盲(含低视力)、聋、哑、精神或智力残疾的残疾儿童青少年和有需要的残疾人进行的特殊教育。职业康复活动则是为残疾人职业发展服务,根据职业康复工作的程序与工作内容,对有一定劳动能力的残疾人给予辅导,帮助他们获得就业机会,并稳定地从事力所能及的工作。康复是残疾人平等参与社会生活的基础和前提,是实现残疾人基本权利和实施残疾人积极保障的重要内容。

联合国和世界卫生组织对残疾人康复始终特别关注,我国《残疾人保障法》专门设立一章对康复做出规定,而且是总则之后的第一章,足见其重要性。总则第 11 条专门规定了残疾预防工作。康复是我国残疾人事业开展最早的项目之一,特别是 1990 年《残疾人保障法》实施以来,在国务院批转并已实施的残疾人事业发展的数个五年纲要、计划及其实施方案中,残疾人康复都是十分重要的组成部分。2002 年 8 月,国务院办公厅转发卫生部等部门《关于进一步加强残疾人康复工作的意见》,提出了到 2015 年实现残疾人"人人享有康复服务"的总体目标。《中共中央国务院关于促进残疾人事业发展的意见》明确要求,将残疾人康复纳入国家基本医疗卫生制度和基层

---

① 李迎生,厉才茂等著:《残疾人社会保障理论与实践研究》,北京:华夏出版社,2008 年版,第 171 - 177 页。

卫生服务内容,逐步实现残疾人人人享有康复服务。尽管我国残疾人康复工作取得了显著的成果,但与广大残疾人需求相比仍有很大差距。为此,建议在政策法规的建立上可以从以下几个方面予以加强:

(一)将康复事业的经费投入及具体的康复服务项目纳入法律保障体系

各级政府应是残疾人康复的责任主体,政府要加大对残疾人康复的投入,有关部门要落实各项康复经费。同时也要充分发挥社会力量参与残疾人的康复服务,并给予充分支持与相关法律制度的配套建设。但目前现行的法律当中对于政府及社会力量的责任并不明确,主要仍是以残联或相关部门下达的部门规章为制度依据,因此,需要上升到法律层面予以保障。否则很难在短期内改善残疾人康复服务与机构相对滞后和辅助用具供应严重不足等状况。同时,要把保健、预防、医疗和康复紧密结合起来,把可以共享的资源和优惠规定充分整合利用起来。比如,在医疗保障制度中纳入残疾人康复项目,将之列入医疗报销范围,医疗机构设立康复科室。借助工伤保险基金与工伤保险服务系统的力量,将残疾人康复事业与工伤保险等制度有机结合。①

我国目前开展的康复项目服务还很有限,且主要集中在地市级以上城市,不少康复项目尚为空白或刚刚起步。应以实用、易行、受益广的康复内容为重点,迅速改变残疾人康复项目短缺、覆盖面窄、水平不高的现状。

(二)将残疾预防及儿童抢救性康复服务纳入法律保障体系

联合国《关于残疾人的世界行动纲领》把残疾预防看成一项战略措施,指出:残疾预防战略对于减少缺陷和残疾极为重要,实施残疾预防和控制缺陷不致发展,比以后不得不照料残疾人,社会付出的代价要小得多。此外,如果残疾儿童能够实现早发现、早治疗、早康复,花费较少的费用就可以取得很好的效果,有的甚至可以治愈,而一旦错过最佳治疗和康复时机,则会造成终身残疾或残疾程度加重。我国是残疾人口众多、残疾高发的国家,开展残疾预防对于保护人民健康和保证人力资源以及提高国民素质和文明程度具有十分重要的意义。实践中致残因素多种多样,残疾预防措施可分为三级,目前我国相应采取了一些主要措施,但由于经济发展水平相对落后,

---

① 郑功成:《中国残疾人社会保障的宏观思考》,《河南师范大学学报》(哲学社会科学版),2007 年第 6 期。

公共卫生体系相对滞后,国民预防意识和安全意识十分薄弱,残疾高发的态势尚未得到有效控制,残疾程度的发展尚未得到明显缓解。

为此,国家应当进一步加强组织领导,制定法律法规,有计划地开展预防工作,在全社会宣传普及母婴保健和预防残疾知识,采取积极措施消除或减少诸如安全生产事故、交通事故、环境污染事故、食品药品事故和医疗事故等致残因素。

(三)建立健全残疾人康复工作网络和服务体系

残疾人康复组织管理网络、技术指导网络和服务网络建设至关重要,是做好这项工作的基本前提和根本依托。我国近年来在此方面取得了明显进展,但网络化、体系化远远未能形成,因而为残疾人康复服务的范围和能力受到很大制约。《残疾人保障法》对此予以特别强调,并做出明确规定,必须细化实化、建立健全。卫生、民政、人社、残联等部门,在管理上要认真履行职责,业务上要密切协调配合。综合医院或医学院的康复部以及综合性和专门性的残疾人康复中心等康复机构,要利用设备、人才和专业优势,发挥指导、骨干和示范、辐射作用;社区康复是世界卫生组织于1978年倡导的一种新的、有效的、经济的康复途径,要加快推进"康复进社区",并由城市社区向农村社区延伸;残疾人家庭成员要通过培训,掌握必要的康复知识和技术,真正做到"服务到家庭"。由此形成以康复机构为骨干,社区康复为基础,残疾人家庭为依托的全方位、多层次的工作网络和服务体系。

(四)强化康复队伍建设和扶持辅助器具研发

我国康复专业人才稀缺,康复人员培训不足,康复方法比较落后,康复知识普及工作更是开展得少之又少。要有计划地加快步伐,在医学院校和其他有关院校设置相关专业,开设康复课程,培养各类专业人才;要制定康复基础培训和进修培训计划,采取多种方式对有关工作人员、志愿工作者、残疾人及其亲属等普及康复知识,传授康复方法。残疾人辅助器械、器具可以帮助残疾人代偿功能、提高能力,目前国际上常用的产品就超过三千种,我国残疾人辅具产品与国际水平差距较大,产品种类少、技术含量低,有的只得依赖进口,由于价格昂贵导致残疾人无力购买。发达国家政府对辅助产品的研发都有专项资金支持,残疾人获得辅具产品和在使用中获得服务,主要由政府投入或从社会保障资金中支付。我国政府及有关部门也应担当起发展规划、经费配套、科研教育、产品质量监督等责任,组织和扶持康复器械、辅具的研制、生产、供应和维修服务。

第九章　残疾人权益保障政策法规的展望与构想

我国国务院《残疾预防和残疾人康复条例》正在征求意见、开展调研,条例制定工作取得了积极进展,建议在达成共识、务求实效的基础上,抓紧出台、尽早实施,并在今后实践过程中注重补缺补差、总结完善,最终上升到法律层面。我国是世界上唯一没有精神卫生立法的大国,尽管卫生部自1985年就已启动,先后多易其稿,但精神卫生法却迟迟未能出台,建议加快立法进度。当前要率先突破出台一些具体的优惠规定,比如对残疾儿童康复给予补助,建立残疾儿童康复救助制度;对残疾人辅助器具的研发和提供给予补助,建立残疾人辅具使用和更新救助制度等。[1]

二、残疾人受教育权利的法律保障

(一)实现残疾人受教育权利的意义与内涵

受教育权是指公民为接受教育而有权要求国家和社会做出一定行为,并且具体表现为公民有权从国家和社会那里获得均等的受教育机会和条件[2]。残疾人拥有平等参与社会生活的人权已成为现代文明社会的基本共识,残疾人作为国家公民,当然地享有受教育权,同时教育也是残疾人通往享有平等人权社会的必由之路。从人的发展角度讲,教育对于残疾儿童少年终身发展所产生的影响,比其他任何社会群体都更为重要。通过采取特殊措施发展残疾人教育事业,使他们自身素质和适应社会生活的能力不断提高,以平等的地位和均等的机会参与社会生活和国家建设,共享社会物质文化成果,是社会文明进步的标志,是人权保障的广泛性、公平性和真实性的客观体现,也是我国社会主义制度优越性的重要方面。

根据法律、法规,残疾儿童少年享有的受教育权包含两层含义:一是有平等接受教育的权利;二是有接受适当教育的权利。所谓残疾儿童少年有平等接受教育的权利,是指残疾儿童少年作为国家公民,同样享有进入幼儿园、中小学、职业学校及高等学校学习的权利,在受教育的权利和机会上不应该有先后、多寡、厚薄之别。具体而言,是指适龄残疾儿童少年的父母或者监护人应依法使其子女或被监护人接受义务教育;普通学校应按国家规定招收能适应普通班学习的适龄残疾儿童少年就读;普通职业教育学校必须招收符合国家规定的录取标准的残疾人入学;普通职业培训机构应当积极招收残疾人入学;普通高级中等学校、高等院校、成人教育机构必须招收符合国家规定的录取标准的残疾人入学,不得因其残疾而拒之门外。而对

① 余向东:《残疾人社会保障法律制度研究》,安徽大学2011年博士论文。
② 胡劲松:《从教育公平看弱势群体的受教育权》,《中国特殊教育》,2001年第4期。

残疾人政策法规理论与实践

于拒绝按国家有关规定招收残疾人入学的,由教育行政部门责令该校招收。① 所谓残疾儿童少年有接受适当教育的权利,是指对残疾儿童少年施行教育要根据他们的身心特点和需要,符合他们的实际情况。具体地说,是要求在实施普通教育的思想教育、文化教育的同时,加强身心补偿和劳动技能的教育;依据残疾少年儿童的状况,采取普通教育方式或特殊教育方式;有条件的学校,实施小班教学或个别教学;特殊教育的课程设置教材、教学方法、入学年龄和在校年龄等要适合残疾儿童少年的特点②。

（二）依法保障残疾人受教育权实现的构想

1. 大力普及义务教育,保障残疾儿童青少年平等接受教育的权利

我国特殊教育实行"普及与提高相结合、以普及为重点的方针",普及义务教育是发展特殊教育、实现残疾儿童少年受教育权的基础和保障。《义务教育法》第 4 条规定:"国家、社会、学校和家庭依法保障适龄儿童、少年接受义务教育的权利。"要依法将残疾儿童少年教育纳入义务教育体系,保障其平等接受教育的权利。要坚持将发展残疾儿童少年义务教育作为巩固提高"普九"成果与水平的一项重要任务,坚持将残疾儿童少年义务教育作为特殊教育事业发展的重点,推进残疾儿童少年义务教育的持续发展。要制定切实可行的政策,支持和鼓励普通学校招收残疾学生;要强化对普通学校特殊教育班和残疾学生随班就读教学工作的指导、监控,尽快建立普通学校特殊教育班和残疾学生随班就读的教学管理制度;要努力提高教学质量,降低辍学率,使残疾儿童少年在普通学校能够进得来、留得住、学得好,努力使"三类残疾儿童少年"义务教育阶段入学率、保留率分别达到或接近义务教育水平。

要切实加强对残疾儿童少年九年义务教育的督导评估工作,把特殊教育的发展状况列入对各地教育工作督导评估的重要内容,尤其要将残疾儿童少年义务教育发展情况作为普及九年义务教育实施状况监察的重要内容。

2. 完善特殊教育体系,满足残疾少儿日益增长的教育需求

随着社会的发展和物质文化水平的提高,残疾儿童少年对特殊教育中的高级中等教育和高等教育的需求正在不断增长。《残疾人保障法》第 20 条规定:"残疾人教育,实行普及与提高相结合、以普及为重点的方针,着重

---

① 劳凯声:《教育法学》,沈阳:辽宁大学出版社,2000 年版。

② 钱志亮:《中国特殊儿童教育的现状报告》,中国教育和科研计算机网。

发展义务教育和职业技术教育,积极开展学前教育,逐步发展高级中等以上教育。"在大力普及残疾儿童少年义务教育的基础上,要进一步发展残疾儿童少年学前教育、高级中等教育和高等教育,促进各级各类特殊教育的健康、协调发展。使特殊教育的体系不断完善,从而拓展残疾人的受教育层次,努力满足残疾人不断增长的教育需求。要坚持以内涵发展为主和以职业教育为主的原则,充分利用现有教育资源发展残疾人高级中等教育。继续办好现有的残疾人高等学校,普通高校也应为残疾考生能够接受高等教育提供更加宽松的条件。

3. 提高教育教学质量,保障残疾少儿接受适当教育的权利

特殊教育只有一切从残疾儿童少年现在和未来的需要出发,才能真正保障残疾人接受适当教育的权利。《残疾人保障法》中规定了对残疾人的教育要依特性而施行的原则。要根据残疾学生身心特点和发展规律,积极推进特殊教育学校课程改革,坚持以全面提高残疾学生素质为根本宗旨,以培养残疾学生树立自尊、自信、自强、自立的精神和社会适应能力为主要目标,通过有针对性地加强德育、体育和美育,全面提高残疾学生的素质。要将残疾学生的身心康复工作贯穿于学校生动活泼的教育教学全过程,充分关注残疾学生的个性发展,通过确定不同的教学内容和要求,使不同类别、不同程度的残疾学生都能够通过接受教育得到发展。要把学习科学文化知识和加强劳动技能训练结合起来,特别注意通过多种途径加强劳动技能和职业教育,使残疾学生不仅有较高的文化素质,而且能熟练掌握一定的职业技能,具有适应社会生活的能力,为他们将来平等、充分地参与社会生活和适应社会需要创造条件。

提高教师素质是保证残疾人接受适当教育的前提,建设一支高素质的教师队伍是办好高质量特殊教育的关键。《教师法》规定教师享有参加进修或者其他方式培训的权利。各级教育行政部门要大力加强对特殊教育教师特别是骨干教师的培养、培训工作,对非特殊教育专业毕业的专任教师要进行比较系统的专业培训,对普通学校特教班和随班就读教师培训的工作力度要加强,使大多数任课教师能够掌握基本的特殊教育教学方法,能编制个别化教育计划,实施个别化教学,满足残疾人的特殊教育需要。同时,切实保证和提高教师的待遇,稳定教师队伍。

4. 加大特殊教育的投入,为残疾少儿提供良好的教育环境

办好特殊教育必须要有特别的措施和倾斜的投入。《残疾人教育条例》第 44 条规定:"残疾人教育经费由各级人民政府负责筹措,予以保证,并随着教育事业费用的增加而逐步增加。"要坚持特殊教育由各级人民政府投入

为主的原则,努力增加特殊教育经费和专项补助,保证特殊教育必需的办学经费,并使特殊教育学校学生人均财政预算内教育经费、生均公用经费逐年增长。各地政府要加强特殊教育学校和普通学校附设特殊教育班的校园校舍建设,确保校舍无危房及校园校舍的安全,并努力达到国家或省规定的校园校舍建设标准。要从残疾人就业保障金中划拨经费,支持当地特殊教育学校开展残疾人职业教育。各地民政部门要从社会福利有奖募捐款项中划拨一定比例金额,支持当地特殊教育发展。

残疾儿童少年的家庭往往十分困难,有的学生连基本生活费也难以支付,容易导致辍学。《残疾人保障法》第4条规定:"国家采取辅助方法和扶持措施,对残疾人给予特别扶助,减轻或者消除残疾影响和外界障碍,保障残疾人权利的实现。"要继续推进资助残疾儿童少年接受义务教育的工作,采取切实措施建立残疾儿童少年义务教育助学制度,对家庭经济困难的残疾学生要减免杂费、书本费,给予食宿补助。要用足用好国家和省对贫困儿童少年的各项救助政策,优先考虑贫困残疾儿童少年,县级政府要安排专项资金用于补助在校贫困残疾学生的生活费用。同时,动员社会各界以不同的形式资助残疾儿童少年入学,如希望工程、春蕾工程、扶贫结对、助残结对等。① 有条件的地区,可对义务教育阶段所有适龄入学的残疾儿童少年全部实施免费教育。

5. 发展高级中等以上教育和职业教育

我国残疾人高级中等以上教育起步较晚,随着经济社会的发展和物质文化水平的提高,残疾人对高中教育和高等教育的需求不断增长。2003年,教育部、卫生部、中国残联共同印发指导意见,放宽了普通高校招生体检对残疾学生身体条件的要求,大大推动了残疾学生接受高等教育。但我国残疾人接受高级中等以上教育远远低于健全学生,国家应当将此真正纳入教育发展总体规划,制定政策措施,扩大对残疾学生的招生规模,拓宽适合残疾学生的专业设置。加强职业教育,是残疾人实现劳动就业、平等参与社会的关键。国家和社会应加大人力、物力和财力,采取多渠道、多层次、多形式发展残疾人职业教育。除由残疾人教育机构实施外,各级各类职业学校和职业培训机构应当优先接纳残疾学生。各地要创造条件建立残疾人职业技术学校,各级残联要使用就业保障金对接受职业教育的残疾学生给予适当补助。

---

① 张绪培:《关注弱势群体促进基础教育均衡发展》,人民教育,2003年第8期。

6. 完善和落实特殊教育政策,保障残疾少儿受教育权的实现

改革开放以来,虽然我国特殊教育立法得到迅速的发展,但仍不够完善。《残疾人教育条例》对有些方面缺乏明确的规定,如对特殊教育经费每年应占全部教育经费的比例和投入渠道都未作具体的规定。要完善和落实国家有关特殊教育的法律法规,修订已不适合时代要求的政策。地方各级政府要坚持"特教特办",一方面将特殊教育事业的发展纳入当地经济、社会和教育发展规划,使特殊教育与其他各类教育协调发展;另一方面要结合当地实际研究制定切实可行的特殊教育政策、措施。特殊教育是一项系统工程,需要社会各方面的协作和配合,否则难以形成稳定的管理系统和教育机制,必须通过法律法规来规范社会各部门的职责,教育责无旁贷,民政、财政、人事、劳动保障、卫生、税务和残联等有关部门和单位也应各司其职,共同保障残疾儿童少年的受教育权等合法权益。

我国现有的关于残疾人教育保障的立法过于原则化,制度供应明显不足,《残疾人教育条例》层次偏低且操作性不强。残疾人教育立法是特殊教育普及化、社会化、法治化的要求,是残疾学生在最少受限制环境中接受教育、享有平等受教育权利的根本保障,要使残疾人接受教育的各个关键环节都有法可依,我国出台《残疾人教育法》或《特殊教育法》势在必行。

三、残疾人就业权利的法律保障

我国残疾人事业发展已形成较为完整的政策框架,特别是我国为保障残疾人就业所做出的巨大努力和取得的成就受到了联合国和国际社会的普遍关注和充分肯定,但仍存在很多需要进一步扩展与改进的地方。我国残疾人就业政策的发展需要政府、企业和教育机构等各方面的配合,许多国家的实践对我国残疾人就业政策的扩展也都具有重要的借鉴价值。在我国严峻的就业形势下,要实现残疾人较为充分的就业,就必须加大投入,加强法律维护和政策保护支持力度,加强就业援助,推进政策创新和机制创新,不断开拓残疾人就业工作的新局面。在我国残疾人就业事业的发展中,我们要以政府为主导,动员社会力量参与,建立帮助残疾人就业的长效机制。

(一)进一步细化和规范按比例安排残疾人就业制度

按比例安排残疾人就业是目前各市场经济国家政府为解决残疾人就业问题普遍采用的办法。联合国和国际劳工组织陆续出台的相关公约和文件,都强调对残疾人通过按比例就业进行保护。德国、意大利、韩国等 30 多

个国家和地区都已通过立法确认,比例分别为 1.5％至 7％。① 我国《残疾人就业条例》第 8 条规定,用人单位安排残疾人就业的比例不得低于本单位在职职工总数的 1.5％,《残疾人保障法》第 33 条明确规定了国家实行按比例安排残疾人就业制度以及用人单位按比例安排残疾人就业的责任和义务。可见,分散按比例安排残疾人就业应成为解决残疾人就业的重要渠道和硬性措施,但我国目前实施这项制度问题不少、阻力不小。建议进一步细致、明确地规定实施范围、覆盖对象、奖惩措施和执法主体;各省(区、市)应通过人大立法、政府令的形式,强化法律、行政效力,有效解决有法不依、执法不严的问题,明确各环节的责任主体及其相应的权能;要向乡镇延伸,逐步覆盖农村残疾人就业,最终实现城乡残疾人就业的一体化。坚持安人是目的,收金是手段,准确摸清每个单位安置残疾人就业的底数,规范就业保障金的缴纳标准和使用范围。用人单位要为残疾人提供适当的工种和岗位,消除或减少工作环境上的障碍,着力推进党政机关安排残疾人就业并发挥带头作用。

(二)鼓励扶持残疾人自主择业和自主创业

自主择业、自主创业和个体经营是按比例安排残疾人就业制度的有效补充,不仅可以解决残疾人自身的温饱,实现平等参与、奉献社会的愿望,还可以减轻国家和社会负担,是缓解整个社会就业压力和促进残疾人就业的有效途径。《残疾人保障法》和《残疾人就业条例》均规定了一系列具体措施,当前重点是要全面地、真正地落到实处。包括:国家对从事个体经营的残疾人,依法给予税收优惠,并在生产、经营、技术、资金、物资、场地等方面给予扶持;国家对从事个体经营的残疾人,免除行政事业性收费;对申请从事个体经营的残疾人,有关部门应优先核发营业执照等。② 政府应当细化和完善支持残疾人自主创业的政策措施,充分发挥其示范和辐射效应。

(三)采取反歧视途径保障残疾人就业平等权

在促进和保护残疾人就业中重视反歧视的作用,已经成为国际社会的共识,不少国家都把政府促进就业与反对歧视制度相结合。联合国《残疾人

第九章　残疾人权益保障政策法规的展望与构想

---

① 全国人大常委会法制工作委员会,中国残疾人联合会著:《〈中华人民共和国残疾人保障法〉释义》,北京:中国民主法制出版社,2008 年版,第 106 页。
② 全国人大常委会法制工作委员会,中国残疾人联合会著:《〈中华人民共和国残疾人保障法〉释义》[M],北京:中国民主法制出版社,2008 年版,第 110 页。

权利公约》等相关国际公约、宣言等都有明确规定,英美等西方发达国家也以反歧视立法途径予以保护,我国香港劳工处在 1996 年和 1997 年分别出台了一系列禁止歧视残疾人的相关条例。尽管我国《就业促进法》、《残疾人保障法》和《残疾人就业条例》等相关法律法规上也有所规定,但目前还主要依靠国家干预手段促进残疾人就业,现实社会对残疾人的就业歧视现象相当普遍。应加快制定包括反就业歧视在内的专门法律,建立反歧视法律保护机构与机制,完善残疾人劳动就业反歧视的举证责任制度,细化对残疾人就业侵权的赔偿与惩罚措施,对残疾人就业诉讼维权提供必要的法律援助。①

残疾人政策法规理论与实践

---

① 余向东:《残疾人社会保障法律制度研究》,安徽大学 2011 年博士论文。

附录 我国残疾人权益保障部分法规条款

《中华人民共和国残疾人保障法》

（1990年12月28日第七届全国人民代表大会常务委员会第十七次会议通过

2008年4月24日第十一届全国人民代表大会常务委员会第二次会议修订）

第一章　总　则

第一条　为了维护残疾人的合法权益，发展残疾人事业，保障残疾人平等地充分参与社会生活，共享社会物质文化成果，根据宪法，制定本法。

第二条　残疾人是指在心理、生理、人体结构上，某种组织、功能丧失或者不正常，全部或者部分丧失以正常方式从事某种活动能力的人。

残疾人包括视力残疾、听力残疾、言语残疾、肢体残疾、智力残疾、精神残疾、多重残疾和其他残疾的人。残疾标准由国务院规定。

第三条　残疾人在政治、经济、文化、社会和家庭生活等方面享有同其他公民平等的权利。

残疾人的公民权利和人格尊严受法律保护。

禁止基于残疾的歧视。禁止侮辱、侵害残疾人。禁止通过大众传播媒介或者其他方式贬低损害残疾人人格。

第四条　国家采取辅助方法和扶持措施,对残疾人给予特别扶助,减轻或者消除残疾影响和外界障碍,保障残疾人权利的实现。

第五条　县级以上人民政府应当将残疾人事业纳入国民经济和社会发展规划,加强领导,综合协调,并将残疾人事业经费列入财政预算,建立稳定的经费保障机制。

国务院制定中国残疾人事业发展纲要,县级以上地方人民政府根据中国残疾人事业发展纲要,制定本行政区域的残疾人事业发展规划和年度计划,使残疾人事业与经济、社会协调发展。

县级以上人民政府负责残疾人工作的机构,负责组织、协调、指导、督促有关部门做好残疾人事业的工作。

各级人民政府和有关部门,应当密切联系残疾人,听取残疾人的意见,按照各自的职责,做好残疾人工作。

第六条　国家采取措施,保障残疾人依照法律规定,通过各种途径和形式,管理国家事务,管理经济和文化事业,管理社会事务。

制定法律、法规、规章和公共政策,对涉及残疾人权益和残疾人事业的重大问题,应当听取残疾人和残疾人组织的意见。

残疾人和残疾人组织有权向各级国家机关提出残疾人权益保障、残疾人事业发展等方面的意见和建议。

第七条　全社会应当发扬人道主义精神,理解、尊重、关心、帮助残疾人,支持残疾人事业。

国家鼓励社会组织和个人为残疾人提供捐助和服务。

国家机关、社会团体、企业事业单位和城乡基层群众性自治组织,应当做好所属范围内的残疾人工作。

从事残疾人工作的国家工作人员和其他人员,应当依法履行职责,努力为残疾人服务。

第八条　中国残疾人联合会及其地方组织,代表残疾人的共同利益,维护残疾人的合法权益,团结教育残疾人,为残疾人服务。

中国残疾人联合会及其地方组织依照法律、法规、章程或者接受政府委托,开展残疾人工作,动员社会力量,发展残疾人事业。

第九条　残疾人的扶养人必须对残疾人履行扶养义务。

残疾人的监护人必须履行监护职责,尊重被监护人的意愿,维护被监护人的合法权益。

残疾人的亲属、监护人应当鼓励和帮助残疾人增强自立能力。

禁止对残疾人实施家庭暴力,禁止虐待、遗弃残疾人。

第十条　国家鼓励残疾人自尊、自信、自强、自立,为社会主义建设贡献力量。

残疾人应当遵守法律、法规,履行应尽的义务,遵守公共秩序,尊重社会公德。

第十一条　国家有计划地开展残疾预防工作,加强对残疾预防工作的领导,宣传、普及母婴保健和预防残疾的知识,建立健全出生缺陷预防和早期发现、早期治疗机制,针对遗传、疾病、药物、事故、灾害、环境污染和其他致残因素,组织和动员社会力量,采取措施,预防残疾的发生,减轻残疾程度。

国家建立健全残疾人统计调查制度,开展残疾人状况的统计调查和分析。

第十二条　国家和社会对残疾军人、因公致残人员以及其他为维护国家和人民利益致残的人员实行特别保障,给予抚恤和优待。

第十三条　对在社会主义建设中做出显著成绩的残疾人,对维护残疾人合法权益、发展残疾人事业、为残疾人服务做出显著成绩的单位和个人,各级人民政府和有关部门给予表彰和奖励。

第十四条　每年 5 月的第三个星期日为全国助残日。

第二章　康　复

第十五条　国家保障残疾人享有康复服务的权利。

各级人民政府和有关部门应当采取措施,为残疾人康复创造条件,建立和完善残疾人康复服务体系,并分阶段实施重点康复项目,帮助残疾人恢复或者补偿功能,增强其参与社会生活的能力。

第十六条　康复工作应当从实际出发,将现代康复技术与我国传统康复技术相结合;以社区康复为基础,康复机构为骨干,残疾人家庭为依托;以实用、易行、受益广的康复内容为重点,优先开展残疾儿童抢救性治疗和康复;发展符合康复要求的科学技术,鼓励自主创新,加强康复新技术的研究、开发和应用,为残疾人提供有效的康复服务。

第十七条　各级人民政府鼓励和扶持社会力量兴办残疾人康复机构。

地方各级人民政府和有关部门,应当组织和指导城乡社区服务组织、医疗预防保健机构、残疾人组织、残疾人家庭和其他社会力量,开展社区康复工作。

残疾人教育机构、福利性单位和其他为残疾人服务的机构,应当创造条件,开展康复训练活动。

残疾人在专业人员的指导和有关工作人员、志愿工作者及亲属的帮助下,应当努力进行功能、自理能力和劳动技能的训练。

第十八条　地方各级人民政府和有关部门应当根据需要有计划地在医疗机构设立康复医学科室,举办残疾人康复机构,开展康复医疗与训练、人员培训、技术指导、科学研究等工作。

第十九条　医学院校和其他有关院校应当有计划地开设康复课程,设置相关专业,培养各类康复专业人才。

政府和社会采取多种形式对从事康复工作的人员进行技术培训;向残疾人、残疾人亲属、有关工作人员和志愿工作者普及康复知识,传授康复方法。

第二十条　政府有关部门应当组织和扶持残疾人康复器械、辅助器具的研制、生产、供应、维修服务。

第三章　教　育

第二十一条　国家保障残疾人享有平等接受教育的权利。

各级人民政府应当将残疾人教育作为国家教育事业的组成部分,统一规划,加强领导,为残疾人接受教育创造条件。

政府、社会、学校应当采取有效措施,解决残疾儿童、少年就学存在的实际困难,帮助其完成义务教育。

各级人民政府对接受义务教育的残疾学生、贫困残疾人家庭的学生提供免费教科书,并给予寄宿生活费等费用补助;对接受义务教育以外其他教育的残疾学生、贫困残疾人家庭的学生按照国家有关规定给予资助。

第二十二条　残疾人教育,实行普及与提高相结合、以普及为重点的方针,保障义务教育,着重发展职业教育,积极开展学前教育,逐步发展高级中等以上教育。

第二十三条　残疾人教育应当根据残疾人的身心特性和需要,按照下列要求实施:

（一）在进行思想教育、文化教育的同时,加强身心补偿和职业教育;

（二）依据残疾类别和接受能力,采取普通教育方式或者特殊教育方式;

（三）特殊教育的课程设置、教材、教学方法、入学和在校年龄,可以有适度弹性。

第二十四条　县级以上人民政府应当根据残疾人的数量、分布状况和残疾类别等因素,合理设置残疾人教育机构,并鼓励社会力量办学、捐资助学。

第二十五条　普通教育机构对具有接受普通教育能力的残疾人实施教育,并为其学习提供便利和帮助。

普通小学、初级中等学校,必须招收能适应其学习生活的残疾儿童、少年入学;普通高级中等学校、中等职业学校和高等学校,必须招收符合国家规定的录取要求的残疾考生入学,不得因其残疾而拒绝招收;拒绝招收的,当事人或者其亲属、监护人可以要求有关部门处理,有关部门应当责令该学校招收。

普通幼儿教育机构应当接收能适应其生活的残疾幼儿。

第二十六条　残疾幼儿教育机构、普通幼儿教育机构附设的残疾儿童班、特殊教育机构的学前班、残疾儿童福利机构、残疾儿童家庭,对残疾儿童实施学前教育。

初级中等以下特殊教育机构和普通教育机构附设的特殊教育班,对不具有接受普通教育能力的残疾儿童、少年实施义务教育。

高级中等以上特殊教育机构、普通教育机构附设的特殊教育班和残疾人职业教育机构,对符合条件的残疾人实施高级中等以上文化教育、职业教育。

提供特殊教育的机构应当具备适合残疾人学习、康复、生活特点的场所和设施。

第二十七条　政府有关部门、残疾人所在单位和有关社会组织应当对残疾人开展扫除文盲、职业培训、创业培训和其他成人教育,鼓励残疾人自学成才。

第二十八条　国家有计划地举办各级各类特殊教育师范院校、专业,在普通师范院校附设特殊教育班,培养、培训特殊教育师资。普通师范院校开设特殊教育课程或者讲授有关内容,使普通教师掌握必要的特殊教育知识。

特殊教育教师和手语翻译,享受特殊教育津贴。

第二十九条　政府有关部门应当组织和扶持盲文、手语的研究和应用,特殊教育教材的编写和出版,特殊教育教学用具及其他辅助用品的研制、生产和供应。

第四章　劳动就业

第三十条　国家保障残疾人劳动的权利。各级人民政府应当对残疾人劳动就业统筹规划,为残疾人创造劳动就业条件。

第三十一条　残疾人劳动就业,实行集中与分散相结合的方针,采取优惠政策和扶持保护措施,通过多渠道、多层次、多种形式,使残疾人劳动就业逐步普及、稳定、合理。

第三十二条　政府和社会举办残疾人福利企业、盲人按摩机构和其他福利性单位,集中安排残疾人就业。

第三十三条　国家实行按比例安排残疾人就业制度。

国家机关、社会团体、企业事业单位、民办非企业单位应当按照规定的比例安排残疾人就业,并为其选择适当的工种和岗位。达不到规定比例的,按照国家有关规定履行保障残疾人就业义务。国家鼓励用人单位超过规定比例安排残疾人就业。

残疾人就业的具体办法由国务院规定。

第三十四条　国家鼓励和扶持残疾人自主择业、自主创业。

第三十五条　地方各级人民政府和农村基层组织,应当组织和扶持农村残疾人从事种植业、养殖业、手工业和其他形式的生产劳动。

第三十六条　国家对安排残疾人就业达到、超过规定比例或者集中安排残疾人就业的用人单位和从事个体经营的残疾人,依法给予税收优惠,并在生产、经营、技术、资金、物资、场地等方面给予扶持。国家对从事个体经营的残疾人,免除行政事业性收费。

县级以上地方人民政府及其有关部门应当确定适合残疾人生产、经营的产品、项目,优先安排残疾人福利性单位生产或者经营,并根据残疾人福利性单位的生产特点确定某些产品由其专产。

政府采购,在同等条件下应当优先购买残疾人福利性单位的产品或者服务。

地方各级人民政府应当开发适合残疾人就业的公益性岗位。

对申请从事个体经营的残疾人,有关部门应当优先核发营业执照。

对从事各类生产劳动的农村残疾人,有关部门应当在生产服务、技术指导、农用物资供应、农副产品购销和信贷等方面,给予帮助。

第三十七条　政府有关部门设立的公共就业服务机构,应当为残疾人免费提供就业服务。

残疾人联合会举办的残疾人就业服务机构,应当组织开展免费的职业指导、职业介绍和职业培训,为残疾人就业和用人单位招用残疾人提供服务和帮助。

第三十八条　国家保护残疾人福利性单位的财产所有权和经营自主权,其合法权益不受侵犯。

在职工的招用、转正、晋级、职称评定、劳动报酬、生活福利、休息休假、社会保险等方面,不得歧视残疾人。

残疾职工所在单位应当根据残疾职工的特点,提供适当的劳动条件和劳动保护,并根据实际需要对劳动场所、劳动设备和生活设施进行改造。

国家采取措施,保障盲人保健和医疗按摩人员从业的合法权益。

第三十九条 残疾职工所在单位应当对残疾职工进行岗位技术培训,提高其劳动技能和技术水平。

第四十条 任何单位和个人不得以暴力、威胁或者非法限制人身自由的手段强迫残疾人劳动。

第五章 文化生活

第四十一条 国家保障残疾人享有平等参与文化生活的权利。

各级人民政府和有关部门鼓励、帮助残疾人参加各种文化、体育、娱乐活动,积极创造条件,丰富残疾人精神文化生活。

第四十二条 残疾人文化、体育、娱乐活动应当面向基层,融于社会公共文化生活,适应各类残疾人的不同特点和需要,使残疾人广泛参与。

第四十三条 政府和社会采取下列措施,丰富残疾人的精神文化生活:

(一)通过广播、电影、电视、报刊、图书、网络等形式,及时宣传报道残疾人的工作、生活等情况,为残疾人服务;

(二)组织和扶持盲文读物、盲人有声读物及其他残疾人读物的编写和出版,根据盲人的实际需要,在公共图书馆设立盲文读物、盲人有声读物图书室;

(三)开办电视手语节目,开办残疾人专题广播栏目,推进电视栏目、影视作品加配字幕、解说;

(四)组织和扶持残疾人开展群众性文化、体育、娱乐活动,举办特殊艺术演出和残疾人体育运动会,参加国际性比赛和交流;

(五)文化、体育、娱乐和其他公共活动场所,为残疾人提供方便和照顾。有计划地兴办残疾人活动场所。

第四十四条 政府和社会鼓励、帮助残疾人从事文学、艺术、教育、科学、技术和其他有益于人民的创造性劳动。

第四十五条 政府和社会促进残疾人与其他公民之间的相互理解和交流,宣传残疾人事业和扶助残疾人的事迹,弘扬残疾人自强不息的精神,倡导团结、友爱、互助的社会风尚。

第六章 社会保障

第四十六条 国家保障残疾人享有各项社会保障的权利。

政府和社会采取措施,完善对残疾人的社会保障,保障和改善残疾人的生活。

第四十七条 残疾人及其所在单位应当按照国家有关规定参加社会保险。

残疾人所在城乡基层群众性自治组织、残疾人家庭,应当鼓励、帮助残疾人参加社会保险。

对生活确有困难的残疾人,按照国家有关规定给予社会保险补贴。

第四十八条 各级人民政府对生活确有困难的残疾人,通过多种渠道给予生活、教育、住房和其他社会救助。

县级以上地方人民政府对享受最低生活保障待遇后生活仍有特别困难的残疾人家庭,应当采取其他措施保障其基本生活。

各级人民政府对贫困残疾人的基本医疗、康复服务、必要的辅助器具的配置和更换,应当按照规定给予救助。

对生活不能自理的残疾人,地方各级人民政府应当根据情况给予护理补贴。

第四十九条 地方各级人民政府对无劳动能力、无扶养人或者扶养人不具有扶养能力、无生活来源的残疾人,按照规定予以供养。

国家鼓励和扶持社会力量举办残疾人供养、托养机构。残疾人供养、托养机构及其工作人员不得侮辱、虐待、遗弃残疾人。

第五十条 县级以上人民政府对残疾人搭乘公共交通工具,应当根据实际情况给予便利和优惠。残疾人可以免费携带随身必备的辅助器具。

盲人持有效证件免费乘坐市内公共汽车、电车、地铁、渡船等公共交通工具。盲人读物邮件免费寄递。

国家鼓励和支持提供电信、广播电视服务的单位对盲人、听力残疾人、言语残疾人给予优惠。各级人民政府应当逐步增加对残疾人的其他照顾和扶助。

第五十一条 政府有关部门和残疾人组织应当建立和完善社会各界为残疾人捐助和服务的渠道,鼓励和支持发展残疾人慈善事业,开展志愿者助残等公益活动。

第七章　无障碍环境

第五十二条　国家和社会应当采取措施,逐步完善无障碍设施,推进信息交流无障碍,为残疾人平等参与社会生活创造无障碍环境。

各级人民政府应当对无障碍环境建设进行统筹规划,综合协调,加强监督管理。

第五十三条　无障碍设施的建设和改造,应当符合残疾人的实际需要。

新建、改建和扩建建筑物、道路、交通设施等,应当符合国家有关无障碍设施工程建设标准。

各级人民政府和有关部门应当按照国家无障碍设施工程建设规定,逐步推进已建成设施的改造,优先推进与残疾人日常工作、生活密切相关的公共服务设施的改造。

对无障碍设施应当及时维修和保护。

第五十四条　国家采取措施,为残疾人信息交流无障碍创造条件。

各级人民政府和有关部门应当采取措施,为残疾人获取公共信息提供便利。

国家和社会研制、开发适合残疾人使用的信息交流技术和产品。

国家举办的各类升学考试、职业资格考试和任职考试,有盲人参加的,应当为盲人提供盲文试卷、电子试卷或者由专门的工作人员予以协助。

第五十五条　公共服务机构和公共场所应当创造条件,为残疾人提供语音和文字提示、手语、盲文等信息交流服务,并提供优先服务和辅助性服务。

公共交通工具应当逐步达到无障碍设施的要求。有条件的公共停车场应当为残疾人设置专用停车位。

第五十六条　组织选举的部门应当为残疾人参加选举提供便利;有条件的,应当为盲人提供盲文选票。

第五十七条　国家鼓励和扶持无障碍辅助设备、无障碍交通工具的研制和开发。

第五十八条　盲人携带导盲犬出入公共场所,应当遵守国家有关规定。

第八章　法律责任

第五十九条　残疾人的合法权益受到侵害的,可以向残疾人组织投诉,残疾人组织应当维护残疾人的合法权益,有权要求有关部门或者单位查处。有关部门或者单位应当依法查处,并予以答复。

残疾人组织对残疾人通过诉讼维护其合法权益需要帮助的,应当给予支持。

残疾人组织对侵害特定残疾人群体利益的行为,有权要求有关部门依法查处。

第六十条　残疾人的合法权益受到侵害的,有权要求有关部门依法处理,或者依法向仲裁机构申请仲裁,或者依法向人民法院提起诉讼。

对有经济困难或者其他原因确需法律援助或者司法救助的残疾人,当地法律援助机构或者人民法院应当给予帮助,依法为其提供法律援助或者司法救助。

第六十一条　违反本法规定,对侵害残疾人权益行为的申诉、控告、检举,推诿、拖延、压制不予查处,或者对提出申诉、控告、检举的人进行打击报复的,由其所在单位、主管部门或者上级机关责令改正,并依法对直接负责的主管人员和其他直接责任人员给予处分。

国家工作人员未依法履行职责,对侵害残疾人权益的行为未及时制止或者未给予受害残疾人必要帮助,造成严重后果的,由其所在单位或者上级机关依法对直接负责的主管人员和其他直接责任人员给予处分。

第六十二条　违反本法规定,通过大众传播媒介或者其他方式贬低损害残疾人人格的,由文化、广播电影电视、新闻出版或者其他有关主管部门依据各自的职权责令改正,并依法给予行政处罚。

第六十三条　违反本法规定,有关教育机构拒不接收残疾学生入学,或者在国家规定的录取要求以外附加条件限制残疾学生就学的,由有关主管部门责令改正,并依法对直接负责的主管人员和其他直接责任人员给予处分。

第六十四条　违反本法规定,在职工的招用等方面歧视残疾人的,由有关主管部门责令改正;残疾人劳动者可以依法向人民法院提起诉讼。

第六十五条　违反本法规定,供养、托养机构及其工作人员侮辱、虐待、遗弃残疾人的,对直接负责的主管人员和其他直接责任人员依法给予处分;构成违反治安管理行为的,依法给予行政处罚。

第六十六条　违反本法规定,新建、改建和扩建建筑物、道路、交通设施,不符合国家有关无障碍设施工程建设标准,或者对无障碍设施未进行及时维修和保护造成后果的,由有关主管部门依法处理。

第六十七条　违反本法规定,侵害残疾人的合法权益,其他法律、法规规定行政处罚的,从其规定;造成财产损失或者其他损害的,依法承担民事责任;构成犯罪的,依法追究刑事责任。

第九章　附　则

第六十八条　本法自 2008 年 7 月 1 日起施行。

《残疾人教育条例》

第一章　总　则

第一条　为了保障残疾人受教育的权利,发展残疾人教育事业,根据《中华人民共和国残疾人保障法》和国家有关教育的法律,制定本条例。

第二条　实施残疾人教育,应当贯彻国家的教育方针,并根据残疾人的身心特性和需要,全面提高其素质,为残疾人平等地参与社会生活创造条件。

第三条　残疾人教育是国家教育事业的组成部分。发展残疾人教育事业,实行普及与提高相结合、以普及为重点的方针,着重发展义务教育和职业教育,积极开展学前教育,逐步发展高级中等以上教育。残疾人教育应当根据残疾人的残疾类别和接受能力,采取普通教育方式或者特殊教育方式,充分发挥普通教育机构在实施残疾人教育中的作用。

第四条　各级人民政府应当加强对残疾人教育事业的领导,统筹规划和发展残疾人教育事业,逐步增加残疾人教育经费,改善办学条件。

第五条　国务院教育行政部门主管全国的残疾人教育工作。县级以上地方各级人民政府教育行政部门主管本行政区域内的残疾人教育工作。县级以上各级人民政府其他有关部门在各自的职责范围内负责有关的残疾人教育工作。

附录　我国残疾人权益保障部分法规条款

第六条　中国残疾人联合会及其地方组织应当积极促进和开展残疾人教育工作。

第七条　幼儿教育机构、各级各类学校及其他教育机构应当依照国家有关法律、法规的规定，实施残疾人教育。

第八条　残疾人家庭应当帮助残疾人接受教育。

第九条　社会各界应当关心和支持残疾人教育事业。

第二章　学前教育

第十条　残疾幼儿的学前教育，通过下列机构实施：

（一）残疾幼儿教育机构；

（二）普通幼儿教育机构；

（三）残疾儿童福利机构；

（四）残疾儿童康复机构；

（五）普通小学的学前班和残疾儿童、少年特殊教育学校的学前班。

残疾儿童家庭应当对残疾儿童实施学前教育。

第十一条　残疾幼儿的教育应当与保育、康复结合实施。

第十二条　卫生保健机构、残疾幼儿的学前教育机构和家庭，应当注重对残疾幼儿的早期发现、早期康复和早期教育。卫生保健机构、残疾幼儿的学前教育机构应当就残疾幼儿的早期发现、早期康复和早期教育提供咨询、指导。

第三章　义务教育

第十三条　地方各级人民政府应当将残疾儿童、少年实行义务教育纳入当地义务教育发展规划并统筹安排实施。县级以上各级人民政府对实施义务教育的工作进行监督、指导、检查，应当包括对残疾儿童、少年实施义务教育工作的监督、指导、检查。

第十四条　适龄残疾儿童、少年的父母或者其他监护人，应当依法使其子女或者被监护人接受义务教育。

第十五条　残疾儿童、少年接受义务教育的入学年龄和年限，应当与当地儿童、少年接受义务教育的入学年龄和年限相同；必要时，其入学年龄和在校年龄可以适当提高。

第十六条　县级人民政府教育行政部门和卫生行政部门应当组织开展适龄残疾儿童、少年的就学咨询，对其残疾状况进行鉴定，并对其接受教育的形式提出意见。

第十七条　适龄残疾儿童、少年可以根据条件,通过下列形式接受义务教育:

(一)在普通学校随班就读;

(二)在普通学校、儿童福利机构或者其他机构附设的残疾儿童、少年特殊教育班就读;

(三)在残疾儿童、少年特殊教育学校就读。

地方各级人民政府应当逐步创造条件,对因身体条件不能到学校就读的适龄残疾儿童、少年,采取其他适当形式进行义务教育。

第十八条　对经济困难的残疾学生,应当酌情减免杂费和其他费用。

第十九条　残疾儿童、少年特殊教育学校(班)的教育工作,应当坚持思想教育、文化教育、劳动技能教育与身心补偿相结合;并根据学生残疾状况和补偿程度,实施分类教学,有条件的学校,实施个别教学。

第二十条　残疾儿童、少年特殊教育学校(班)的课程计划、教学大纲和教材,应当适合残疾儿童、少年的特点。残疾儿童、少年特殊教育学校(班)的课程计划和教学大纲由国务院教育行政部门制订;教材由省级以上人民政府教育行政部门审定。

第二十一条　普通学校应当按照国家有关规定招收能适应普通班学习的适龄残疾儿童、少年就读,并根据其学习、康复的特殊需要对其提供帮助。有条件的学校,可以设立专门辅导教室。县级人民政府教育行政部门应当加强对本行政区域内的残疾儿童、少年随班就读教学工作的指导。

随班就读残疾学生的义务教育,可以适用普通义务教育的课程计划、教学大纲和教材,但是对其学习要求可以有适度弹性。

第二十二条　实施义务教育的残疾儿童、少年特殊教育学校应当根据需要,在适当阶段对残疾学生进行劳动技能教育、职业教育和职业指导。

第四章　职业教育

第二十三条　各级人民政府应当将残疾人职业教育纳入职业教育发展的总体规划,建立残疾人职业教育体系,统筹安排实施。

第二十四条　残疾人职业教育,应当重点发展初等和中等职业教育,适当发展高等职业教育,开展以实用技术为主的中期、短期培训。

第二十五条　残疾人职业教育体系由普通职业教育机构和残疾人职业教育机构组成,以普通职业教育机构为主体。

县级以上地方各级人民政府应当根据需要,合理设置残疾人职业教育机构。

第二十六条 普通职业教育学校必须招收符合国家规定的录取标准的残疾人入学,普通职业培训机构应当积极招收残疾人入学。

第二十七条 残疾人职业教育学校和培训机构,应当根据社会需要和残疾人的身心特性合理设置专业,并根据教学需要和条件,发展校办企业,办好实习基地。

第二十八条 对经济困难的残疾学生,应当酌情减免学费和其他费用。

第五章 普通高级中等以上教育及成人教育

第二十九 条普通高级中等学校、高等院校、成人教育机构必须招收符合国家规定的录取标准的残疾考生入学,不得因其残疾而拒绝招收。

第三十条 设区的市以上地方各级人民政府根据需要,可以举办残疾人高级中等以上特殊教育学校(班),提高残疾人的受教育水平。

第三十一条 县级以上各级人民政府教育行政部门应当会同广播、电视部门,根据实际情况开设或者转播适合残疾人学习的专业、课程。

第三十二条 残疾人所在单位应当对本单位的残疾人开展文化知识教育和技术培训。

第三十三条 扫除文盲教育应当包括对年满 15 周岁以上的未丧失学习能力的文盲、半文盲残疾人实施的扫盲教育。

第三十四条 国家、社会鼓励和帮助残疾人自学成才。

第六章 教 师

第三十五条 各级人民政府应当重视从事残疾人教育的教师培养、培训工作,并采取措施逐步提高他们的地位和待遇,改善他们的工作环境和条件,鼓励教师终身从事残疾人教育事业。

第三十六条 从事残疾人教育的教师,应当热爱残疾人教育事业,具有社会主义的人道主义精神,关心残疾学生,并掌握残疾人教育的专业知识和技能。

第三十七条 国家实行残疾人教育教师资格证书制度,具体办法由国务院教育行政部门会同国务院其他有关行政部门制定。

第三十八条 残疾人特殊教育学校举办单位,应当依据残疾人特殊教育学校教师编制标准,为学校配备承担教学、康复等工作的教师。残疾人特殊教育学校教师编制标准,由国务院教育行政部门会同国务院其他有关行政部门制定。

第三十九条 国务院教育行政部门和省、自治区、直辖市人民政府应当有计划地举办特殊教育师范院校、专业,或者在普通师范院校附设特殊教育师资班(部),培养残疾人教育教师。

第四十条　县级以上地方各级人民政府教育行政部门应当将残疾人教育师资的培训列入工作计划,并采取设立培训基地等形式,组织在职的残疾人教育教师的进修提高。

第四十一条　普通师范院校应当有计划地设置残疾人特殊教育必修课程或者选修课程,使学生掌握必要的残疾人特殊教育的基本知识和技能,以适应对随班就读的残疾学生的教育需要。

第四十二条　从事残疾人教育的教师、职工根据国家有关规定享受残疾人教育津贴及其他待遇。

第七章　物质条件保障

第四十三条　省、自治区、直辖市人民政府应当根据残疾人教育的特殊情况,依据国务院有关行政主管部门的指导性标准,制定本行政区域内残疾人学校的建设标准、经费开支标准、教学仪器设备配备标准等。

第四十四条　残疾人教育经费由各级人民政府负责筹措,予以保证,并随着教育事业费的增加而逐步增加。县级以上各级人民政府可以根据需要,设立专项补助款,用于发展残疾人教育。地方各级人民政府用于义务教育的财政拨款和征收的教育费附加,应当有一定比例用于发展残疾儿童、少年义务教育。

第四十五条　国家鼓励社会力量举办残疾人教育机构或者捐资助学。

第四十六条　县级以上地方各级人民政府对残疾人教育机构的设置,应当统筹规划、合理布局。残疾人学校的设置,由教育行政部门按照国家有关规定审批。

第四十七条　残疾人教育机构的建设,应当适应残疾学生学习、康复和生活的特点。普通学校应当根据实际情况,为残疾学生入学后的学习、生活提供便利和条件。

第四十八条　县级以上各级人民政府及其有关部门应当采取优惠政策和措施、支持研究、生产残疾人教育专用仪器设备、教具、学具及其他辅助用品,扶持残疾人教育机构兴办和发展校办企业或者福利企业。

第八章　奖励与处罚

第四十九条　有下列事迹之一的单位和个人,由各级人民政府或者其教育行政部门给予奖励:

（一）在残疾人教育教学、教学研究方面做出突出贡献的；

（二）为残疾人就学提供帮助，表现突出的；

（三）研究、生产残疾人教育专用仪器、设备、教具和学具，在提高残疾人教育质量方面取得显著成绩的；

（四）在残疾人学校建设中取得显著成绩的；

（五）为残疾人教育事业做出其他重大贡献的。

第五十条　有下列行为之一的，由有关部门对直接责任人员给予行政处分：

（一）拒绝招收按照国家有关规定应当招收的残疾人入学的；

（二）侮辱、体罚、殴打残疾学生的；

（三）侵占、克扣、挪用残疾人教育款项的。

有前款所列第（一）项行为的，由教育行政部门责令该学校招收残疾人入学。有前款所列第（二）项行为，违反《中华人民共和国治安管理处罚条例》的，由公安机关给予行政处罚。有前款所列第（二）项、第（三）项行为，构成犯罪的，依法追究刑事责任。

第九章　附　则

第五十一条　省、自治区、直辖市人民政府可以依照本条例制定实施办法。

第五十二条　本条例自发布之日起施行。

《残疾人就业条例》

第一章　总　则

第一条　为了促进残疾人就业，保障残疾人的劳动权利，根据《中华人民共和国残疾人保障法》和其他有关法律，制定本条例。

第二条　国家对残疾人就业实行集中就业与分散就业相结合的方针，促进残疾人就业。

县级以上人民政府应当将残疾人就业纳入国民经济和社会发展规划，并制定优惠政策和具体扶持保护措施，为残疾人就业创造条件。

第三条　机关、团体、企业、事业单位和民办非企业单位（以下统称用人单位）应当依照有关法律、本条例和其他有关行政法规的规定，履行扶持残疾人就业的责任和义务。

第四条　国家鼓励社会组织和个人通过多种渠道、多种形式,帮助、支持残疾人就业,鼓励残疾人通过应聘等多种形式就业。禁止在就业中歧视残疾人。

残疾人应当提高自身素质,增强就业能力。

第五条　各级人民政府应当加强对残疾人就业工作的统筹规划,综合协调。县级以上人民政府负责残疾人工作的机构,负责组织、协调、指导、督促有关部门做好残疾人就业工作。

县级以上人民政府劳动保障、民政等有关部门在各自的职责范围内,做好残疾人就业工作。

第六条　中国残疾人联合会及其地方组织依照法律、法规或者接受政府委托,负责残疾人就业工作的具体组织实施与监督。

工会、共产主义青年团、妇女联合会,应当在各自的工作范围内,做好残疾人就业工作。

第七条　各级人民政府对在残疾人就业工作中做出显著成绩的单位和个人,给予表彰和奖励。

第二章　用人单位的责任

第八条　用人单位应当按照一定比例安排残疾人就业,并为其提供适当的工种、岗位。

用人单位安排残疾人就业的比例不得低于本单位在职职工总数的1.5%。具体比例由省、自治区、直辖市人民政府根据本地区的实际情况规定。

用人单位跨地区招用残疾人的,应当计入所安排的残疾人职工人数之内。

第九条　用人单位安排残疾人就业达不到其所在地省、自治区、直辖市人民政府规定比例的,应当缴纳残疾人就业保障金。

第十条　政府和社会依法兴办的残疾人福利企业、盲人按摩机构和其他福利性单位(以下统称集中使用残疾人的用人单位),应当集中安排残疾人就业。

集中使用残疾人的用人单位的资格认定,按照国家有关规定执行。

第十一条　集中使用残疾人的用人单位中从事全日制工作的残疾人职工,应当占本单位在职职工总数的25%以上。

第十二条　用人单位招用残疾人职工,应当依法与其签订劳动合同或者服务协议。

第十三条　用人单位应当为残疾人职工提供适合其身体状况的劳动条件和劳动保护，不得在晋职、晋级、评定职称、报酬、社会保险、生活福利等方面歧视残疾人职工。

第十四条　用人单位应当根据本单位残疾人职工的实际情况，对残疾人职工进行上岗、在岗、转岗等培训。

第三章　保障措施

第十五条　县级以上人民政府应当采取措施，拓宽残疾人就业渠道，开发适合残疾人就业的公益性岗位，保障残疾人就业。

县级以上地方人民政府发展社区服务事业，应当优先考虑残疾人就业。

第十六条　依法征收的残疾人就业保障金应当纳入财政预算，专项用于残疾人职业培训以及为残疾人提供就业服务和就业援助，任何组织或者个人不得贪污、挪用、截留或者私分。残疾人就业保障金征收、使用、管理的具体办法，由国务院财政部门会同国务院有关部门规定。

财政部门和审计机关应当依法加强对残疾人就业保障金使用情况的监督检查。

第十七条　国家对集中使用残疾人的用人单位依法给予税收优惠，并在生产、经营、技术、资金、物资、场地使用等方面给予扶持。

第十八条　县级以上地方人民政府及其有关部门应当确定适合残疾人生产、经营的产品、项目，优先安排集中使用残疾人的用人单位生产或者经营，并根据集中使用残疾人的用人单位的生产特点确定某些产品由其专产。

政府采购，在同等条件下，应当优先购买集中使用残疾人的用人单位的产品或者服务。

第十九条　国家鼓励扶持残疾人自主择业、自主创业。对残疾人从事个体经营的，应当依法给予税收优惠，有关部门应当在经营场地等方面给予照顾，并按照规定免收管理类、登记类和证照类的行政事业性收费。

国家对自主择业、自主创业的残疾人在一定期限内给予小额信贷等扶持。

第二十条　地方各级人民政府应当多方面筹集资金，组织和扶持农村残疾人从事种植业、养殖业、手工业和其他形式的生产劳动。

有关部门对从事农业生产劳动的农村残疾人，应当在生产服务、技术指导、农用物资供应、农副产品收购和信贷等方面给予帮助。

第四章　就业服务

第二十一条　各级人民政府和有关部门应当为就业困难的残疾人提供有针对性的就业援助服务,鼓励和扶持职业培训机构为残疾人提供职业培训,并组织残疾人定期开展职业技能竞赛。

第二十二条　中国残疾人联合会及其地方组织所属的残疾人就业服务机构应当免费为残疾人就业提供下列服务:

(一)发布残疾人就业信息;

(二)组织开展残疾人职业培训;

(三)为残疾人提供职业心理咨询、职业适应评估、职业康复训练、求职定向指导、职业介绍等服务;

(四)为残疾人自主择业提供必要的帮助;

(五)为用人单位安排残疾人就业提供必要的支持。

国家鼓励其他就业服务机构为残疾人就业提供免费服务。

第二十三条　受劳动保障部门的委托,残疾人就业服务机构可以进行残疾人失业登记、残疾人就业与失业统计;经所在地劳动保障部门批准,残疾人就业服务机构还可以进行残疾人职业技能鉴定。

第二十四条　残疾人职工与用人单位发生争议的,当地法律援助机构应当依法为其提供法律援助,各级残疾人联合会应当给予支持和帮助。

第五章　法律责任

第二十五条　违反本条例规定,有关行政主管部门及其工作人员滥用职权、玩忽职守、徇私舞弊,构成犯罪的,依法追究刑事责任;尚不构成犯罪的,依法给予处分。

第二十六条　违反本条例规定,贪污、挪用、截留、私分残疾人就业保障金,构成犯罪的,依法追究刑事责任;尚不构成犯罪的,对有关责任单位、直接负责的主管人员和其他直接责任人员依法给予处分或者处罚。

第二十七条　违反本条例规定,用人单位未按照规定缴纳残疾人就业保障金的,由财政部门给予警告,责令限期缴纳;逾期仍不缴纳的,除补缴欠缴数额外,还应当自欠缴之日起,按日加收 5‰的滞纳金。

第二十八条　违反本条例规定,用人单位弄虚作假,虚报安排残疾人就业人数,骗取集中使用残疾人的用人单位享受的税收优惠待遇的,由税务机关依法处理。

第二十九条　本条例所称残疾人就业,是指符合法定事业年龄有就业要求的残疾人从事有报酬的劳动。

第三十条　本条例自 2007 年 5 月 1 日起施行。

《中共中央国务院关于促进残疾人事业发展的意见》

(2008 年 3 月 28 日)

关心残疾人,是社会文明进步的重要标志。残疾人事业是中国特色社会主义事业的重要组成部分。为贯彻落实党的十七大精神,进一步促进残疾人事业发展,现提出以下意见。

一、增强促进残疾人事业发展的责任感和使命感

(一)认清残疾人事业发展的形势。残疾人是一个数量众多、特性突出、特别需要帮助的社会群体。我国有 8 300 多万残疾人,涉及 2.6 亿家庭人口。党和政府历来十分关心残疾人,高度重视发展残疾人事业,特别是改革开放以来,采取了一系列重大举措,推动残疾人事业不断发展壮大,残疾人参与社会生活的环境和条件明显改善,生活水平和质量不断提高,我国残疾人事业发展在国际上赢得广泛赞誉。但是,必须清醒地看到,我国残疾人事业基础还比较薄弱,残疾人社会保障政策措施还不够完善,残疾人在基本生活、医疗卫生、康复、教育、就业、社会参与等方面还存在许多困难,总体生活状况与社会平均水平存在较大差距。一些地方和部门对发展残疾人事业重视不够,一些人扶残助残意识不强,歧视残疾人、侵害残疾人权益的现象时有发生。促进残疾人事业发展,改善残疾人状况,已成为全面建设小康社会和构建社会主义和谐社会一项重要而紧迫的任务。

(二)认识促进残疾人事业发展的重要意义。促进残疾人事业发展,有利于维护残疾人合法权益,促进社会公平正义,实现全体人民共享改革发展成果;有利于调动残疾人的积极性、主动性和创造性,发挥残疾人在促进改革发展稳定中的重要作用,实现经济社会又好又快发展;有利于促进我国人权事业全面发展,体现社会主义制度的优越性,树立我国良好的国际形象。各级党委和政府要从坚持立党为公、执政为民的高度,从全面建设小康社会、构建社会主义和谐社会的高度,充分认识发展残疾人事业的重要意义,进一步增强责任感和使命感,切实采取有力措施,促进残疾人事业在新的起

点上加快发展。

（三）明确促进残疾人事业发展的总体要求。促进残疾人事业发展，必须高举中国特色社会主义伟大旗帜，以邓小平理论和"三个代表"重要思想为指导，深入贯彻落实科学发展观，紧紧围绕全面建设小康社会奋斗目标，着眼于解决残疾人最关心、最直接、最现实的利益问题，坚持政府主导、社会参与，国家扶持、市场推动，统筹兼顾、分类指导，立足基层、面向群众，完善促进残疾人事业发展的法律法规和政策措施，健全残疾人社会保障制度，加强残疾人服务体系建设，营造残疾人平等参与的社会环境，缩小残疾人生活状况与社会平均水平的差距，实现残疾人事业与经济社会协调发展，努力使残疾人同全国人民一道向着更高水平的小康社会迈进。

二、加强残疾人医疗康复和残疾预防工作

（四）保障残疾人享有基本医疗卫生服务。覆盖城乡居民的基本医疗卫生服务体系要为残疾人提供安全、有效、方便、价廉的服务。将残疾人纳入城镇职工基本医疗保险、城镇居民基本医疗保险和新型农村合作医疗制度，落实和完善残疾人医疗保障有关政府补贴政策。逐步将符合规定的残疾人医疗康复项目纳入城镇职工基本医疗保险、城镇居民基本医疗保险和新型农村合作医疗范围，保障残疾人的医疗康复需求。城乡医疗救助制度要将贫困残疾人作为重点救助对象。做好残疾人参加社会医疗保险和医疗救助的衔接工作。

（五）健全残疾人康复服务保障措施。将残疾人康复纳入国家基本医疗卫生制度和基层医疗卫生服务内容，逐步实现残疾人人人享有康复服务。大力开展社区康复，推进康复进社区、服务到家庭。继续实施国家重点康复工程，着力解决农村及边远地区贫困残疾人康复难的突出问题。制定和完善残疾人康复救助办法，对贫困残疾人康复训练、辅助器具适配等基本康复需求给予补贴。优先开展残疾儿童抢救性治疗和康复，对贫困残疾儿童康复给予补助，研究建立残疾儿童康复救助制度。支持开展残疾人康复科学技术研究和应用，提高康复质量和水平。

（六）建立健全残疾预防体系。制定和实施国家残疾预防行动计划，建立综合性、社会化预防和控制网络，形成信息准确、方法科学、管理完善、监控有效的残疾预防机制。广泛开展以社区为基础、以一级预防为重点的三级预防工作。提高出生人口素质，开展心理健康教育和保健，注重精神残疾预防，做好补碘、改水等工作，强化安全生产、劳动保护和交通安全等措施，有效控制残疾的发生和发展。制定国家残疾标准，建立残疾报告制度，加强信息收集、监测和研究。普及残疾预防知识,提高公众残疾预防意识。

三、保障残疾人基本生活

(七)做好残疾人生活救助工作。按照重点保障和特殊扶助的要求,研究制定针对残疾人特殊困难和需求的社会保障政策措施。进一步完善城乡居民最低生活保障、农村五保供养等生活救助政策,保证符合条件的贫困残疾人能够享受城乡居民最低生活保障和有关生活救助待遇。着力解决好重度残疾、一户多残、老残一体等特殊困难家庭的基本生活保障问题,做好低收入残疾人家庭生活救助。安置和照顾好伤残军人。加快实施农村贫困残疾人家庭危房改造项目,城市廉租住房政策和农村危房改造计划优先照顾贫困残疾人家庭。

(八)完善残疾人社会保险政策。加强监督检查,确保城镇残疾职工按照规定参加基本养老、失业、工伤和生育保险。落实城镇贫困残疾人个体户参加基本养老保险补贴政策,鼓励并组织个体就业残疾人参加社会保险。已开展试点的地区帮助农村残疾人参加农村社会养老保险。

(九)发展残疾人社会福利和慈善事业。完善残疾人社会福利政策,逐步扩大残疾人社会福利范围,适当提高残疾人社会福利水平。重点做好残疾老人和残疾儿童的福利服务。各级政府要按照彩票公益金的使用宗旨,逐步加大彩票公益金支持残疾人事业的力度。鼓励社会捐赠,支持发展残疾人社会福利和慈善事业。

四、促进残疾人全面发展

(十)发展残疾人教育。鼓励从事特殊教育,加强师资队伍建设,提高特殊教育质量。完善残疾学生的助学政策,保障残疾学生和残疾人家庭子女免费接受义务教育。发展残疾儿童学前康复教育,加快发展高中阶段特殊教育,鼓励和支持普通高等学校开办特殊教育专业。逐步解决重度肢体残疾、重度智力残疾、失明、失聪、脑瘫、孤独症等残疾儿童少年的教育问题。采取多种措施扫除残疾青壮年文盲。积极开展残疾人职业教育培训,有条件的地方实行对残疾人就读中等职业学校给予学费减免等优惠政策。支持师范院校培养特殊教育师资。实施中西部地区特殊教育学校建设工程,落实特殊教育学校教师特殊岗位津贴政策。各级各类学校在招生、入学等方面不得歧视残疾学生。

(十一)促进残疾人就业。认真贯彻促进残疾人就业的法律法规和政策措施,保障残疾人平等就业的机会和权利。依法推进按比例安排残疾人就业,鼓励和扶持兴办福利企业、盲人按摩机构、工(农)疗机构、辅助性工场等残疾人集中就业单位,积极扶持残疾人自主择业、自主创业。多形式开发适合残疾人就业的公益性岗位。党政机关、事业单位及国有企业要带头安置残疾人。完善资金扶持、税费减免、贷款贴息、社会保险补贴、岗位补贴、专产专营等残疾人就业保护政策措施。同等条件下,政府优先采购残疾人集中就业单位的产品和服务。将难以实现就业的残疾人列入就业困难人员范围,提供就业援助。加强残疾人职业培训和就业服务,增强残疾人就业和创业能力。切实将国家关于农村扶贫开发政策措施和支农惠农政策落实到农村贫困残疾人家庭,制定和完善针对残疾人特点的扶贫政策措施。扶持农村残疾人从事种养业、手工业和多种经营,有序组织农村残疾人转移就业,促进残疾人增加收入。

(十二)繁荣残疾人文化体育事业。组织残疾人开展形式多样、健康有益的群众性文化、艺术、娱乐活动,丰富残疾人精神文化生活,激发残疾人参与社会主义先进文化建设的热情和潜能。扶持残疾人文化艺术产品生产和盲人读物出版等公益性文化事业。发展残疾人特殊艺术,培养优秀特殊艺术人才。落实全民健身计划,开展残疾人群众性体育健身活动,增强体质、康复身心。开展残疾人体育科研和体育教育。实行公共文化、体育设施对残疾人优惠开放。开展残奥、特奥、聋奥运动,举办和参加国内外重大残疾人体育赛事。办好 2008 年北京残奥会和 2010 年广州亚洲残运会。

五、改善对残疾人的服务

(十三)健全残疾人服务体系。针对残疾人特殊性、多样性、类别化的服务需求,建立健全以专业机构为骨干、社区为基础、家庭邻里为依托,以生活照料、医疗卫生、康复、社会保障、教育、就业、文化体育、维权为主要内容的残疾人服务体系。公共服务机构要为残疾人提供优先优惠的服务。残疾人专业服务机构要改善条件,完善功能,规范管理,扩大受益面,提高服务水平。研究制定残疾人服务领域的国家和行业标准,完善行业管理政策,加强对残疾人服务的支持引导和监督管理。

(十四)加快无障碍建设和改造。制定、完善并严格执行有关无障碍建设的法律法规、设计规范和行业标准。新建改建城市道路、建筑物等必须建设规范的无障碍设施,已经建成的要加快无障碍改造。小城镇、农村地区逐步推行无障碍建设。加快推进与残疾人日常生活密切相关的住宅、社区、学校、福利机构、公共服务场所和设施的无障碍建设和改造,有条件的地方要对贫困残疾人家庭住宅无障碍改造提供资助。交通运输、铁路及城市公共交通要加大无障碍建设和改造力度。公共交通工具要配置无障碍设备,完善残疾人驾驶机动车的有关规定和管理办法,公共停车区要优先设置残疾人专用停车泊位。切实加强无障碍设施设备的管理和维护。积极推进信息和交流无障碍,公共机构要提供语音、文字提示、盲文、手语等无障碍服务,影视作品和节目要加配字幕,网络、电子信息和通信产品要方便残疾人使用。

(十五)发展残疾人服务业。依托社区开展为重度残疾人、智力残疾人、精神残疾人、老年残疾人等提供生活照料、康复养护、技能培养、文化娱乐、体育健身等公益性、综合性服务项目,推广"阳光之家"经验。鼓励发展残疾人居家服务,有条件的地方建立残疾人居家服务补贴制度。积极培育专门面向残疾人服务的社会组织,通过民办公助、政府补贴、政府购买服务等多种方式,鼓励各类组织、企业和个人建设残疾人服务设施,发展残疾人服务业。残疾人综合服务设施及康复、医疗卫生、教育、就业服务、托养、文化体育等服务设施建设要纳入城乡公益性建设项目,给予重点扶持,并适当向中西部地区和农村地区倾斜。鼓励和支持残疾人服务领域的科技研究、引进、应用和创新,提高信息化水平,扶持残疾人辅助技术和辅助器具研发、生产和推广,促进相关产业发展。

六、优化残疾人事业发展的社会环境

(十六)增强全社会扶残助残意识。围绕建设社会主义核心价值体系,在全社会大力弘扬人道主义思想和中华民族传统美德,倡导"平等、参与、共享"的现代文明社会残疾人观,消除对残疾人的歧视和偏见,形成人人理解、尊重、关心、帮助残疾人的良好社会风尚。宣传、文化、新闻、出版等部门和单位要采取有效措施,积极宣传残疾人事业,宣传残疾人自强模范和扶残助残先进事迹。教育部门要结合中小学德育等课程,开展人道主义、自强与助残教育。结合群众性精神文明创建活动,广泛开展形式多样的扶残助残活动。组织好"全国助残日"、"国际残疾人日"等活动。激励广大残疾人自尊、自信、自强、自立,融入社会,参与发展,共享发展成果。

(十七)加强残疾人事业法律法规和制度建设。认真贯彻执行《中华人民共和国残疾人保障法》和相关法律法规,加强执法监督检查。进一步完善残疾人事业法律法规体系。制定、修订各项相关法律法规和政策规定,要充分保障残疾人的平等权益,尊重残疾人对相关立法和残疾人事务的知情权、参与权、表达权、监督权。加强法制宣传教育,增强全社会依法维护残疾人权益的法制观念,提高残疾人依法维权的意识和能力。建立残疾人法律救助体系,做好残疾人法律服务、法律援助、司法救助工作。加大对侵害残疾人合法权益案件的查处力度。

（十八）推进残疾人事业国际交流合作。拓展国际交流领域,提高国际合作水平,积极参与国际残疾人事务,做好《残疾人权利公约》的批约和履约工作,充分展示我国社会发展和残疾人人权保障成就,借鉴国外残疾人事业的有益经验和做法,增进相互了解和友谊,促进我国残疾人事业发展。

七、加强对残疾人工作的领导

（十九）健全残疾人工作领导体制。各级党委和政府要高度重视残疾人事业,把残疾人工作列入重要议事日程,进一步完善党委领导、政府负责的残疾人工作领导体制。党委和政府要分别明确一位领导同志联系和分管残疾人工作,定期听取汇报,认真研究部署。各级政府残疾人工作委员会要强化职责,及时研究解决重大问题,统筹协调有关促进残疾人事业发展的方针、政策、法规、规划的制定和实施,监督检查落实情况。中央和国家机关各有关部门、单位要将残疾人工作纳入职责范围和目标管理,密切配合协作,切实提高为残疾人提供社会保障和公共服务的水平。农村基层组织要抓好残疾人工作的落实。各地要把残疾人事业纳入当地国民经济和社会发展总体规划、相关专项规划和年度计划。残疾人事业经费要列入各级财政预算,并随着国民经济发展和财政收入增长逐步增加,建立稳定的残疾人事业经费保障机制。

（二十）发挥残疾人组织作用。各级残疾人联合会（以下简称"残联"）是党和政府联系广大残疾人的桥梁和纽带。要支持残联依照法律法规和章程开展工作,参与残疾人事业社会管理和公共服务。政府对残联承办的社会事务和专业服务项目要给予相应的政策支持。充分发挥残疾人组织和残疾人代表在国家经济、政治、文化、社会生活中的民主参与、民主管理和民主监督作用,拓宽残疾人组织民主参与渠道。各级残联要切实履行职能,代表残疾人共同利益,维护残疾人的合法权益,努力为残疾人服务,发展和管理残疾人事业。要加强各级残联的建设,健全基层残疾人组织,解决好人员待遇问题,为残疾人工作提供有力的组织保障。中国残联要加强对全国残疾人工作的指导。

（二十一）动员社会各界共同参与。工会、共青团、妇联等人民团体和老龄协会等社会组织要发挥各自优势,支持残疾人工作,维护残疾职工、残疾青年、残疾妇女、残疾儿童和残疾老人的合法权益。红十字会、慈善协会、残疾人福利基金会等慈善团体要积极为残疾人事业筹集善款,开展爱心捐助活动。企事业单位要增强社会责任感,为残疾人事业发展贡献力量。

(二十二)加强残疾人工作干部队伍建设。抓好残疾人专职、专业和志愿者队伍建设。选好配强各级残联领导班子,将残联干部队伍建设纳入干部队伍和人才队伍建设整体规划,加大培养、使用和交流力度,从政治上、工作上、生活上关心爱护,造就一支恪守"人道、廉洁、服务、奉献"职业道德的高素质残疾人工作干部队伍。做好残疾人干部的选拔、培养和使用工作。加强残疾人状况调查、监测、统计,重视残疾人事业政策理论研究,推进相关学科建设,加快培养高素质残疾人事业专业技术人才。培育基层残疾人工作者队伍,提高为残疾人服务的能力。广泛动员社会力量,发展壮大助残志愿者队伍。

残疾人政策法规理论与实践

参考文献

专著类:

[1] 陈新民:《残疾人权益保障——国际立法与实践》[M],北京:华夏出版社,2003 年版。

[2] 金双秋:《中国民政史》[M],长沙:湖南大学出版社,1989 年版。

[3] [美]约翰·罗尔斯,何怀宏等译:《正义论》[M],北京:中国社会科学出版社,1998 年版。

[4] 王希:《原则与妥协:美国宪法的精神与实践》[M],北京:北京大学出版社,2000 年版。

[5] 《中国大百科全书:法学》,北京:中国大百科全书出版社,1984 年版。

[6] 沈宗灵:《法理学》[M],北京:北京大学出版社,2001 年版。

[7] 张文显:《法理学》[M],北京:高等教育出版社,2003 年版。

[8] 杨立雄,兰花:《中国残疾人社会保障制度》[M],北京:人民出版社,2011 年版。

[9] [日]千叶正士:《法律多元》[M],北京:中国政法大学出版社,1997 年版。

[10] [苏]玛·巴卡列娃等,李嘉恩等译:《国家和法的理论》[M],北京:中国人民大学出版社,1956 年版。

[11] 柏自成:《中国残疾人保护法律问题史论》[M],北京:中国法制出版社,2003 年版。

[12] 劳凯声:《教育法学》[M],沈阳:辽宁大学出版社,2000 年版。

[13] 齐延平主编:《社会弱势群体的权利保护》[M],济南:山东人民出版社,2006 年版。

[14] 陈云英:《中国特殊教育学基础》[M],北京:教育科学出版社,2004 年版。

[15] 刘春玲,江琴娣:《特殊教育概论》[M],上海:华东师范大学出版社,2008 年版。

[16] 国家教委初等教育司编:《特殊教育文件、经验选编》[M],北京:人民教育出版社,1989 年版。

[17] 全国人大常委会法制工作委员会国家法行政法室等编:《中华人民共和国残疾人保障法立法报告书》[M],北京:华夏出版社,1991。

[18] 马洪路:《残障社会工作》[M],北京高等教育出版社,2007年版。

[19] 王利明,马玉娥,安守廉主编:《残疾人法律保障机制研究》[M],北京:华夏出版社,2008年版。

[20] 郭成伟,王广彬:《公平良善之法律规制——中国社会保障法制探研》[M],北京:中国法制出版社,2003年版。

[21] 李迎生,厉才茂等:《残疾人社会保障理论与实践研究》[M],北京:华夏出版社,2008年版。

[22] 全国人大常委会法制工作委员会,中国残疾人联合会:《〈中华人民共和国残疾人保障法〉释义》[M],北京:中国民主法制出版社,2008年版。

[23] 叶海平,李冬妮:《社会政策与法规》[M],上海:华东理工大学出版社,2003年版。

[24] 刘祖云:《弱势群体的社会支持——香港模式及其对内地的启示》[M],北京:社会科学文献出版社,2011年版。

[25] 薄绍晔,贾午光:《中国残疾人维权案例选编》[M],北京:中国盲文出版社,2007年版。

[26] 全国社会工作者职业水平考试教材编写组:《社会工作法规与政策》[M],北京:中国社会出版社,2010年版。

[27] 张乐天:《教育政策法规的理论与实践》[M],上海:华东师范大学出版社,2009年版。

[28] 马洪路:中国残疾人社会福利[M],北京:中国社会出版社,2002。

硕博士论文:

[1] 高庆蓬:《教育政策评估研究》[D],东北师范大学2008年博士论文。

[2] 曾真:《美国残疾人社会保障研究》[D],武汉科技大学2010年硕士论文。

[3] 余向东:《残疾人社会保障法律制度研究》[D],安徽大学2011年博士论文。

[4] 腾少艳:《美国反残疾人就业歧视法研究》[D],山东大学2009年硕士论文。

[5] 毕正宇:《教育政策执行模式研究》[D],华中师范大学2006年博士论文。

残疾人政策法规理论与实践

［6］王春洪：《公共政策视角下的中国残疾人就业服务政策研究》［D］，云南大学 2011 年硕士论文。

［7］吴美平：《我国残疾人就业政策研究》［D］，汕头大学 2006 年硕士学位论文。

［8］范妮：《我国残疾人就业困境成因及解决路径探析——基于我国残疾人就业政策的视角》［D］，西北大学 2010 年硕士论文。

期刊类：

［1］冯彦君：《社会弱势群体法律保护问题论纲》［J］，当代法学，2005 年第 7 期。

［2］廖慧卿，罗观翠：《基于残障概念模式的残疾人就业政策目标评价》［J］，华中科技大学学报（社会科学版），2012 年第 2 期。

［3］范忠信：《中国古代福利救济制度及其精神》［J］，中西法律传统（第二卷）。

［4］罗财喜：《从古代残疾人法律制度审视当今残疾人保障法的完善》［J］，吉首大学学报（社会科学版），2005 年第 10 期。

［5］朱景文：《中国特色社会主义法律体系：结构、特色和趋势》［J］，中国社会科学，2011 年第 3 期。

［6］吴军民：《中国残疾人社会政策演进：经验、问题及下一步行动》［J］，理论与改革，2012 年第 3 期。

［7］盛永彬：《残疾人权利及宪政保障》［J］，湖北经济学院学报（人文社会科学版），2006 年第 1 期。

［8］季丽新：《美国残疾人救助政策剖析》［J］，东岳论丛，2011 年第 3 期。

［9］［美］迈克尔·英伯著，李小燕、韦翠萍译：《美国〈残疾人教育法〉和〈不让一个孩子掉队法案〉评析》［J］，美中教育评论，2007 年第 8 期。

［10］杨伟国，陈玉杰：《美国残疾人就业政策的变迁》［J］，美国研究，2008 年第 2 期。

［11］乔庆梅：《德国残疾人社会保障：内容、经验与启示》［J］，人文杂志，2008 年第 6 期。

［12］乔庆梅：《德国残疾人就业：立法、实践与启示》［J］，社会保障研究。

［13］王岩：《〈残疾人保障法〉修订的立法背景及主要制度》［J］，社会保障研究，2008 年第 6 期。

［14］邓猛，周洪宇：《关于制定〈特殊教育法〉的倡议》［J］，中国特殊教育，2005 年第 7 期。

参考文献

[15] 孟万金,刘在花,刘玉娟:《采取有力措施,促进残疾儿童教育权利平等和机会公平——六论残疾儿童教育公平》[J],中国特殊教育,2007年第4期。

[16] 汪海萍:《论加强特殊教育立法的必要性与可行性》[J],中国特殊教育,2007年第7期。

[17] 陈琛:《新旧义务教育法中残疾人教育相关规定之比较分析》[J],中国特殊教育,2008年第5期。

[18] 陈久奎:《特殊教育立法问题研究—人文关怀的视角》[J],中国特殊教育,2006年第6期。

[19] 中国残联教育就业部:《国外残疾人就业立法情况概述》[J],中国残疾人,2007年第4期。

[20] 廖娟:《残疾人就业政策:国际经验及对我国的启示》[J],人口与经济,2008年第6期。

[21] 彭立谦:《残疾人社会保障制度浅探》[J],山东经济战略研究,2006年第9期。

[22] 郑功成:《残疾人社会保障. 现状及发展思路》[J],中国人民大学学报,2008年第1期。

[23] 王新文,段世江:《中国残疾人政策及其发展理念》[J],前沿,2012年第2期。

[24] 胡劲松:《从教育公平看弱势群体的受教育权》[J],中国特殊教育,2001年第4期。

[25] 张绪培:《关注弱势群体促进基础教育均衡发展》[J],人民教育,2003年第8期。

[26] 中国残联教育就业部:《国外残疾人就业立法情况概述》[J],中国残疾人,2007年第4期。

[27] 何艳霞:《论新〈残疾人保障法〉的不足及其立法完善——以〈残疾人权利公约〉为视角》[J],法制与社会,2011年第8期(上)。

[28] 杨思斌:《残疾人权利保障的法理分析与机制构建》[J],社会保障研究,2007年第2期。

[29] 彭华民,万国威:《残疾人社会福利制度:内地与香港的三维比较》[J],南开学报(哲学社会科),2013年第1期。

[30] 郑功成:《中国残疾人社会保障的宏观思考》[J],河南师范大学学报(哲学社会科学版),2007年版。

残疾人政策法规理论与实践

图书在版编目(CIP)数据

残疾人政策法规理论与实践 / 吴填编著. — 南京 ：南京
大学出版社，2013.12(2018.8 重印)
ISBN 978-7-305-12478-5

Ⅰ. ①残… Ⅱ. ①吴… Ⅲ. ①残疾人－社会保障－福
利政策－中国－教材②残疾人保障法－中国－教材 Ⅳ.
①D669.69②D922.14

中国版本图书馆 CIP 数据核字(2013)第 275446 号

出版发行　南京大学出版社
社　　址　南京市汉口路 22 号　　　　　邮　　编　210093
网　　址　http://www.NjupCo.com
出 版 人　左　健
书　　名　**残疾人政策法规理论与实践**
编　著　吴　填
责任编辑　黄隽翀　　　　　编辑热线　025-83685720
照　　排　南京南琳图文制作有限公司
印　　刷　江苏凤凰数码印务有限公司
开　　本　787×960　1/16　印张 12.75　字数 222 千
版　　次　2013 年 12 月第 1 版　　2018 年 8 月第 2 次印刷
ISBN　978-7-305-12478-5
定　　价　26.00 元

发行热线　025-83594756　83686452
电子邮箱　Press@NjupCo.com
　　　　　Sales@NjupCo.com(市场部)